责任中国丛书

高校的社会责任

主编 ○ 朱红文　　作者 ○ 沈映春

山西出版传媒集团
山西人民出版社

图书在版编目（CIP）数据

高校的社会责任／沈映春著．—太原：山西人民出版社，2015.3

（责任中国／朱红文主编）

ISBN 978-7-203-08988-9

Ⅰ. ①高… Ⅱ. ①沈… Ⅲ. ①高等学校-社会责任-研究-中国 Ⅳ. ①G649.2

中国版本图书馆 CIP 数据核字（2015）第 045894 号

高校的社会责任

丛书主编：	朱红文
著　　者：	沈映春
责任编辑：	贾　娟
装帧设计：	陈　婷
出 版 者：	山西出版传媒集团·山西人民出版社
地　　址：	太原市建设南路 21 号
邮　　编：	030012
发行营销：	0351-4922220　4955996　4956039
	0351-4922127（传真）　4956038（邮购）
E - mail：	sxskcb@163.com　发行部
	sxskcb@126.com　总编室
网　　址：	www.sxskcb.com
经 销 者：	山西出版传媒集团·山西人民出版社
承 印 厂：	山西出版传媒集团·山西人民印刷有限责任公司
开　　本：	787mm×1092mm　1/16
印　　张：	19.75
字　　数：	280 千字
印　　数：	1—2000 册
版　　次：	2015 年 3 月　第 1 版
印　　次：	2015 年 3 月　第 1 次印刷
书　　号：	ISBN 978-7-203-08988-9
定　　价：	43.00 元

如有印装质量问题请与本社联系调换

责任中国丛书·总序

社会主体的社会责任建构,是现代性进程中一个重要的理论和实践命题。

区别于传统社会对个体责任的重视,现代社会的责任问题首先是社会层面的"社会责任"。这是因为:一、由于技术和知识的复杂性越来越强,生产和技术控制管理的难度增加,组织和个体在社会生活中履行社会责任的必要性大大增加;二、人们在社会交往中的流动性和异质性增强,社会责任的建立和维持需要既复杂而又普遍的契约性和理性化机制;三、在全球化的时代,社会责任的承诺与履行是国际交往中增强互信、建立合作关系的重要基础。有怎样的责任承诺,在很大程度上决定了主体国际化的高度;是否善于表达社会责任,制约着主体国际化的广度。

社会责任作为一种公共性的价值追求和契约性(法理性)的制度建构,首先表现为企业对自身行为的反思与规范。1895年,世界上第一本社会学杂志——《美国社会学杂志》的创刊号,刊登了美国社会学界著名学者阿尔比恩·斯莫尔(Albion

W. Small)的一个呼吁,他强调不只是公共办事处,私人企业也应该为公众所信任,该文标志着企业社会责任观念的萌芽。1924年,美国人奥列弗·谢尔顿(Oliver Sheldon)首先提出了"企业社会责任"(Corporate Social Responsibility)一词。1953年,美国人霍华德·博文(Howard Bowen)出版了《商人的社会责任》一书。从这时起,"企业社会责任"才真正开始作为一个专有名词进入学术界及社会公众的视野。博文也因此被称为"企业社会责任之父"。

以不断深入的对"企业社会责任"的相关讨论为标志,"社会责任"的理论研究不断发展。企业社会回应(Corporate Social Responsiveness)、企业社会绩效(Corporate Social Performance)、企业责任(Corporate Responsibility)、利益相关者理论(Stakeholder Theory)、企业伦理(Corporate Ethics)、企业公民(Corporate Citizenship)等问题逐渐成为"企业社会责任"研究的基本维度,也成为其他组织界定自身社会责任时的重要参照。

当人类历史带着有限的辉煌与无限的困惑进入21世纪时,人们越来越认识到社会与自然(生态)、经济(市场)与社会、企业与社会、民族国家与全球化等等,以及与这些领域直接相关的各种知识和文化形式之间的复杂联系,意识到社会责任的问题不能归结为企业(市场)单一的社会行动主体,整个社会都必须积极参与社会责任的构建体系和行动之中。2010年11月1日,国际标准化组织(ISO)向全球发布了历时

10年时间制定的社会责任国际标准——《社会责任指南：ISO26000（第一版）》。作为世界上最大的非政府性标准化专门机构，国际标准化组织在制定标准和规则方面，具有难以替代的专业影响力和机构权威性。引人瞩目的是，ISO26000社会责任指南试图涵盖社会诸多领域而不只限于企业，参与该标准起草和制定工作的专家被分为六个组别：消费者（Consumers）、政府（Government）、产业界（Industry）、劳工（Labor）、非政府组织（NGOs）、以及服务、支持、研究、学术等（Service, Support, Research, Academics and Others）机构。因此，ISO26000可以被视为不同利益相关方在社会责任问题上的博弈与共识。这不仅是国际标准化组织标准制定史上的重大跨越——从工程技术和管理领域的标准化向社会和道德领域的标准化迈进，而且标志着社会责任问题的全球研究在一个新的高度上开始了新的起点。

从社会责任的缘起和演化来看，概括而言，"社会责任"包括三方面的内容：

首先，社会责任是一种价值。作为社会的一种"心态"、观念和精神文化，社会责任的形成是一个教化的过程，是社会行动主体在社会化过程中对自身行动能力、社会角色和历史使命的自我认同，这种价值和精神过程在超越性的理想维度（有志于做某事）和底线的法制维度（必须做某事）之间展开，由此展现出同类主体不同层次的价值观和精神追求。

其次，社会责任是一种实践和行动过程。社会责任一方面表现为社会行动主体在社会交往中履行责任承诺的行动能力,这种能力需要锻炼,空谈责任承诺而缺乏履责能力,同样是一种不负责任的表现。一旦行动主体作出承诺而无法履责,不仅主体自身会受到质疑,而且整个社会的诚信体系也会受到损害。另一方面,社会责任展现为一种社会过程,乃至演化为蓬勃而激进的社会运动。目前,自然和生态环境恶化、生产和技术控制过程中的安全事故和责任事故频出、贫富差距扩大等社会问题日益严重,各种呼吁企业、政府、社会组织、公民以及整个社会承担社会责任的社会运动蓬勃兴起。消费者运动、劳工运动、环保运动、女权运动、社会责任投资运动、可持续发展运动等。社会责任事件和社会责任运动一方面唤醒并激发了各类社会主体的责任意识,另一方面也带来对传统和现有社会秩序和规范的强烈挑战。因此,深入的社会责任理论研究,自觉的理性的社会责任文化的构建,成为迫切的社会需要。

第三,社会责任是"社会化"的责任,是各种社会主体乃至整个人类都必须积极参与和构建的社会符号和规则体系。任何主体社会责任的模糊与缺失,都会给整个社会的价值和规则体系造成腐蚀。

因此,讨论社会责任,不仅需要讨论社会责任的基本内涵,而且需要讨论社会责任的主体(谁要承担责任)、对象(为谁承担责任)、来源(责任的合理性及合法性依据)、能力(履行责任的能力)、回馈(履行或不履行责任的后果)、冲突(责任之间的矛盾)等一系列问题。

  本丛书聚焦多个不同的社会主体——政府、企业、社会组织(非政府组织/非营利组织)、高校、媒体、公民的社会责任问题。政府、企业、社会组织和公民的社会责任问题的重要性自不待言。高校是现代社会的一种独立的组织形式,是人才培养、知识创新和文化传承的"母机"。媒体构成了现代社会的重要公共领域,在思想传播、凝聚共识和舆论监督方面具有主导作用。无论是基于对现代社会运行机制的普遍性,还是基于当代中国社会转型的特殊性,对高校和媒体社会责任的讨论,都具有不可替代的价值。

  希望我们的努力能够有效地推动中国社会责任研究及其实践体系的构建。

责任中国丛书主编 朱红文

目 录

第一章 绪论 / 1

 第一节 社会责任的概念与范围 / 1
  一、社会责任的概念和内涵 / 1
  二、组织的社会责任 / 6

 第二节 高校的社会责任 / 8
  一、高校(大学)的概念 / 8
  二、大学的本质与其承担社会责任的缘由 / 12
  三、高校社会责任构成 / 15

第二章 高校社会责任的理论基础 / 19
 第一节 高等教育外部性理论 / 19
 第二节 社会公民理论 / 22
 第三节 利益相关者理论 / 26
 第四节 正义理论 / 30
 第五节 教育市场化理论 / 34
 第六节 三重螺旋理论 / 38

第三章　高校社会责任思想的历史考察 / 41

第一节　大学责任的孕育阶段
（中世纪到工业革命初期）/ 43

一、大学理念阐释 / 43

二、古代大学理念 / 47

第二节　高校社会责任的确立阶段
（工业革命中后期到19世纪末）/ 61

第三节　高校社会责任的发展阶段 / 71

第四章　大学社会责任之内涵 / 83

第一节　人才培养 / 83

一、大学的教学责任——人才培养 / 83

二、大学教学的特性 / 84

三、大学教学的学术性特征 / 85

四、人才培养工程的四大要素 / 86

第二节　科学研究 / 89

一、大学科学研究的特点 / 89

二、科学研究可以促进高层次人才的培养 / 90

三、科学研究可以提升高校社会服务的能力 / 91

第三节　社会服务 / 91

一、高校社会服务的概念 / 91

二、大学社会服务的特点 / 92

三、大学社会服务的主要形式 / 94

第四节　高校社会责任之引领社会 / 97
一、引领社会是大学的崇高职责 / 97
二、批判精神是大学引领社会的前提 / 99
三、高校引领社会的途径 / 101

第五章　大学社会责任的冲突 / 105

第一节　大学社会责任冲突之学术责任与政府干预 / 106
一、学术自由是大学行为所遵循的准则 / 107
二、学术自由是相对的 / 110
三、学术自由和政府管控 / 113
四、大学和政府职责冲突与协调 / 117

第二节　大学社会责任冲突之教学与科研 / 121
一、教学与科研关系的递进 / 121
二、教学与科研复杂多元的关系 / 123
三、教学科研冲突的主要原因 / 128
四、如何促进教学与科研的融合 / 130

第三节　大学社会责任冲突之基础研究与技术应用 / 135
一、大学是基础科学研究的主力军 / 135
二、基础研究和应用研究的不同特点 / 136
三、大学应用科学研究的必然及与基础研究的协调 / 137

第四节　大学社会责任冲突之大学学术人文主义和学术资本主义 / 140
一、学术资本主义与学术人文主义 / 140

二、通识教育与专业教育 / 143
三、科研自由与知识产权保护的价值冲突 / 147

第六章 高校社会责任的评价 / 151

第一节 高校社会责任的利益相关者 / 151
一、高校是典型的利益相关者组织 / 151
二、高校利益相关者的分类 / 153

第二节 高校社会责任的评价体系 / 154
一、基于利益相关者理论的高校社会责任研究 / 155
二、我国高校社会责任评价指标体系的构建 / 156

第三节 我国高校社会责任评价指标权重存在的问题及改进措施 / 172
一、我国高校社会责任评价指标权重存在的问题 / 172
二、我国高校社会责任评价指标体系的改进措施 / 174

第七章 中国高校社会责任的实践 / 179

第一节 人才培养 / 179
一、新中国成立前大学的人才培养 / 179
二、新中国成立到改革开放前的人才培养 / 182
三、改革开放后人才培养模式 / 186

第二节 科研责任的实践 / 188
一、新中国成立前大学科研的萌芽 / 188
二、新中国成立后高校的科学研究 / 193

第三节 社会服务责任的实践 / 204
  一、高校社会服务职能的产生 / 204
  二、社会服务实践的具体内容 / 207
  三、为社区提供适宜的服务 / 210

第八章 中国高校社会责任之反思与应然 / 213

第一节 大学和政府关系重构 / 214
  一、政府的职责——服务和引导 / 214
  二、明晰高校办学自主权边界,履行好社会职责 / 218

第二节 有层次地履行不同的社会责任 / 220
  一、研究型大学 / 221
  二、教学研究型大学 / 222
  三、教学型高校 / 223

第三节 以人为本,培养创新人才 / 224
  一、以通识教育为基础 / 227
  二、以培养人文精神为关键 / 232
  三、强化学生的社会责任意识 / 237
  四、建立利益相关者参与的教学评估制度 / 241
  五、多渠道全面培养创新型人才 / 244

第四节 重视基础研究,强化学术创新 / 248
  一、正确处理教学和科研关系,重建学术观 / 248
  二、提升研究型大学基础研究水平 / 252
  三、重视学科建设,突出重点,形成特色 / 259

四、承担起科学研究的责任 / 261

第五节　强化文化创新和引领职责 / 265

第六节　高校资源分配要体现公平性和公益性原则 / 269
　　一、高校资源分配要体现公平性原则 / 269
　　二、高校职责履行要加强公益性 / 275

参考文献 / 281

第一章 绪论

第一节 社会责任的概念与范围

一、社会责任的概念和内涵

责任简单说就是一种职责,是身处社会的个体成员必须遵守的规则和条文。它伴随着人类社会的出现而出现,有社会就有责任,责任产生于社会关系中的相互承诺。

在中国古代汉语中,一般用"责"来表达"责任"的意思。根据《辞海》的解释,"可以把'责'的用法大致归纳为以下几种:(1)责任;职责。如负责。(2)责问;责备。如斥责;自责。(3)责罚。(4)索取;责求。'任'的用法,除了任用、职位、信任外,在中国古代主要有两种涵义:(1)责任;职责。(2)担当;承担"[1]。《汉语大词典》对"责任"的解释是,一是使人担起某种职务和职责;二是指分内应

---

[1]《辞海》,上海辞书出版社1999年版,第620页。

做的事、负有的责任,这种责任实际上就是义务。后者为负有关系责任(即义务)的主体不履行其关系责任所应承担的否定性后果。

在西方,对责任的探讨未曾中断。古希腊时期的波西多纽就著有《责任论》。苏格拉底把责任看作是"善良公民"对国家和人民服务所应具备的本领和才能。在柏拉图的理想国中,人分成不同的等级,不同的等级的人有不同的责任。伊壁鸠鲁和亚里士多德等人进一步阐述了责任是表示人应对自身选择的行为负责的思想。在西方近代,培根将责任理解为维护整体利益的善,因此提出"力守对公家的职责,比维持生存和存在,更要珍贵得多"①。德国哲学家康德曾经在自己的著作中对责任进行阐释。康德认为:"责任就是由于尊重规律而产生的行为必要性。"②康德认为责任的行为被分成是合乎责任的行为和出于责任的行为,合乎责任的行为是一个比较低级的行为,而出于责任的行为则是较高级的行为,具有道德价值。③这种划分类似于法律和道德的区分,符合法律的行为被认为是合乎责任的行为,是法律的强制性要求,一旦违反这种要求,就要承担相应的法律责任;而出于责任的行为则是较高层次上的道德要求。康德强调主体内心的自由意志动机对于责任建构的重要作用,"从而彰显了责任戒律的崇高和道德法则内在尊严的昭著"④。其实责任实质上就是指社会个体在默认的和社会其他成员以及全体社会达成的一种契约的基础上,基于内心的自由意志而对自己的行为承担相应后果的一种必要性。

---

① 周辅成:《西方伦理学名著选辑上卷》,商务印书馆 1996 年版,第 551 页。
② 【德】康德:《道德形而上学原理》上海人民出版社 2002 年版,第 16 页。
③ 康德著、苗力田译:《道德形而上学原理》上海人民出版社 2002 年版。
④ 白臣、陈曦:"康德责任论诠释及其当代价值研究",《河北师范大学学报(哲学社会科学版)》2008 年第 2 期。

责任最开始是与法律相关联的,在今天的日常生活中,责任基本上还是指一种担保责任或过失责任。伦理学中对"责任"论述较多,多散见于各类伦理学或哲学著作中。"责任"概念在本质上是一个伦理概念,因为它的基本意思就是一个主体应该去做的分内之事,是一种应当或正当的道德行为规范。

按照法学意义上的解释,责任一词包含两方面的语义:一是关系责任,一是方式责任。前者指一方主体基于他方主体的某种关系而负有的责任,这种责任实际上就是义务,后者为负有关系责任(即义务)的主体不履行其关系责任所应承担的否定性后果。①我们这里研究的高校社会"责任"系指"义务"。

在英文中,responsibility、duty、obligation 和 liability 都可译为"责任"。"duty"是比较具体的,是具体法律义务上的"责任"。obligation 是具体的法律或道德约束。liability 是归责意义上的"责任"。"responsibility"是一种比较宽泛的定义,包含以下两层含义:一是一种尽责的品质与状态,一方面是指在道德上、法律上与精神上的尽责,另一方面指可靠的、可信赖的;二是担负责任的事情,主要是从分内事的角度说明责任是一种精神状态,是一种具体负担。它既是某种法律上的义务、职责职权,也包括伦理或道德范畴的义务或角色定位。"高校社会责任"中的"责任",正是指后者。国内法学界一般认为的"法律责任是由特定法律事实引起的对损害予以赔偿、补偿或接受惩罚的特殊义务,意即由于违反第一性义务而引起的第二性义务"。responsibility 就属于所谓"第一性义务"的范畴,但不限于法律规定的义务,从一开始就超越了法律,属于社会性规制的范畴。

---

①张文显主编:《法理学》,法律出版社1997年版,第143页。

德国经济伦理学者乔治·恩德勒主编的《经济伦理学大辞典》中,对责任条款作了较详细的规定与阐释,责任的归属以行为者、行为及双方之间的一些特性为前提,主要表现如下:行为者的特性是行为者必须有责任能力,而此种责任能力以行为主体意志自由为前提。行为的特性表现为遵循或违反道德规范都属于责任范围,而这种责任又包括三种情况:一是消极的义务(此义务要求行为不直接伤害他人)、严格的积极义务(此义务要求履行已经承担的角色义务)、广义的积极义务(此义务倡导行善)。在此三种义务中,消极义务是普遍适用的,它表达了社会群体赖以生存的最低界线;在形式上,严格的积极义务也是普遍适用的,而它的内容则依据不同的文化与角色发生变化,并且受社会变迁的制约,严格的积极义务要求行动而不是单纯的不做;而广义的积极义务不具有严格的约束力。所以,只有违反了不可违反的消极义务,以及不努力和不主动地履行严格的积极义务,而不是忽视广义的积极义务,才可以说是有责任。在行为者与行为之间的关系问题上,责任的归属依据一种因果性的解释图式,而这一图式在行为主体的发展过程中日益分化。在下面5种情况下,行为主体(如个人)是有责任的:一是对一切终究与其有关的后果(关联);二是对一切已由其导致的后果;三是对一切由其导致的可预见的后果;四是对一切由其有意引起的后果;五是对一切由其引起的不合理的后果。

从历史的角度看,责任不是主体的主观意愿,而是人类社会组织在交往协作过程中产生的,具有社会性。从社会的角度看,责任是自然和社会对人类的客观要求,人作为社会的一分子,只有按照自然和社会的客观规律去承担责任,才能对自己负责的同时对社会负责。正如科恩所说:"如果我自己承担一切责任,我就以此捍卫了自己作为人的可能性。"①作为社会的人是不可能摆脱责任的。当有人认为孤独的人是没有责任时,恩格斯指出:"可是这个没有责任的、被设想为孤独的人,除了天堂里的不幸的'原始犹太人亚当……还能是别的什么人呢?'在亚当身旁出现一个人,构成一个最小的社会时,亚当立即有了责任。"②这深刻体现了责任社会性的本质。

意大利思想家朱塞佩·马志尼把人的责任分为四类:对人类的责任,对国家的责任,对家庭的责任,对自己的责任。这样,就可以把复杂的责任体系大体分为社会责任和自我责任。社会责任反映了个体与社会的关系,其价值取向是社会的整体利益。自我责任即对自己负责,对自己的思想、言论、行为以及身心健康负责。

责任是责任主体在社会中形成的关系责任和方式责任,即包括严格的消极义务、严格的积极义务和广义的积极义务。因此,责任与社会并存,是人类社会历史发展的结果。这体现了责任社会性的本质。

现今,"责任"概念的内涵不断丰富和发展,由18世纪时的法律概念拓展成为蕴含更丰富伦理内容的概念。公共伦理学家库伯把社会责任分为主观责任和客观责任,主观责任指忠诚、良心以及认同,主观责任来自社会管理者对责任的感受和信赖。③沈晓阳认为责任是指一个人或团体的资格(包括作为人的资格和作为角色的资格)所赋予,并与此相适应的从事某些活动、完成某些任务以及承担相应后果的法律和道德要求。④简言之,任职、分内事、因

---

① 【俄】科恩:《自我论》三联书店1986年版,第460页。
② 《马克思恩克斯全集》(第3卷),人民出版社2003年版,第193页。
③ 特里·L.库帕《行政伦理学:实现行政责任的途径》,中国人民大学出版社2001年版。
④ 沈晓阳:"责任的伦理学分析",《湖州师范学院学报》2005年第3期,第56—59页。

过失而受查处是责任的三层基本含义。

责任的含义应当至少包含两个方面:一是指分内应做的事,即我们日常所讲的"应尽的责任";二是指没有做好分内应做的事而必须承担的过失或责罚,也就是我们通常所讲的"应追究的责任"。在此基础上谢军把责任定义为:由一个人的资格(作为人的资格或作为角色的资格)和能力所赋予,并与此相适应的完成某些任务以及承担相应后果的法律的和道德的要求。[①]

责任是人的主观追求,也是社会的客观需要。责任感是个体履行责任的意识和态度。社会责任感是知、情、行的统一,是社会的每个成员对组织、国家、社会所承担相应职责的态度和行为倾向,它是内在精神价值和外部行为规范在个体或组织中的有机结合。关于"社会责任",中国的圣哲先贤有过许多非常精辟的表述,例如,中国传统文化中的"修身齐家治国平天下"、"先天下之忧而忧"、"达则兼济天下","国家兴亡,匹夫有责"等等,无不体现了一种"社会责任"的思想。

二、组织的社会责任

有关组织的社会责任研究首先是企业社会责任概念的提出。公司社会责任(Corporate Social Responsibility)一语起源于美国,早在1924年由管理学大师谢尔顿(Sheldon)在其《管理的哲学》一书中提出。[②]他把公司社会责任与公司经营者满足产业内外各种人类需要的责任联系起来,并认为公司社会责任含有道德因素在内。1953年,被称为"企业社会责任之父"的博文(Howard R. Bowen)出版了《商人的社会责任》一书,提出了"商人应该为社会承担什

[①] 谢军:《责任论》上海人民出版社2007年版,第28页。
[②] 刘俊海:《公司的社会责任》,法律出版社1999年版,第2页。

么责任"。所谓公司社会责任,是指公司基于社会的希望应当履行的义务,将对社会有利的影响最大化以及对社会不利的影响最小化,具体包括公司及其经营者对股东、雇员、消费者、债权人、供应商、社区、环境等应承担的社会责任。

组织存在于一定的社会环境中,它向社会提供了某种特定的服务。社会责任是指一个组织对社会应负的责任,即一个组织应该以一种有利于社会的方式进行经营和管理。社会责任通常是指组织承担的高于组织自己目标的社会义务。如果一个组织不仅承担了法律上和经济上的义务,还承担了"追求对社会有利的长期目标"①的义务,我们就说该组织是具有社会责任的。组织的社会责任本质上是某种环境条件下社会对组织的客观要求,组织在做好自己分内事的基础上对利益相关者承担一定的道德义务。

管理大师德鲁克认为,无论是一个企业、一家医院还是一所大学,它对社会所要承担的责任可能在两个领域中产生:一个领域是机构对社会的影响,另一个领域是社会本身的问题。这两个领域中所产生的问题都同管理有关,但这两个领域的问题是不同的。第一个领域所讨论的是一个机构能够"对"(to)社会做什么事。第二个领域所讨论的是一个机构能够"为"(for)社会做些什么事。②

ISO26000的社会责任定义是"指组织通过透明和合乎道德的行为,为其决策和活动对社会和环境的影响而承担的责任。这些行为贡献于可持续发展,包括健康和社会福利,考虑利益相关方的期望,遵守适用的法律,并与国际行为规范相一致,且全面融入组织,并在其关系中得到实践"。

---

①百度百科[DB/OL].http://bake.baidu.com/view/258520.htm.
②吴伯凡、阳光等著:《企业公民——从责任到能力》,中信出版社2010年版,第32—33页。

在 ISO26000 标准的语境中,社会责任首先是指一种意愿,强调组织愿意就其决策和活动对社会和环境的影响承担责任。其次,社会责任是指组织行为的性质,即通过透明和合乎道德的行为表明对社会负责任的组织行为,即行为不但要以遵守法律义务为底线,遵守适用的法律并与国际行为规范相一致,而且必须要超越法律义务,最大限度地贡献于可持续发展。再次,社会责任是指组织融合社会责任的运作模式,即通过什么样的运作模式以确保组织行为对社会负责任,即使社会责任成为组织政策、文化、战略和运营的组成部分,在组织内部开展社会责任能力建设,在组织内、外开展社会责任交流,以及定期审查社会责任行动和实践等。包括要以促进可持续发展为目的,以遵守适用法律和国际行为规范及考虑利益相关方的期望和利益为原则,以覆盖组织全部决策和活动及全面融入组织为路径,并在自身及影响范围内的活动与关系中得到验证。

第二节　高校的社会责任

一、高校(大学)的概念

高校与大学词义相近。高校(高等学校)泛指对公民进行高等教育的学校,包括大学、专门学院、高等职业技术学院、高等专科院校等。大学,是高校的一部分,指综合性的提供教学和研究条件和授权颁发学位的高等教育机构。①本文中出现的"高校"都指的是大学。

以研究和传播高深学问的高等教育机构早在古希腊、古罗马就出现了,但并不是真正意义上的大学。大学的产生是在中世纪后期的欧洲。"在所有的中世纪机构中,时至今日,显然只有一种机构留存下来,尽管它的确有某些变化,但依然与当时的面貌极为相近,这种机构就是大学。"②中文的"大学"一词是对拉丁文universitas 的翻译,其最初的含义是"学生公会"或"教师公会"。原来,最初学生自发地聚集在城市,聘请教授为他们传授知识。传授知识的教师和接受知识的学生为了各自的利益都组织成民间社团,也就是所谓的 universitas。

作为生物学家的阿什比,从生态学的角度,认为"大学是继承西方文化的机构","它保存、传播和丰富了人类的文化","它像动物和植物一样地向前进化",所以"任何类型的大学都是遗传与环境的产物"。③所谓"遗传",是指大学或高等教育应该遵循的信条,它是大学发展的"内在逻辑",这种"内在逻辑"对后世的大学或高等教育体系而言,犹如生物基因对生物体系的作用,它要保持这种体系的特性,它是这种体系的内在回转仪。所谓"环境",是指资助和支持大学的社会体系和政治体系,它是影响大学变革的外在因素,"遗传与环境之间要保持动态的平衡,只有达到这种平衡,高等教育体系才能够更好地为社会服务"④。对大学的概念界定,

---

① 见 http://baikebaidu.com/subview/928980/7623115htm? fromId=17407
② 【法】爱弥尔·涂尔干著,李康译:《教育思想的演进》,上海人民出版社2003年版,第96页。
③ E.阿什比著,滕大春、滕大生译:《科技发达时代的大学教育》,人民教育出版社1983年版,第7页。
④ E.阿什比著,滕大春、滕大生译:《科技发达时代的大学教育》人民教育出版社1983年版,第139页。

西方普遍认为大学是指综合性大学,且一般兼具教学、科研和服务多种职能,而不包括单科性大学或单科为主的大学。《简明不列颠百科全书》把大学(University)界定为"通常包括一所文理学院、研究生院和专业学院并有权授予各个学科领域的学位"。

国内有学者认为:"大学是指实施高等教育的机构中那些综合性、多学科的、正规的高等学校,主要实施本科及本科以上层次的全日制高等教育。"[1]大学"是由多门学科、多种专业组合而成的实施高等教育的一类学校。大学一般分为综合大学、专科大学、专门学院和短期职业大学。有的还设有研究生院(部)。少数大学设有博士后研究机构。大学招生对象为高中毕业生或同等学历者,培养各类高级专门人才"[2]。大学"自古以来就是人类智慧和知识产生、汇集和向外界辐射和散播的场所。随着'知识'和'人才'成为社会经济发展的主要动力,被广泛地誉为高素质人才的'摇篮'和知识创新的'发动机'的大学,无疑将在新世纪的社会中发挥空前重要的作用,从昔日处于社会的边缘走向社会的内核,成为人们注目的中心之一"[3]。大学"是学术殿堂,它研究高深学问,发展和传授知识;大学是专业教育机构,它实施高等专业教育计划,培养专家和专门人才;大学是社会服务机构,它介入地区和国家的社会生活和经济生活,并为之服务;大学是岗位培训站,它通过各种形式的教育和教学,培训各类职业岗位的人员,使他们能够胜任本职工作或适应工种的变换"[4]。

---

[1] 张澜,温松岩:"'高等教育'和'大学'概念的界定与分析",《辽宁高等教育研究》1995年第4期。
[2] 张焕庭主编:《教育词典》,江苏教育出版社1989年版,第25页。
[3] 陈佳洱语:"高等教育研究",《北京大学》1998年第4期,第20页。
[4] 杜作润主编:《世界著名大学概览》,四川人民出版社1994年版,第7页。

对高校类型进行过深入研究的曹赛先博士,从政府、研究学者两个角度对我国高校的分类进行了详尽的总结和阐述。从政府的行政手段进行分类,主要有以下几个分类方式[①]:

(1)建设重点高校策略造成的分类。主要包括新中国成立以来我国创办重点大学的一些举措,如"211工程"、"985工程",需要注意的是,"211工程"启动时并不是完全按照学校已有的实力由强到弱遴选,而是尽量考虑到地区之间以及各部委所办高校之间的平衡,当时的操作是教育部直属高校占1/3,其他部委属高校占1/3,归属各地方的高校占1/3。

(2)学位授予权的评定造成的分类。高校主要授予三级学位,即博士学位、硕士学位和学士学位。有些高等学校能够同时授予这三种学位,有些高校可以授予后两种学位,还有的高校只能授予学士学位,也有一个庞大的高校群体尚没有学位授予权。

(3)条块分割管理造成的分类。从1992年开始,在"共建、调整、合作、合并"的八字方针指导下,高校的管理方式由原来的"条块分割"逐渐向"条块结合"过渡。有些行业性强、地方不便管理的学校,由教育部统一管理领导;一些专业通用性强、地方愿意接收的高校,逐步移交地方政府管理;一些高校实行主管部门与地方联合办学;还有一些高校相互联合或者合并。这些举措的结果是,部属院校的数量减少了,地方院校的数量增多了,初步形成了中央和地方政府两级办学的新格局。但是,教育部所属高校、中央各专业部委所属高校和地方所属高校的分类方式依然存在,而且这种烙印短期内还不可能消除。

(4)官方文本上的分类。如1986年国务院颁布的《普通高等学

---

① 曹赛先:《高等学校分类的理论与实践》,华中科技大学2004年版。

校设置暂行条例》中提及了4种高等学校类型,即大学、学院、高等专科学校和高等职业学校,并且对它们必须达到的最低标准进行了规定。1998年颁布的《中华人民共和国高等教育法》虽然没有提出具体的高等学校类型,但是就高等学校的设立做出了规定,指出高等学校"应当根据其层次、类型、所设学科类别、规模、教学和科学研究水平,使用相应的名称",这给高等学校分类提供了思考的维度。另外,按照教育形式划分,《中华人民共和国高等教育法》规定,"高等教育采用全日制和非全日制教育形式",同时,学历教育中明确指出"高等学历教育分为专科教育、本科教育和研究生教育",这为我国高等教育办学提出了规范性、纲领性的指导意见。

二、大学的本质与其承担社会责任的缘由

大学的本质是什么?纽曼认为大学是"一个传授知识的场所",弗莱克斯纳认为大学本质上是"做学问的场所",克拉克则称"大学是学者进行教学、科研和从事社会服务的场所"。美国哈佛大学第二十四任校长N.M.普西在《学者的时代》一书中曾经指出:"每一个较大规模的现代社会,无论它的政治、经济或宗教制度是什么类型的,都需要建立一个机构来传递深奥的知识,分析、批判现存的知识,并探索新的学问领域。换言之,凡是需要人们进行理智分析、鉴别、阐述或关注的地方,那里就会有大学。"[①]可以归结为,大学这个功能独特的学术机构,它保存和传授知识、进行教学和科学研究,探索自然,烛照引领并服务于社会。伯顿·克拉克认为,大学组织结构本质上是一个围绕学科和行政单位组织的矩阵

[①]【美】约翰·S.布鲁贝克著,王承绪等译:《高等教育哲学》,浙江教育出版社1998年版,第3页。

型组织。①因为大学是从事高深知识的研究和传播的场所,学科为基础的组织结构成了大学组织的特点。"是学科而不是单位把学者们组织在了一起。"由于学科和学术活动具有相对独立、自由和松散的本质特点,在一定意义上呈现出"有组织的无政府状态",这决定了大学本质上是一个相对独立、松散的网络组织。伯顿·克拉克认为它是处于"组织"和"社会"之间的学术系统,也就是说,松散结合是大学组织区别于政府、企业等其他社会组织的根本特征。

大学是创造新思想新知识引领社会的学术机构,承担着重大的社会责任。美国哈佛大学前校长罗维尔(Lawrencel LoWell)教授认为:"大学的存在时间超过了任何形式的政府,任何传统、法律的变革和科学思想,因为它满足了人们的永恒需要。在人类的种种创造中,没有任何东西比大学更经受得住漫长的吞没一切的时间历程的考验。"②因此,它应具备一种超凡品质和内在的精神追求。教育责任已经不是大学应当承担的唯一社会责任,现代大学正在全面承担着教育责任、学术责任、服务社会与引领社会前进责任和国际责任。

学术自由的道德性,从内部规定了学术的责任;学术责任的实现,需要自治与学术自由。要充分有效地行使并保障学术自由,大学就需要履行其责任。在现实社会中,自由与责任总是互为证成的。布鲁贝克也指出,"我们要想确保学术自治不受侵犯,即保证学术自由,我们应必须牢记,学者道德要求负责地行使这种自由,""自治意味着把学者自我约束、制定学者公认的基本规范和

---

① 【美】伯顿·克拉克著,王承绪、徐辉等译:《高等教育系统》,杭州大学出版社1994年版。
② 【德】雅斯贝尔斯著,邹进译:《什么是教育》,三联书店1991年版,第143页。

决定学者行为准则的责任交给了他们自己。在这一方面,学者们是真正的负有相应责任的专业人员。"①

美国学者德里克·博克则从另外的角度阐述了大学承担责任的理由:首先,大学近乎垄断了某些类型的有价值的资源,例如,只有他们能够授予学位,而学位是许多令人渴望的职业所必不可少的。"大学在考虑社会需求时没有理由感到不安。事实上,大学显然有责任这么做,毕竟高等教育机构垄断了几乎所有极其重要的社会知识资源。"②其次,大学在教育和研究方面的专长和能力是其他社会机构所不能替代的。再次,大学接受了政府的巨额资助,这些资助的钱来自纳税人,因此大学有责任回报社会,承担社会责任,帮助解决社会问题。基于上述原因,大学应该利用其特殊的资源服务于社会,正像公共服务部门有责任为公民提供服务一样。大学既是社会的产物,又随着社会变迁而不断运动、变化和发展。大学的社会属性表明大学在依赖社会提供的资源与支持条件的同时,根据公平与公正的道德原则,需要适应社会、服务社会、引领社会的发展变革,同时满足社会对大学的人才培养要求,通过高深知识的传授、选择、生产、应用、发展与创造,培养具有复合性知识结构的人才。

一般说来社会发展过程中的许多经济、政治、社会、文化等问题,必须依靠大学的力量来解决。大学社会功能越大,社会对高校的依赖程度就越深。如政府要依赖大学解决诸如贫困、医疗和教育等社会问题,企业需要大学为其提供技术及其他智力资源,社

---

① 王冀生:"超越象牙塔:现代大学的社会责任",《高等教育研究》2003年第1期,第1—6页。
② 【美】德里克·博克著,徐小洲,陈军等译:《走出象牙塔——现代大学的社会责任》,浙江教育出版社2001年版,第26页。

区依仗大学的文化资源为居民提供培训,以提高其劳动技能、满足社区的精神需求等。大学出于自身的需要,为获取更多资源,也必须适应社会的需要,承担起相应的社会责任。

三、高校社会责任构成

根据管理学家彼得·德鲁克的观点,非营利组织与营利性组织一样,组织的目标都是创造业绩,因此这两类组织首要的社会责任都一样,就是创造业绩。无论承担何种其他社会责任都必须以不会影响自身创造业绩为前提。对大学而言,除了培养人才和科学研究,以及大学既定宗旨中的内容之外,是不是要承担其他社会责任,要看承担这些责任是会增进还是会削弱其培养人才和科学研究的能力。这里他区分了作为创造业绩的学术性责任和对创造业绩产生影响的非学术性责任。也可以说大学的社会责任分为作为大学核心责任的学术责任,对大学存在和履行核心责任有影响的外围的非学术责任。[①]

德鲁克的观点和教育家德里克·博克是相似的,博克将大学社会责任划分为学术责任和非学术责任,认为大学应该集中精力回应学术领域的社会责任。虽然作为一个学术组织和社会机构,大学并不排除其非学术的社会责任,但要尽量避免非学术性社会责任。他认为多年的争论可以推出这样一条普遍的规则,即大学凭常规的学术功能,通过教学项目、科学研究和技术援助等手段承担着满足社会需求的重要职责。大学应该对种族不平等现象做出反应,不遗余力地多招收少数民族学生;应该致力于经济的进步,将研究发现成果转化为有实际效用的产品;应该利用专业知识帮

[①] 彼得·德鲁克著,王伯言、沈国华译:《组织的管理》,上海财经大学出版社2003年版。

助贫穷落后的国家发展经济。相比之下，如果学校采取诸如转移股权、联合抵制产品供应商和就政治问题发表正式声明等非学术性手段，就很难说有正当的理由。①

国内有学者以企业社会责任的研究视角，在内容上将大学社会责任分为学术责任和非学术责任；从责任施加的主体上，将其分为内在责任、法律责任、政治责任、伦理责任。学术责任是大学内在的中心的责任。大学的法律责任是大学在办学过程中必须遵从的成文性规范，包括国家的宪法、法律、法规以及政府的政策。伦理责任是大学所面临的非正式规则，主要是社会期望。伦理责任正如管理学家斯蒂芬·P. 罗宾斯认为的非法律和经济所要求的道德义务一样，它是组织追求有利于社会长远目标的一种道德原则。高校是一种正式组织，在其承担的相应社会责任中，都自发地融入些道德的元素在里面。法律责任、政治责任和伦理责任是外部环境给予大学的，可以称之为外部责任。②

刘少雪则认为现代大学承担着两种具体可见的社会责任——培养人才和进行科学研究，此外还承担着一些隐性的社会责任。是否很好地承担起了这些隐性的社会责任，对于维护大学的社会形象与社会声誉同样关键，他将大学的隐形社会责任概括为"充当社会的思想先导；充当社会理性价值判断的评判者"③。陈永奎则指出大学有其不能承受社会责任之轻与重，太轻，则失去发展

---

① 【美】德里克·博克著，徐小洲、陈军等译：《走出象牙塔——现代大学的社会责任》，浙江教育出版社 2001 年版，第 26 页。
② 王守军："关于大学社会责任的一种结构化分析思路初探"，第 26 卷，增 1 期，《清华大学教育研究》2005 年 11 月。
③ 刘少雪："试论大学的社会责任"，《上海交通大学学报（哲学社会科学版）》1999 年第 1 期，第 97--100 页。

的社会动力与社会支持;过重,则可能危及大学的成长机制与自律机制。①

关于大学社会责任内容,除了上面所说的企业社会责任研究视角外,还有利益相关者视角和大学功能视角。利益相关者视角认为现代大学是众多利益相关者共同拥有的社会机构。学生、家长、教师、投资者、社区、企业、政府等都是大学的利益相关者。所以,大学必须对全部利益相关者负责,承担对全部利益相关者所负的责任。大学功能视角依据大学的不同功能定位于人才培养、科学研究和社会服务三大方面。功能和责任是一个事物的两个方面,大学的社会责任就意味着大学在这三个基本方面必须履行相应的社会责任。

人才培养责任。大学的人才培养目标是培养全面发展和具有良好道德的公民。大学的教学不仅在于向学生传授知识,更重要的是培养其创新精神和研究创新能力;在伦理前提下,突出社会责任感,具体表现为教师育人的道德责任和学生在成长中的道德责任。培养学生对社会的批判精神。

科学研究责任。大学教学是以创造性、学术性与研究性为前提的,发展知识比传授知识更重要。教师在知识传授的同时要致力于科学的研究。在科学研究方面,遵守科学规范,秉持社会良知,关注科学研究后果。

社会服务责任。大学是国家科技创新、知识创新的主体,它与政府、企业、研究机构等组织形成了紧密的良性螺旋互动关系,在国家和区域经济发展中发挥强大的作用。通过知识和科研成果的转移,将科学技术转换为现实的生产力,促进经济和社会的发展。

---

① 郭丽君:"大学的社会责任",《扬州大学学报(高教研究版)》2003 年第 9 期,第 18—21 页。

与企业等组织的社会责任相比,大学的社会责任有以下特点:

(1)学术性。企业社会责任的本质是其经济责任,企业以利润为目标提供市场所需要的产品和服务。而大学作为学术组织,其学术活动是其最中心最本质的社会责任,这也是大学与企业及其他社会组织的本质不同。

(2)模糊性。非营利组织的目标是公共利益,其职能领域非常宽,所涉及的社会利益面也非常广。对大学而言也是如此,在涉及公益目标方面社会对大学的期望范围较宽,要求不具体。

(3)相对性。大学的出现历史悠久且发展多样,基于不同发展目的,大学的目标及学术内容是有区别的,不同社会文化、政治、经济等背景下的大学,尽管人才培养、科学研究和社会服务三大功能责任一样,但社会责任的具体内容则可能是不同的。如社区大学或教学型大学,其人才培养目标是应用型技能人才,而研究型大学则是高层次复合型的拔尖创新人才。

(4)动态性。社会在变化,社会对大学的要求也在发生变化。因此,大学社会责任的内涵也是动态变化的。即使同一所大学,在不同的历史阶段,随着社会环境的变化,社会责任的内容和侧重点也会发生变化。如科学研究责任,刚开始大学是纯科学的研究,随着社会生产方式的变革,大学卷入经济领域的加深,企业更多需要大学为其提供技术和智力支持,这时科学研究就从纯科学转向基础研究和应用研究的结合。

第二章 高校社会责任的理论基础

第一节 高等教育外部性理论

外部性理论将主体与主体外部因素及社会关系作为主要的分析对象,它指的是主体的活动在市场之外影响了其他主体,却没有为之承担相应的成本或没有获取相应报酬的现象。庇古首次用现代经济学的方法从福利经济学的角度系统地研究了外部性问题,在马歇尔提出的"外部经济"概念基础上扩充了外部性经济的概念和内容,将外部性问题的研究从外部因素对企业的影响效果,转向企业或居民对其他企业或居民的影响效果。科斯在扬弃庇古理论的基础上提出了"科斯定理","科斯定理"指出:在交易费用为零的情况下,通过市场交易和双方的自愿协商,就可以产生资源配置的最佳结果。在交易费用不为零的情况下,解决外部效应的内部化问题需要制度安排,制度的选择则需通过制度的成本——收益的权衡比较才能确定。对大学等组织而言,履行社会责任将有利于改善组织发展的外部条件,从而反过来促进组织的发展。

外部性可以分为正外部性和负外部性。正外部性是指主体活动对其他主体带来有利影响,而前者没有得到任何补偿或后者未付出任何成本;负外部性是指主体活动对其他经济主体带来了不利影响。高等教育的外部性是指高等教育提供的服务对其他主体所带来的市场之外的影响。它具有一般正外部性的特征,且有其独特性。其外部性涉及的对象众多,包括政府、企事业单位、高等教育机构、社会团体以及除了接受高等教育服务以外的消费者等。它提供的产品属于俱乐部物品范畴。

一般认为,高等教育从事三种活动:一是高级专门人才的培养,二是科学研究,三是社会服务。在从事这三种活动时,高等教育生产四类产品:公共知识;对社会的精神引领与批判;可以进行市场交换的知识产品;教育教学服务。[①]公共知识、对社会的精神引领与批判是公共产品;用于市场交换的知识产品,如专利、技术等是私人产品;教育教学服务,是增加受教育者人力资本的一种活动,有利于其就业及收入提高,因此私人产品属性较多些。所以高等教育产品属性不同,其外部性也不尽相同。

具体说来,对于经济的外部性方面:(1)高等教育增加了受教育者的人力资本。舒尔茨认为,高等教育最大的益处就在于它增加了社会的人力资本,增加了经济的人力资本。[②]受教育者个人人力资本提高可以获取更多的收入;同时,高校通过科学研究和人才培养为经济发展提供科技支持和人力资源,可以促进国家的经济增长。在经济学家看来,接受更多的教育使人们拥有更多的新

[①] 戚业国:《民间高等教育投资的跨学科研究》,复旦大学出版社2001年版,第54—62页。
[②] 西奥多·W.舒尔茨:《教育的经济价值》,吉林人民出版社1982年版,第136页。

信息,更有能力去接受和获得新的观点、概念。因此教育能提高人们在新环境中的劳动生产率。受过更多教育的人更愿意实验新想法、了解新产品或新服务的潜在价值,这使他们往往在新技术的发展和使用中成为领导人。[①](2)高等教育的接受者除了自身人力资本提高、个人收益增加外,其个人的纳税能力如个人所得税缴纳也会多,社会收益因此增加。(3)高校生产的公共知识是公共产品,如基础研究,社会可以免费利用其进行研发产出科技成果,从而促进经济发展。

对于社会的外部性方面,主要有:(1)改善社会健康状况。教育程度的提高会使人健康知识更丰富,更注重保健,个人收益增加,同时减少了传播疾病的机会,从而提高整个社会的健康水平,使政府社会医疗保健的总成本降低。(2)促进民主自由。大学研究高深学问、探求真理并引领社会,宣扬公平、正义和自由等普世价值。一方面,教育的接受者会具有更高的文化知识水平和更高的道德素养,参政议政能力较强,并会促进政治文明进程。同时,一个接受教育的人不仅有利于自己和家庭,也有利于其他社会成员,即有相当大的"临近影响"。(3)增加社会凝聚力。大学向公众进行的道德和科学价值观的教育,会影响社会的价值取向,从而提升受教育者的文明程度,降低经济交易成本,缓解不同利益群体之间的社会冲突。[②](4)降低犯罪率,改善社会治安。一般来说,受教育程度越高的人,文明程度也越高,法律意识也越强,相对来说犯罪的越少,社会更稳定更安全。(5)降低人口出生率,提高人口素质。发展经济学家的实证研究表明,妇女(母亲)受教育的程度

---

① B.L.伍尔夫著,闵维方等译:《教育的外部收益》,《教育经济学国际百科全书》,高等教育出版社 2000 年版,第 201 页。

② 赵海利:《高等教育公共政策》,上海财经大学出版社 2003 年版。

和人口生育率是负相关的,也就是母亲教育水平水平越高,人口出生率越低。知识水平越高的母亲更重视对子女的教育,包括对孩子教育的投入。因此,生育率下降的同时人口的素质在提高。(6)促进社会福利事业的教育,使人们增加慈善捐助,可以使政府减少社会保障方面的支出。①

以上是一般意义对大学外部性的分析。有学者进一步分析认为,不同类型高校因教育产品不同,因而其外部性是不一样的。一般来说,研究型大学生产的公共产品较多,社会收益较大,外部性也较大。研究型大学较其他类型的大学较多地从事基础性研究,产出较多的公共知识;研究型大学中的知识分子更多地具有社会责任感,担当起社会的思想者和批判者角色;在人才培养方面,研究型大学基本上提供的是一种精英教育,培养的是高素质人才,如各领域的专家或领导者,他们的社会责任感、民主意识、专业技能都较强,因而对社会的贡献也较大。所以,研究型大学的外部性也较大。②

第二节　社会公民理论

当代社会以公民社会为基础。公民社会的雏形最早出现于古希腊和古罗马的城邦,公民在一定程度上有了表决权,尽管当时

---

① 乐志强:"论高等教育外部性的含义、特征与表现",《煤炭高等教育》2006年第6期。
② 李卫东:"高等教育的外部性与高等教育财政政策的选择",《中国高教研究》2009年第8期。

有公民身份的人还不多。18世纪的启蒙运动和资产阶级革命诞生了真正意义上的公民社会,独立人格、自由权利、社会契约、民主法制等构成了其精神理念。公民是政治国家成员的一种资格,是政治生活的主体,它不仅是一种权利,更是一种责任。

公民社会的本质体现在社会成员的公民身份上,即在人格上独立、自由与平等,以及在权利与义务关系上的对等性。美国人托马斯·雅诺斯基(Thomas Janoski)认为:"公民身份是个人在一民族国家中,在特定平等水平上,具有一定普遍性权利与义务的被动及主动的成员身份。"① 肯·福克斯(Keith Faulks)也认为:"公民身份意味着成员地位,它包含了一系列的权利、义务和责任。这种成员地位意指平等、正义和自主。"②《不列颠百科全书》对公民资格概括为:"公民资格指个人同国家之间的关系,这种关系是,个人应对国家保持忠诚,并因而享有受国家保护的权利。公民资格意味着伴随有责任的自由身份。一国公民具有的某些权利、义务和责任是不赋予或只部分赋予在该国居住的外国人和其他非公民的。一般来说,完全的政治权利,包括选举权和担任公职权,是根据公民资格获得的。公民资格通常应负的责任有忠诚、纳税和服兵役。"③

权利与责任是公民权的核心,公民权是一种公权利,是服务和促进公共事业和公众利益的权利。《牛津法律大辞典》对公民权的解释为:"公民权或公民自由权虽然与个人权利或自由权部分相吻合,但它们更多的是属于各种社会和公共利益方面的权利,而不仅仅是个人利益方面的权利。它们实质上涉及的,与其说是个

---

① 托马斯·雅诺斯基著,柯雄译:《公民与文明社会》,辽宁教育出版社2000年版,第11页。

② Keith Faulks.Citizenship Routledge [M].London and New York Routledge,2000:13.

③《不列颠百科全书》第四卷,中国大百科全书出版社1999年版,第236页。

人或团体可以在法律的范围内做什么,还不如说他们可以要求什么。公民权和公民自由权可以看作是自由理想的法律产物。"①所以,公民权、公民责任感意味着一种公共精神,在强调个人利益的同时也要关注他人和社会的共同利益,维护社会的公平正义,崇尚公民责任中的美德。威尔·凯姆利卡认为公民责任的美德是"公共精神,包括评价政府工作人员表现的能力以及参与公共讨论的愿望;公正意识以及辨别并尊重他人权利从而缓和自我要求的能力;礼貌与宽容;团结与忠诚的共享意识"②。

威廉·盖尔斯敦认为公民责任所要求的德性可以分为四种:"(1)一般德性:勇气,遵纪守法,忠诚;(2)社会德性:独立性,开放精神;(3)经济德性:职业伦理,暂缓自我满足的能力,对经济与技术变革的适应性;(4)政治德性:辨明并尊重他人权利的能力,评价公职人员表现的能力,从事公共讨论的意愿。正是后两种德性,即质疑权威的能力及从事公共讨论的意愿,构成了自由主义德性理论最重要的特点"③。

社会是由分工明确的各类组织包括营利组织和非营利组织组成的有机整体。高校是构成这个有机整体基本单元的"社会公民",它是和社会以及社会的其他组织紧密相联的,不是孤立存在的。社群主义者指出:"离开相互依赖和交叠的各种社群,无论是人类的存在还是个人的自由都不可能维持很久,排他性地追求个人利益必然损害我们赖以存在的社会环境。没有一种社群主义的

---

① 参见【英】戴维·M.沃克.牛津法律大辞典:"公民(美国)"词条,光明日报出版社1988年版,第164页。
② 威尔·凯姆利卡:《论公民教育》,马德普:《中西政治文化论丛》第3辑,天津人民出版社2003年版,第297页。
③ 威尔·吉姆利卡,威尼·诺曼:《公民的回归——公民理论近作综述》,许纪霖:《共和、社群与公民》,江苏人民出版社2004年版,第256—257页。

世界观,个人的权力就不能长久地保存。"①每个组织在社会系统里都承担着一份社会责任。高校也不例外,在追求自身利益的同时,还需考虑社会利益,在维护组织中心责任的前提下,尽量满足利益相关者包括政府、教职工、学生、投资者、社区等在内的需求,维护他们的利益。

社会本位论认为,教育应以满足社会发展需要为首要目的,把受教育者培养成符合社会准则的公民,教育的一切都应服从于社会的意志;个人的存在与发展依赖并从属于社会,评价教育的价值只能以其给社会带来的效益来衡量。它的出现有着深厚的法哲学和法理学基础。

19世纪初,功利主义主要代表人物——英国著名学者杰里米·边沁(Jeremy Bentham)就认为:"最大多数人的最大幸福乃是判断是非的标准。"②但是,边沁只肯定社会利益和个人利益的一致性,而否认二者的冲突。德国法学家鲁道夫·冯·耶林(Rudolfvon Jhering)对边沁的观点进行了完善,认为法律并不只是保护单个个体,还要在个人与社会间达到一种平衡。③法律的主要任务就是明确各利益所处的位阶,尽可能保护最大范围内的社会利益,并采取与保护所有这些利益相一致的行动,以此实现多种不同利益间的平衡和协调。④

---

① 郭艳芬:"公司社会责任发展轨迹的法哲学检索及评析",《河北学刊》2008年第3期,第168页。
② E.博登海默著,邓正来译:《法理学:法律哲学与法律方法》,中国政法大学出版社1999年版,第106页。
③ E.博登海默著,邓正来译:《法理学:法律哲学与法律方法》,中国政法大学出版社1999年版,第109页。
④ 罗斯科·庞德著,沈宗灵、董世忠译:《通过法律的社会控制——法律的任务》,商务印书馆1984年版,第37页。

法律就是一种利益平衡机制,通过法律规制实现社会公平,就是要求组织承担对利益相关者的社会责任,实现个人利益与社会利益、经济效益与社会效益之间的平衡。高校作为法律意义上的"公民",在社会中处于强者的地位。它拥有社会赋予的经济与政治权力,因而也应承担相应的社会责任。可以说,社会本位论为组织履行社会责任提供了理论依据。①

第三节 利益相关者理论

利益相关者理论产生于20世纪60年代,发展于80年代以后。"利益相关者"一词的出现是在1929年,当时是在通用电气公司的一位经理就职演说中提出的。1959年,Penrose在《企业成长理论》一书中提出了"企业是人力资产和人际关系的集合"的观点,为利益相关者理论奠定了基石。1963年,斯坦福大学研究所明确地提出了利益相关者的定义:"利益相关者是这样一些团体,没有其支持,组织就不可能生存。"此后,许多学者从不同角度对利益相关者进行了解读。

美国学者唐纳森、托马斯和普瑞斯顿将企业的利益相关者定义为:"在公司的程序性实体性活动中享有合法性利益的自然人或是社会团体。"他们把企业的利益相关者限定于那些既对企业享有利害关系,又对企业具有影响能力的人。玛格丽·布莱尔从企业理论角度出发,认为利益相关者是所有那些向企业贡献了专用

---

① 毛广:"论公司社会责任的理论基础",《长春理工大学学报(社会科学版)》2001年第1期,第11—13页。

性资产，以及作为既成结果已经处于风险投资状况的人或集团。作为利益相关者理论研究的核心人物之一，弗里曼提出利益相关者的两种定义。广义定义为："任何可以确认的，能够影响公司目标实现或者被公司目标实现所影响的群体或个人。如公众利益集团、政府机构、同业公会、竞争者、工会以及雇员、顾客、股东等。"狭义定义为："任何可以确认的，组织持续生存所依赖的群体或个人。如雇员、顾客、供应商、关键政府机构、股东、一定的金融机构等。"弗里曼还指出，从战略角度上，应考虑更广的定义，而从经营者看来，宜考虑较窄的定义。[1]弗里曼的定义，大大丰富了利益相关者的内容。

20世纪90年代后，对利益相关者的研究从私人机构向公共部门渗透。在已有的研究成果中，弗里曼和克拉克森对利益相关者的定义最具有代表性。弗里曼认为，"利益相关者就是能够影响一个组织目标的实现，或者受到一个组织实现其目标过程影响的人"[2]，依此定义，企业的股东、债权人、供应商、员工、顾客、管理人员、政府、社区、媒体等"能够影响一个组织目标的实现"的人都是企业的利益相关者。[3]国内学者陈宏辉也认为企业本质上是一种受多种市场和社会影响的组织，不应该是股东主导的组织，应该考虑到其他利益相关者的利益要求。企业是其利益相关者相互关系的联结，它通过各种显性契约和隐性契约来规范其利益相关者

---

[1] 邓汉慧：《企业核心利益相关者利益要求与利益取向研究》，华中科技大学2005年版，第4—6页。

[2] Freeman, R.E.strategic management:stakeholderapproach.MA：Pitman, Boston. 1984.Codedfrom：EliseT.Sautter, BirgitLeisen.(1999), Managingstakeholders：A Tourism Planning Model.Annals ofTourism Research, Vol.26(2)：312—328.

[3] 参阅刘宗让："大学战略：利益相关者的影响与管理"，《高教探索》2010年第2期，第18—19页。

的责任和义务,并将剩余索取权与剩余控制权在企业物质资本所有者和人力资本所有者之间进行非均衡地分散、对称分布,进而为其利益相关者和社会有效地创造财富。①

与企业一样,大学也是一个典型的利益相关者组织。张维迎指出:"大学作为一个非营利性组织,是一个典型的利益相关者组织。每个人都承担一些责任,但没有任何一部分人对自己的行为负全部责任。大学里面的利益相关者包括教师、校长、院长、教授,也包括行政人员,还包括学生以及毕业了的校友,当然也包括我们这个社会本身(纳税人)。"②

用利益相关者理论对大学进行研究的人,首推美国哈佛大学文理学院前院长罗索夫斯基。他按照与大学之间的重要性程度将利益相关者划分为最重要群体、重要群体、部分拥有者、次要群体四类。

最重要群体是教师、行政主管和学生,他们是学校最重要的利益相关者。他指出没有教师就不能成为大学;而行政主管控制着美国大学;没有学生,大学的学术成就终归会枯萎。重要群体是董事、校友和捐赠者,他们是学校重要的利益相关者。因为他们出钱,他们才是正式决定大学主要政策的人,因而非常关心"他们"学校的声誉。部分拥有者是政府、银行、评审委员会。次要群体是市民、社区、媒体等,他们是大学利益相关者中最边缘的一部分,即次要层次的利益相关者。③ 因此,大学应充分发挥各利益相关者

---

① 陈宏辉:《企业利益相关者的利益要求:理论与实证研究》,经济管理出版社2004年版。
② 张维迎:《大学的逻辑》,北京大学出版社,2004年版,第19页。
③ 罗素夫斯基:《美国校园文化——学生、教授、管理》,山东人民出版社1996年版,第233—255页。

的作用,从而共生共赢,有效实现大学的治理。

和这个观点相类似,国内学者李福华也认为:与企业相比,大学是一种典型的利益相关者组织,大学的决策必须权衡和兼顾各方利益相关者的利益。大学的利益相关者可以分为核心利益相关者(教师、学生、管理人员,即广大师生员工),重要利益相关者(校友和财政拨款者),间接利益相关者(与学校有契约关系的当事人,如科研经费提供者、产学研合作者、贷款提供者等)和边缘利益相关者(当地社会和社会公众)四个层次。①

德里克·博克从利益相关者视角来研究大学的社会责任。他认为大学的社会责任就是大学对全部利益相关者所承担的责任。现代大学不是教师自己的组织,也不是董事会能够随意摆布的私人机构,而是众多利益相关者共同拥有的社会机构。学生、家长、社区、产业界、政府等都是大学的利益相关者。所以,大学必须包括对教师、出资者在内的全部利益相关者负责。②根据戴维斯(K. Davis)的"责任铁律原则",权利与责任必须是一致的,组织的社会责任必须与组织的社会权利相称,权利越大,责任越大。对高校而言,作为社会的中心,高校享有各利益相关者赋予的各项权力,在享有权力的同时,必须承担起相应的社会责任。

---

① 李福华:"利益相关者视野中大学的责任",《高等教育研究》2007年第1期,第50—53页。
② 【美】德里克·博克著,徐小洲、陈军译:《走出象牙塔——现代大学的社会责任》,浙江教育出版社2001年版,第231页。

第四节 正义理论

正义,指公正、合理。柏拉图认为,正义意味着"每个人必须在国家里执行一种最适合他天性的职务"①。在语义上,"正义"(justice)与"平等"(equality)、"公平"(equity)、"公正"等相似,含义稍有区别。"平等"更注重数量、程度、品质上的一致。"公平"是含有价值判断的规范性的概念。公正则包含了公平和正义,但核心价值是正义。后者主要是政治哲学、社会伦理学、法学语境中的概念,指属性上的善、权利与义务的对称、自由和责任的对称等。②《伦理学大辞典》定义的正义是:正义,亦称公正、公平,对政治经济法律道德等领域中的是非、善恶的一种道德认识和价值评价。作为道德的范畴,既指符合一定社会性道德规范的行为,又主要指处理人际关系和利益分配的一种原则,既一视同仁又得所当得。③从这个意义上来说,正义与公平、公正是一致的,因此这三个词也经常被互相通用。

当代美国哲学家约翰·罗尔斯(John Rawls)认为,在所有社会美德中正义是最重要的,他指出:"正义是社会制度的首要价值,正像真理是思想体系的首要价值一样。一种理论,无论它多么精致和简洁,只要它不真实,就必须加以拒绝或修正;同样,某些法律和制度,不管它们如何有效率和条理,只要它们不正义,就必须

---

①柏拉图著,郭斌和、张竹明译:《理想国》,商务印书馆1986年版,第154页。
②杨东平:《中国教育公平的理想与现实》,北京大学出版社2006年版,第4页。
③《伦理学大辞典》,上海辞书出版社1994年版。

加以改造或废除。每个人都拥有一种基于正义的不可侵犯性,这种不可侵犯性即使以社会整体利益之名也不能逾越。"①罗尔斯通过对公平的论证,确立了公平才是正义的核心。他确立了正义的两个原则,"第一个原则:每个人对与所有人所拥有的最广泛的基本自由体系相容的类似自由体系都应有一种平等的权利。第二个原则:社会的和经济的不平等应这样安排,使它们在与正义的储存原则一致的情况下,适合于最少受惠者的最大利益,并且依系于在机会公平平等的条件下职务和地位向所有人开放"②。

在这两个原则中,第一个原则优先于第二个原则,当第一个原则没有被满足之前,我们不能去满足第二个原则。也就是说,如果出于实现社会的和经济的平等主张,而做出的社会安排不能使每个人的自由和权利得到增加,那这些主张就必须让位给自由。第一个原则也叫自由平等原则,它包含两方面:一是自由平等的权利,二是基本的自由应该尽可能广泛。如果要在提高自由与增进利益之间选择时,须先提高自由。罗尔斯提出的平等的基本自由具体为"思想自由和良心自由,政治自由和结社自由,由个人自由与完整所具体规定的那些自由,最后是法律规则所包括的各种权利"③。第二个原则叫差别原则,公平的机会均等原则优先于差异原则。在财富、权利等方面不平等时应该照顾到最少受惠者或弱势群体。

英国哲学家戴维·米勒反对以单一的眼光看待正义问题。他认为单一的、一贯的正义原则是一种抽象,带有乌托邦色彩,提出要

---

① 【美】罗尔斯著,何怀宏等译:《正义论》,中国社会科学出版社1988年版,第3—4页。
② 【美】罗尔斯著,何怀宏等译:《正义论》,中国社会科学出版社1988年版,第302页。
③ 【美】罗尔斯著,万俊人译:《政治自由主义》,译林出版社2000年版,第309页。

使正义情境化。他提出了一种多元正义论,其多元正义论兼有自由主义、社群主义和社会主义的综合色彩。他从人类关系样式出发,认为社会在各式关系样式中所对应的基本正义原则是:需要、应得与平等原则。这种复合、多元但又是批判性的政治思想比其他的正义更加适用于经济全球化和文化多元性的时代。①

米勒首先将人类关系模式区分为三种类型:团结的社群(solidaristi community)、工具性联合体(instrumental association)以及公民身份(citizenship)。在三种不同的共同体之内,责任和义务则视每种情况下社群联系的紧密程度而定,分别适用不同的正义原则。在团结性社群内部,主要适用需要原则,因为团结性社群是"建立在相互理解、相互信任或相互熟识的血亲关系、共同民族认同、相同兴趣爱好等联结在一起的相对稳定的社会共同体"②。这种共同体如家庭、俱乐部、宗教团体、职业协会等关系紧密,是超功利性的。共同体成员根据其能力来做出贡献,其中的正义原则是按需分配的。在工具性联合体内,正义的原则是根据应得原则进行分配,即按贡献分配。因为工具性联合体是建立在经济关系基础上的,具有功利性,如公司。公民身份联合体的首要分配原则是平等,每个人都享有同等的自由和权利、人身保护的权利、政治参与的权利以及政治社群为其成员提供的各种服务。但有时公民身份也把正义的要求奠基在需要或应得之上,如对作为社群成员的那些缺乏必要资源的公民提供必要的资助就是完全正当的。③

---

① 【英】戴维·米勒,应奇译:《社会正义原则》,江苏人民出版社 2001 年版,第 364 页。
② 【英】戴维·米勒著,应奇译:《社会正义原则》,江苏人民出版社 2001 年版。
③ 【英】戴维·米勒著,应奇译:《社会正义原则》,江苏人民出版社 2001 年版,第 27—33 页。

米勒认为,团结的社群之内的形式平等应以需要作为排他性标准,这里正义所要求的是每个人得到资源的数量应取决于他需要的强度。公民身份的平等原则在于成员身份的形式化,一旦公民的某些基本平等要求得不到满足,便会威胁到公平问题。米勒的正义理论和罗尔斯的新自由主义正义理论有所不同,主张从人的社会共同体关系以及历史、文化、社会实践等"情境"中去阐释正义问题。他的正义观某种程度构成了教育公正的理论基础。罗尔斯的正义论从弱势群体的立场出发,强调制度的公正,米勒则强调正义要情境化。据此,我认为,在教育领域中,基础教育应当遵循需要原则,而高等教育和社会的不同发展阶段相关联,主要采取应得原则,但也要考虑社会公平,必要时结合需要原则。

法学家庞德也认为,正义是个人的美德,代表着人类善良而美好的愿望,是增进最大多数人的最大福利的,满足社会公平的制度安排。"在伦理上,我们可以把它看成是一种个人美德或是对人类的需要或者要求的一种合理、公平的满足。在经济和政治上,我们可以把社会正义说成是与社会理想相符合,足以保证人们的利益与愿望的制度。在法学上,我们所讲的执行正义(执行法律)是指在政治上有组织的社会中,通过这一社会的法院来调整人与人之间的关系及安排人们的行为;现代法哲学的著作家们也一直把它解释为人与人之间的理想关系。"[①]

高校的社会责任也需体现在对居民受教育权的公平分配上。教育的不平等是社会的热点话题,讨论已久。《国际教育百科全书》将其分为11类:个体能力的遗传差异,个体所处社会地位的差异,政府、社会、个体提供和获得教育方面的政治权力,国家和

[①] 罗斯科·庞德:《通过法律的社会控制——法律的任务》沈宗灵,董世忠译,商务印书馆1984年版,第73页。

私人为教育提供的资源,各阶段教育之间的资源分配,在各地区配置的和向各社会群体提供的教育机构的差异,教育机构与其他群体之间在资源、能力和成就方面的差异,教师能力方面的差异,家庭在教育方面的直接成本和间接成本,不同教育阶段的选拔,代际之间教育资源的分配。①可见,多种因素导致了教育不平等,高校有责任去努力克服教育不平等,实现教育公平。

第五节 教育市场化理论

何为高等教育的市场化? 1997年经济合作与发展组织(OECD)曾给高等教育市场化下了这样一个定义:"把市场机制引入高等教育中,使高等教育运营至少具有如下一个显著的市场特征:竞争、选择、价格、分散决策、金钱刺激等。它排除绝对的传统公有化和绝对的私有化。"②

根据OECD的定义,高等教育市场化的本质就是通过引入市场机制,用市场的理念、方法来运营高等教育,让竞争、价格机制等市场要素,引导高等教育机构对市场的需求做出积极的反映,提高办学效率,满足各利益相关者——政府、企业、学生、捐赠者等的需求,为他们提供高质量的服务。

拉·格兰德和巴特莱特(Le Grand&Bartlett)指出,高等教育市

---

①丁胡森主编:《国际教育百科全书》中文版,第四卷,贵州教育出版社1991年版,第436页。

②OECD.Redefining Tertiary Education [M].Paris:Organization for Economic Co-operation and Development,1998.121

场化有四条标准:效率,公共服务要创造经济价值;选择,消费者可以选择服务数量和质量;责任,高等学校要考虑学生、企业和政府等股东的需求;平等,教育服务的提供应以需要为基础,不要受到收入、社会经济地位和年龄等因素的影响。①

高等教育市场化的运作有客观现实的需要也有其理论基础。其理论基础之一是高等教育的准公共产品属性。一般来说,私人产品具有完全的排他性和竞争性,一般通过市场交易来实现。公共产品则具有非排他性和竞争性,一般由政府来提供。介于二者之间的为准公共产品,高等教育是典型的准公共产品,具有一定程度的排他性和竞争性。

一方面,高等教育关乎国民整体素质提升,能提高社会生产力,促进人类文明的进步,社会效益巨大。因此,政府应承担一部分支出。另一方面,受教育者通过高等教育培训,其劳动技能和素质提高,就业更有竞争力,薪酬水平更高,个人收益明显。因此个人也应承担部分学费。高等教育的准公共产品属性,使其市场化有了理论依据。袁连生教授认为,教育作为一种准公共产品,完全可以由学校进行市场化运作,其体现在:办学体制的多元化,建立教育成本分担制度,学校资源配置的市场化,教育服务面向社会发展和劳动力市场。②

其理论基础之二是新自由主义经济学理论。20世纪下半叶,新自由主义思想开始兴起,其代表人物主要有哈耶克和弗里德曼(M.Friedman)等。新自由主义主要从经济学的角度论证了市场的

---

①李盛兵:"高等教育市场化:欧洲观点",《高等教育研究》2000年第4期,第110页。

②袁连生:"论教育的产品属性、学校的市场化运作及教育市场化",《教育与经济》2003年第1期,第11—15页。

优势,市场可以提高高等教育的效率,高等教育应该走向市场,大学变革的方向是市场化和私有化。反对政府完全控制教育,认为政府对于高等教育的过多干涉会降低高等教育的效率,要将政府对于高等教育的影响降到最低,主张"小政府"、"大市场"。

哈耶克认为市场是教育活动的基础和依据,应将市场的竞争原则运用于教育领域。他更关注高等教育给受教育者个人的回报,反对平均主义的补贴方式,并质疑国家通过测试手段选拔出那些被认为在智力上有能力接受高等教育的人的做法。对学生进行选择的唯一途径是竞争和市场过程。他从高等教育的投资角度着眼,反对政府把高等教育当作一项社会福利来平均分配。政府不可以为所有有能力接受高等教育的人提供资助。多少人需接受高等教育完全是由市场来决定的,国家对教育的投资规模不应受非经济的各种社会因素的影响,而完全应由教育投资的回报率来决定。[1]

他认为高等教育这一准公共产品的投资者为政府和个人,经测试选拔的结果是一部分学生免费入学或只缴纳较少学费,而另一部分学生则需要支付学费或较多学费,这样的机制会造成"搭便车"现象,并不能保证公平。

弗里德曼从20世纪50年代开始提倡"自由市场经济",批评政府干预市场。弗里德曼认为,"政府的作用是从事一些市场本身所不能从事的一些事情,即:决定、调节和强制执行游戏规则;市场则可以通过有效地按比例表达意见的方式,允许每个人来满足他自己的偏好。但当前的现实是学校教育由政府机关或非利润机构提供经费并由它们管理,这种现实会导致政府职责的无原则扩

---

[1] 朱新涛:"新自由主义经济学的高等教育市场化观点评析",《江苏高教》2004年第3期,第4—7页。

大,政府对学校教育的干预也越来越强"①。

他在1955年的《政府在教育中的作用》一文中指出:公共教育制度缺乏必要的市场竞争的约束,效率低下,资源浪费。要改变这种状况,通过以往的改革措施是无效的,唯一的出路是走市场化道路。在高等教育领域,他认为无论是私立还是公立高等院校均应向学生全额收取学费。政府对公立院校的资助也必须采取教育凭券或贷款的形式,由学生自主地选择就读的院校,学生将来就业后归还所欠款项。②这样做一是可以增加学生自主择校的权利和自由;二是可以精简以往专门负责此项工作的一些政府部门,减少多余的劳动,从而提高工作效率;三是可以通过竞争来提高学校的服务质量,满足消费者的特殊需求;四是可以促进学校的多样化发展。

在对待教育问题上,他认为让大多数公民达到一个最低限度的文化知识水平,普遍地接受一些共同的价值标准,对于一个民主社会的稳定存在是必要的,一个孩子通过接受教育不仅有利于他自己和他的家庭,同时也有利于整个社会的其他成员。弗里德曼对于教育的市场化观点的核心在于鼓励竞争。

从大学的实际发展来看,市场手段对大学的影响更多体现在积极的方面。市场化推动了高等教育资源的合理配置,大学获得了更多办学资源,减轻了政府压力,加强了高校与社会之间的联系,提高了办学效率与效益,但同时会影响教育的公平。

---

①朱新涛:"新自由主义经济学的高等教育市场化观点点评",《江苏高教》2004年第3期,第5—6页。

②范秀双:"论政府在教育中的作用思想述评",《外国教育研究》2004年第4期,第6—8页。

第六节 三重螺旋理论

三重螺旋理论,是由美国纽约州立大学社会学系亨利·埃兹科维茨(Etzkowitz)教授和荷兰阿姆斯特丹科技发展学院的罗伊特·劳德斯多夫(Leydesdorff)教授提出。所谓三重螺旋,指的是一种创新模式,是指大学、政府、产业三方在创新中密切合作,相互作用,同时每一方都保持自己的独立身份。他们认为在知识经济背景下,大学、政府、企业三方应当相互协调,以推动知识的生产、转化、应用和升级,促使系统在三者相互作用的过程中不断提升。该理论认为,大学、政府和企业的交互是创新系统的核心单元,其三方合作是推动知识传播与应用的重要因素,在将知识转化为生产力的过程中,各参与者共同推动创新螺旋的上升,促进价值创新目标的实现。①

三重螺旋理论包含四个纬度②:(1)螺旋内部进化。第一个纬度是每条螺旋内部的转变。在三重螺旋模式中,大学和其他生产知识的机构在社会中扮演了新的角色,它们不仅培养学生、从事研究工作,还致力于将知识有效地转化为使用价值。产业界则不仅和大学,也和其他公司分享知识,并且以准学术的模式通过战略联盟进行彼此合作。大学和政府、企业打破了原有的组织边界,并

---

① 埃兹科维茨:《国家创新模式——大学、产业、政府"三螺旋"创新战略》,东方出版社 2006 年版,第 1 页。
② 马永斌、王孙禺:"大学、政府和企业三重螺旋模型探析",《高等工程教育研究》2008 年第 5 期,第 30 页。

在边界切面上搭建起新的桥梁,三者互为角色,协同进化。

(2)螺旋之间的相互影响。首先,这种影响体现在三者观念和互相态度的变化上。如在三重螺旋结构中,大学、政府和企业的价值观和功能都在发生变化:政府由维持市场环境和对企业进行补贴转向于创造知识经济发展的条件,为知识流动和创新提供适宜的空间。其次,这种影响体现在三条螺旋线在相互交互、互相作用的情况下展开的缠绕发生上。如美国政府为鼓励技术传播不断修改专利法的条文。

(3)新的三边网络的覆盖以及从三个螺旋的互动中产生的组织。三重螺旋的第三个纬度是指通过三重螺旋的相互作用产生的新的重叠的组织机构和网络,如合作研究中心、战略联盟、孵化器、科技园等混成组织在大学、政府和产业的界面上被创造出来,从而刺激组织的创造性和区域的内聚性。这种团体通常是通过"头脑风暴"产生新的想法,以弥补创新体系内的空白。

(4)三重螺旋网络的回归效应。三重螺旋的第四个纬度,是学术界、政府和产业界之间的递归影响。不仅在于创新主体观念的变化、角色的改变等。

三重螺旋模型的核心价值就在于将功能不同、价值观念不同的大学、政府和企业融为一体,形成合力,以刺激区域经济发展。三者间的紧密联系与交互,形成了一个以资源流动为核心的创新网络。

埃兹科维茨认为,三重螺旋模型包括三个基本要素,一是在以知识为基础的社会中,大学在创新中扮演一个更突出的角色,它的作用与政府及产业不相上下;二是三方会进一步建立合作关系,创新政策是相互作用的结果而不是仅仅出自于政府一方;三是每一方在完成自己传统功能的同时,承担另两方的角色。①三重螺旋中,在政府介入下,学校与企业是合作博弈。双方在不损害对方利益的前提下实现自己利益的最大化,整合学校与企业资源,实现教育资源和商业资源的优化配置。如前所述,如埃兹科维兹所言,大学正趋向于从"象牙塔"变为具有企业性质的机构。这种企业型大学是推动三重螺旋模型发展的生产力,它将过去的教学、科研、决策咨询使命与促进经济发展的新使命结合起来。这种新使命使得大学从培养人才和生产科研成果的社会次要支撑机构向领导性社会主要机构转变,即它除了传播知识和创造知识外,还要使知识市场化,为知识社会的经济与社会发展服务。

---

① 埃兹科维茨:"创业型大学与创新的三螺旋模型",《科学学研究》2009年第4期,第482页。

第三章　高校社会责任思想的历史考察

目前，理论界广泛接受的观点是大学具有三个基本职能：教学、科研、服务社会。这是从社会需要视角来对大学的功能进行界定。大学的社会功能与社会责任在本质上不可分割，现代大学也就必须在这三个基本方面尽力履行社会责任。一般认为，大学社会功能经历了三个相应的发展阶段，我们本章对高校社会责任的分析思路也遵循此路径。

社会责任是大学与社会之间联系的纽带，大学的社会责任就是社会对大学应当履行义务的期望。大学的社会功能与社会责任，有各自的对应范畴，但两者在本质上是一个事物的两个方面，相互联系，不可分割。大学功能的发挥本质上正是其社会责任的履行。大学发挥什么社会功能，也就意味着大学必须履行和承担什么社会责任。

现有研究成果没有关于大学社会责任思想的系统研究。对大学社会责任的论述大多和大学职能、大学功能、大学理念等联系在一起。其实，职能、作用、功能、理念等相关概念有不同程度的交叉和涵盖。在语义学上，功能和职能是两个意义非常相近的词，很长时间内人们使用时几乎不加区分。90年代中期，有学者明确地提出高等教育的功能和高等学校的职能的观点。邬大光、赵婷婷引用了上海辞书出版社1989年版《辞海》中"功能"的定义——物质系统所具有的作用、能力和功效，和商务印书馆1984年版《现代汉语词典》中"职能"的定义——人、事物、机构应有的作用、功能，经过理论分析后认为：如果把某事物看作一个系统，在谈到它的作用时往往使用"功能"一词；而谈到机构的作用时，大多使用"职能"一词①。蓝劲松的观点也相似：职能具有"人为赋予"的意义，功能则是系统本身固有的。从哲学范畴来考察，职能为"应该"，功能为"是"。②目前一般认为大学职能就是大学承担职责的能力或功能。大学的社会责任不是大学本身所具有的，往往隐含着人们以及社会对于大学应有责任的某种期望，是由社会需求而确定的，更多地强调大学应当对社会承担怎样的责任。它重在强调对外产生的效用，是一种实然的效能；大学职能重在表示大学作为一类组织内在的规定和要求，是一种应然的职责。

　　大学要完成其责任和使命，必须有正确的观点来加以引导，而这个正确的观点就是大学的理念。③从中世纪大学的出现到现代大学的漫长发展过程中，大学的理念也在不断变化和发展。下面将从大学理念发展的历史脉络中找寻大学社会责任的思想发展过程。

---

①邬大光，赵婷婷："也谈高等教育的功能和高等学校的职能兼与徐辉、邓耀彩商榷"，《高等教育研究》1995年第3期。
②蓝劲松："略论高等教育的功能"，《电力高等教育》1995年第2期。
③邢月航："论大学的社会责任"，《山西大学》2010年第13期。

第三章 高校社会责任思想的历史考察

第一节 大学责任的孕育阶段
（中世纪到工业革命初期）

一、大学理念阐释

（一）"理念"的概念

中文的"大学理念"一词，是从德语的"die Ideeder Universitaet"和英语的"the idea of a university"翻译过来的。"理念"一词，源于古希腊语（eidos），其本义为"形相"、"形式"、"通型"等。苏格拉底最早提出了"理念"一词，"理念作为模型存在于自然之中"，"每个理念只是我们心中一个思想，所以只有单一的理念"，"而所谓理念正是思想想到的在一切情况下永远有着自身同一的那个单一的东西"。①柏拉图将"理念"视为独立于个别事物和人类意识的永恒精神实体。所有的事物都有它相应的理念，无数的"理念"组成了一个井然有序的世界，即"理念世界"。康德则把"理念"规定为超越了经验的概念，即"理念，我是指其对象不能在任何经验中表现出来的那些必然的概念来说的"，"是指从知性产生而超越经验可能性的纯粹理性的概念"。"理性在它本身里也含有理念的根据，……它是理念的源泉。"②康德认为理念是理性领域内的哲学概

---

①颜一：《流变、理念与实体——希腊本体论的三个方向》，中国人民大学出版社1997年版，第93页。
②北京大学哲学系外国哲学史教研室编译：《西方哲学原著选读》（下卷），商务印书馆1982年版，第300—301页。

念。黑格尔则认为"理念就是思想的全体","因此理念也就是真理,并且惟有理念才是真理"。"理念"是思想的全体,是概念和客观性的绝对统一。①将"理念"视为一种自为自主的真理,是一种永恒的创造、永恒的生命、永恒的精神,是理性认识的一切关系的辩证法,是统摄、驾驭所有具体概念的"根本观念"和"精神实体"。②《新现代汉语词典》中"理念"被注释为"观念"③,《汉语大词典》和《辞海》则分别将"理念"解释为"理性概念"④和"理性领域内的概念"⑤等。

近现代人所使用的"理念",已不完全是哲学意义上的,而是泛指人们对事物或现象的理性认识所形成的观念,表示一种精神向往和理想追求理论化、系统化的表述。有学者认为:"理念是人们经过长期的理性思考及时间所形成的思想观念、精神向往、理想追求和哲学信仰的抽象概括。"⑥韩延明教授对古今中外"理念"的概念进行辨析之后认为,"'理念'是一个精神、意识层面上的上位性、综合性结构的哲学概念,是主观(认知、观念)见于客观(规律、存在)的科学反映,是人们经过长期的理性思考及实践所形成的思想观念、精神向往、理想追求和哲学观点的抽象概括,是指引人们从事理论探究和实践运作的航标,是理论化、系统化了的,具

---

① 北京大学哲学系外国哲学史教研室编译:《西方哲学原著选读》(下卷),商务印书馆1982年版,第385—387页。

② 北京大学哲学系外国哲学史教研室编译:《西方哲学原著选读》(下卷),商务印书馆1982年版,第441页。

③ 王同亿主编:《新现代汉语词典》,海南出版社1992年版,第984页。

④ 罗凤竹主编:《汉语大词典》第4卷,汉语大词典出版社1990年版,第571页。

⑤《辞海》中卷,上海辞书出版社1979年版,第2776页。

⑥ 潘懋元:《多学科观点的高等教育研究》,上海教育出版社2001年版,第121页。

有相对稳定性、延续性和指向性的认识、理想的观念体系。简言之,所谓'理念',是指人们对于某一事物或现象的理性认识、理想追求及其所形成的观念体系"①。

(二)大学理念

何谓"大学理念"？它要回答大学是什么以及大学应该是什么的问题。学术界的主要观点包括:(1)"大学理念是人们对大学这一本体所特有的基本看法和对大学本身的理性认识,它是大学教育各种教育理念中最基本的理念,是引发或构建其他教育理念的基础理念或元理念","对大学的定性、定位、功能认识,……共同构成人们对大学的总体看法,即大学理念"。(2)大学理念是人们对于教育现象(活动)的理性认识、理想追求及其所形成的教育思想观念和哲学观点,是教育主体在教育实践、思维活动及文化积淀和交流中所形成的教育价值取向与追求,是对教育"应然状态"的理性认识和观念整合,是一种具有相对稳定性、延续性和指向性的教育认识、理想的观念体系。②(3)大学理念是人们对大学世界的总体看法和基本观念,是大学教育各种理念中最基本的理念,是引发或构建其他教育理念的基础理念或元理念。(4)"大学理念是指人们在对教育规律的认识的基础上所形成的关于大学的性质、职能、使命、目的、大学与社会的关系等一系列大学基础问题的理性认识。它对大学的发展具有定向作用,也就是说有什么样的大学理念,就会有什么样的大学实践。"③大学理念是人们对大学本质及其办学规律的一种哲学思考体系,是人们对大学的

---

① 韩延明:《大学理念论纲》,人民教育出版社2003年版,第58页。
② 眭依凡:《大学校长的教育理念与治校》,人民教育出版社2001年版,第82—107页。
③ 韩延明:《大学理念论纲》,人民教育出版社2003年版,第64页。

总的看法。①

眭依凡教授认为大学理念是大学教育各种理念中最基本的理念,是引发或构建其他教育理念的基础理念或元理念。即该理念所持的立场、观点必然要对其他教育理念的立场、观点产生影响。他进而对大学理念的内涵也作了界定,即:大学理念是人们对大学世界的总体看法,是人们关于大学世界的基本观念,它包括人们对大学是什么,具有什么使命,发挥什么作用,这样一些大学基本问题的价值判断和识别。对"大学是什么"的回答,是人们对大学组织性质的认定;对"大学具有什么使命"的回答,是人们对大学应有责任、义务的认定;对"大学应发挥什么作用"的回答,是人们对大学职能的价值认定。②

韩延明教授认为,大学理念是人们对那些综合性、多科性、全日制普通高等学校的理性认识、理想追求及其所形成的教育思想观念和哲学观点。"理性认识"主要是有关"大学是什么"、"大学能做什么"方面的内容,包括大学的含义、大学的宗旨、大学的使命、大学的职能等,是对大学的基本看法和理性审视;"理想追求"主要是有关"大学应该是什么"、"大学应该做什么"方面的内容,包括大学的理想、大学的信念、大学的精神、大学的目标、大学的责任等;"教育思想观念"或"哲学观点"主要是有关"大学需要坚持什么"、"大学需要把握什么"方面的内容,包括大学的教育改革观、大学教育的发展观、大学的价值观、大学教育质量观、大学教育的效益观等,是大学教育改革与发展的指导思想、基本原则或理论基础。③

---

① 刘宝存:《大学理念的传统与变革》,教育科学出版社2004年版,第15页。
② 王冀生:《大学之道》,高等教育出版社2008年版,第40页。
③ 韩延明:《大学理念论纲》,人民教育出版社2003年版,第68页。

从上所述,尽管学术界对于大学理念的理解和表述各有不同,但一些基本点是一致的。大学理念包含着人们对大学的理想认识、理想追求,大学的责任和义务等观念的理性系统表述,它是大学的灵魂、大学的生命。

列宁曾经指出,在社会科学问题上,有一种最可靠的方法就是"不要忘记基本的历史联系。考察每个问题都要看某种现象在历史上怎样产生,在发展中经历了哪些主要阶段,并根据它的这种发展去考察这一事物现在是怎样的"①。大学理念随着历史变迁也在不断地丰富发展,从欧洲中世纪大学的"学术自由"、"学术自治"、"教授治校"等,到现代大学在继承传统理念基础上由教学、科学研究向社会服务方向的发展。

二、古代大学理念

(一)古希腊和罗马时期的大学理念

古希腊和罗马是西方文明的发源地,恩格斯曾经说过,"没有希腊文化和罗马帝国所奠定的基础,也就没有现代的欧洲"。②"在希腊哲学的多种多样的形式中,几乎可以发现以后的所有观点的胚胎、萌芽。"③大学的理念早在古希腊时期就已"发轫"了。④希腊文明孕育出的一大批优秀哲学家兼教育家,如毕达哥拉斯、赫拉克利特、苏格拉底、柏拉图、亚里士多德等,为古希腊和罗马高等教育的发展提供了智慧之源。古希腊和罗马时期的高等教育理念是近现代大学理念产生和发展的根基所在。

---

① 韩延明:《大学理念论纲》,人民教育出版社2003年版,第69页。
② 《列宁选集》第4卷,人民出版社1995年版,第26页。
③ 《马克思恩格斯选集》第3卷,人民出版社1995年版,第524页。
④ 《马克思恩格斯选集》第4卷,人民出版社1995年版,第287页。

希腊时期,随着手工业、商业和航海业的发展,希腊城邦中工商业的比重越来越大,与各国的交往日趋频繁,海外贸易逐渐扩大,经济进入繁荣时期。经济的繁荣带动了文化的繁荣。公元前3世纪前后建立了古罗马的亚力山大里亚学院(公元前308年)、古希腊的雅典大学(公元前220年),其中,雅典大学成为西方奴隶社会最早的大学,集人文思想之大成,达到希腊文化之巅峰。具体说,雅典大学是国家或政府教育意志的反映,体现出了大规模、综合性和学术自由的理念,而这些理念成为近现代乃至当代大学理念的基本内核。与此同时,有学术团体和个人(一批著名的思想家、哲学家)举办高等教育机构,如柏拉图的"阿卡德米"(Academy)学园,亚里士多德的"吕克昂"(Lyceum)哲学学校,芝诺于公元前308年建立起"斯多葛派"学校,伊比鸠鲁于公元前306年设立"伊比鸠鲁派"学园等。体现了办学与教学形式灵活、自由,追求学术研究、知识传播和促进个性自由、和谐发展的理念。其中,柏拉图的"阿卡德米"学园,成为了后来英语中"科学院"、"研究院"(academy)、"学术的"(Academie)等词语的词源。

这一时期柏拉图和亚里士多德等的高等教育理念在西方大学理念的形成与发展史上起了奠基作用。他们对于理性的认知也成为了西方大学理念重要的思想来源与方法基础。这时文明社会尚在初建,社会生活的规范和秩序亟待建立,这要求把人培养成具有社会性和道德感的理性主体。在苏格拉底看来,人和动物的最大区别在于人的行为不受欲望支配而受理性控制。理性是人的灵魂的一种基本属性,它表现为一种智慧。人有了智慧,就能明辨是非,从而作出正确选择。理性外化出来的智慧就是真知,就是美德。当一个人把理性和行动统一起来之后,他就会成为一个有德性的人。正是理性使人变成了有责任心和自律性的道德主体。这初步奠定了古希腊教育的基本方向:德性教育。①

柏拉图继承了苏格拉底的思想。柏拉图在哲学史上以"理念论"著称,他提出生活中存在着"现象世界"与"理念世界"两种世界。只有"理念世界"才是真实的,永恒的。按照柏拉图的理解,人的灵魂,或者说人的本性由三部分组成:情欲、意志和理性。其中情欲是最低等的生命本能,意志是居中的守护力量,理性是最高等的本质规定。当一个人受过良好的教育,他的情欲和意志才可得到加强。柏拉图认为对人的教育就是发展人的理性,通过教育,不仅把知识灌输到灵魂中,更重要的是使灵魂转向,转向永恒不变的理性世界。理性是人性中主宰性的力量,也只有当理性能够主宰意志和情欲的时候,才能形成"理想的人格",达到身心和谐发展。这样教育出来的人就是最全面的人,就是国家的统治者,理智和智慧的化身——"哲学王"。可以说,柏拉图赋予了高等教育实施精英教育的职能。我们后来称之为"四艺"(数学、几何、天文、音乐理论)的经典教学科目就是由柏拉图最早提出的。

亚里士多德进一步发展了柏拉图的理性主义人性观。在亚里士多德看来,人的本性就是理性,这是人区别于动物的本质特征。正是在理性的作用下,人们才逐渐走到了一起,建立了城邦共同体。亚里士多德将人的生命活动理性化,其目的在于要每个人按照他所固有的理性原则进行活动。只要按照理性原则行事,都会追求"实践的善行"和"理智的善行",从而走上人生的"中道"。而遵守"中道"即为德性。这样,德性与理性就具有了必然的联系。理性占据了至为核心的位置,"重精神轻肉体,重理性轻感性,重社

---

① 赵义良:"古希腊德性教育思想的哲学基础与理论内涵",《北京航空航天大学学报(社会科学版)》2011年第1期,第66页。

会轻个人,重德行轻利欲,构成了他们一贯的人性思维模式"。①因而,他提倡教育要引人向善,主张"博雅教育"。认为教育的目的不在于为了实际有用,而在于发展理性,使人的心灵得到充分的、自由的、和谐的发展,享受闲暇生活。因而,更重视纯粹(思辨)科学,也更多地强调数学、几何、天文、音乐、文学等具有人文色彩的科目。这些理念也成为后世自由教育思想的重要来源。可以说,也构成了学术自由的观念基础。古希腊是一个崇尚个性和自由的地方,在教育上则表现为追求自由的教育。自由的教育就是把对教育和知识的追求看成纯粹的理性活动,及对真理的探求。这就在深层意义上决定了古希腊教育的基本方向:德性教育。这一教育模式把培养人的德性当作整个教育的核心。

　　随着希腊的陷落,希腊文化和教育受到了罗马文化与教育的冲击,教育进入罗马时代。古罗马的历史分三个时期,即王政时期、共和时期和帝国时期。古罗马的高等教育及其理念产生于共和晚期,发展于帝国时期。罗马完整移植了希腊的修辞学校,并定位于高等教育机构,且赋予了新的职能和地位。首先,确立了修辞学校培养博学人才——"雄辩家"的教育目标,并在希腊"自由七艺"的基础上新增了法律、罗马史等课程;其次,赋予了学校教师某些优惠或"特权",如国家支付薪金、免税、免服兵役、住宅不受军队侵犯等。这些是与罗马共和中期以后,社会矛盾错综复杂、阶级斗争激烈分不开的。古罗马的高等教育理念受古希腊文化和高等教育理念的影响,但相比较而言,古希腊高等教育注重纯理论,而罗马高等教育在继承希腊自由教育的基础上,偏重于专业性和实践性,"甚至在各种文学学科上也还有一种功利主义精神。这种

---

①欧阳谦:《20世纪西方人学思想导论》,中国人民大学出版社2002年版,第15页。

精神所沁润的各种知识和技巧都用来培养优秀公民和杰出的演说家,并且把文法和修辞的专业性质吹捧到不适当的程度,这正好说明了这种实用目的"[1]。

古希腊和古罗马虽然建立了主要以传授知识为内容的高等教育机构,但直到中世纪才出现具有特定的教师、学生、组织机构、课程体系及学位制度的真正意义上的大学。

(二)欧洲中世纪时期的大学理念

中世纪(MiddleAges)(约公元476年—公元1453年),是欧洲历史上自西罗马帝国灭亡后起,直到文艺复兴时期之后,资本主义萌芽为止的一个时期。"中世纪"一词是15世纪后期的人文主义者开始使用的(见百度词条)。一般认为真正意义上的大学肇始于欧洲中世纪。其标志是12世纪创建的5所大学,即意大利的萨勒诺大学(Salerno)和博洛尼亚大学(Bologna),法国的巴黎大学和蒙比利埃大学以及英国的牛津大学。

公元12世纪左右,在意大利首先产生了近代大学的起源——萨勒诺大学和博洛尼亚大学。萨勒诺大学是在萨勒诺医学院基础上发展起来的,消失于13世纪。博洛尼亚大学成立于1088年,博洛尼亚之所以有了大学,除了其地理位置优越外,更主要是得益于罗马法的复兴以及致力于罗马法研究的著名学者。[2]当时罗马法复兴,一批研究罗马法的著名学者,如佩普(PePo)、欧内乌斯(rnerius)、格雷森(Grat1an)等,由于学者们的声誉和影响,到12世纪中期,博洛尼亚已经成为研究欧洲罗马法和教会法的最重要的

---

[1] 博伊德、金合著,任宝祥、吴元训译:《西方教育史》,人民出版社1985年版,第68—69页。
[2] 贺国庆:"欧洲中世纪大学起源探微",《河北大学学报(哲学社会科学版)》2007年第6期,第22页。

中心,吸引了大批教师和学生前往。学生们为了保护自己的权益,组成了各种同乡会,这些同乡会慢慢发展为大学。

在欧洲北部,大学的起源一定要追溯到巴黎大学。其前身是位于西岱岛上的巴黎圣母院大教堂学校。巴黎,地理环境优越,是中世纪法国君主政体的政治中心和经济中心,欧洲著名的文化艺术中心。除了地理和政治经济文化因素外,名师阿伯拉尔(Peter Abelard)对大学的形成产生了重要影响。阿伯拉尔是法国著名的哲学家、诗人,以讲授雄辩术和逻辑著称,被视为经院哲学的创始人。由于其在神学权威笼罩的时代敢于大胆怀疑,因而颇受学者们青睐,追随者众多。阿伯拉尔及其继任者先是在巴黎的西岱岛上从事教学活动,由于其声誉很高,慕名而来者日众,小岛人满为患,师生们向塞纳河左岸转移,形成了巴黎大学的拉丁区。12世纪中期,巴黎已聚集了来自各地的大量教师和学生。一般认为这种转变在12世纪末以前就完成了。巴黎大学选择1200年作为诞生年,是因为这一年巴黎大学获得了其第一份皇家特许状。[1]

在中世纪,神学的地位是高于其他学科的,因此当时以神学著称的巴黎大学被称为"高深科学的夫人",有着极高的地位。巴黎大学形成了"同乡会"、"系科组织",创办了寄宿制学院等,被誉为"大学之母"。其影响范围波及法国全境、英国、德国和西欧北部的一些低地国家的大学。威尔·杜兰写道:"自亚里士多德以来,没有一个教育机构能与巴黎大学所造成的影响相比拟。3个世纪以来,它不但吸引了最大量的学生,并且招来了心智最敏捷最突出的人士。阿伯拉尔、索尔兹伯里的约翰、不拉班特的西格尔、托马斯·阿奎那、圣·波拿文都拉、罗吉尔·培根、邓斯·司各脱、奥卡姆的威廉

---

[1] 贺国庆:"欧洲中世纪大学起源探微",《河北大学学报(哲学社会科学版)》2007年第6期,第24—25页。

等人,几乎构成了从公元1100—1400年的哲学史。"①

1167年,英格兰国王亨利二世同法兰西国王菲利普二世奥克斯特斯发生争吵,随后他召回了巴黎大学的英国师生,在这批人的影响下,牛津迅速成为英国经院哲学教学和研究的中心,到13世纪初时成为大学。继意大利和法国之后,英国于1168年和1209年先后创办了牛津大学和剑桥大学。12世纪后,西班牙创建萨拉曼加大学,葡萄牙建立里斯本大学,奥地利开办维也纳大学。14世纪,德国建立了海德堡大学,捷克建立了布拉格大学,波兰创办了克拉科夫大学。到1500年,全欧洲已有80所大学,1600年发展到108所。初期的大学主要从事脱离社会现实的纯理论研究,与社会发展无直接联系。尽管这一时期的高等教育也进行职业教育(如培养律师、医生和神职人员),但其重点仍是自由教育,尤其是经过了文艺复兴时期的人文主义教育思想洗礼后,更加强调大学教育的教化功能,认为教育应促进人的发展,培养身心和谐的新人,大学的使命是要为社会培养出有教养、有趣味、懂得社会基本文化价值规范的人。

欧洲中世纪大学的出现是社会政治、经济、文明发展到一定程度的产物,是新兴阶级对高深学问和实用技能的渴望与诉求的结果,是推动社会进步的重要力量,为后来的欧洲称霸世界奠定了社会基础。

首先是社会经济发展的需要。从西罗马帝国战争的废墟中走出来的中世纪欧洲,随着生产力的发展和生产关系的变革,经济、政治和文化等方面都得到了初步的恢复与发展,新兴手工业出现,东西方商业贸易活跃。由于社会经济的发展,社会各种机构不

---

① 【美】威尔·杜兰著,幼狮文化公司译:《世界文明史——信仰的时代》,东方出版社1998年版,第718页。

断增多。"机构的存在有赖于那些有专业知识和特殊技能的人的存在。12世纪新建的政治、法律、管理、宗教机构,以及随着长期贸易扩大而发展起来的商业与银行机构,都要求有一批具有新知识的人才。这一社会需求是促进大学产生与发展的一个重要因素。"① 与此同时,城市的繁荣与发展,为大批学者聚集在一起进行交流与讲学提供了条件。

其次是社会政治格局的变化。11世纪末开始,历时近两百年的十字军东征是西欧封建统治阶级为缓和国内社会和阶级矛盾,扩大势力,掠夺财富,而发动的对地中海东岸各国的侵略战争,给东西方人民都造成了严重的灾难,但客观上却促进了东西方贸易和文化的交流。随着贸易剧增,使得西欧城市的快速发展。战争加强了欧洲与穆斯林和拜占庭帝国的联系,由拜占庭和阿拉伯人保存的古代希腊文化重新回到欧洲,大学提高了欧洲的文化和智力水平,"西方人的精神生活,由于十字军在东征过程中所得到的知识和经验而活跃起来"②,为大学奠定了多元知识基础。同时,社会底层的市民、手工业者、行会组织、商人工会、市政当局以及新兴世俗阶级等要求获得接受教育的权利和提高政治地位,他们与神权之间的博弈,为大学赢得了政治环境和生存空间。"一方面,社会发展迫切需要某种机构整理、研究和传授高深世俗学问,培养高级专门人才;另一方面,王权与教会、世俗与神学、市民与城市贵族等多重矛盾和冲突等,也为大学的兴起提供了空间。"③

---

① 转引自刘新成:《西欧中世纪社会史研究》,人民出版社2006年版,第469页。

② 【美】汤普逊著,耿淡如译:《中世纪经济社会史(上册)》,商务印书馆1997年版,第539页。

③ 黄福涛:《外国高等教育史》,上海教育出版社2008年版,第38页。

十字军东征还促进了 12 世纪的文艺复兴,为大学的产生提供了知识基础。美国历史学家哈斯金斯说:"大学的出现是教育的伟大复兴,这并非 14、15 世纪意义上的那种复兴,而是一个更早的复兴。"① 他把这种复兴称作是"12 世纪的文艺复兴",也称为"中世纪文艺复兴"。12 世纪的文艺复兴是伴随着新知识的传入而兴起的。在中世纪早期,知识仅限于空洞的七艺。"然而,在 1100 至 1200 年间,大量的新知识涌入西欧,这些新知识有些是从意大利和西西里传入的,但主要还是通过西班牙的阿拉伯学者传递的。这些新知识包括:亚里士多德、欧几里德、托勒密的著作;希腊医生的著作;新算术,以及那些在黑暗时代被埋没的罗马法文本。""这些新知识冲破了大教堂学校和修道院学校的束缚,产生了有学问的职业。它吸引了一些求知欲旺盛的青年来到巴黎和博洛尼亚,组成那些学术行会,并给予我们对于大学的最初和最好的定义:一个由教师和学生组成的社团。"②

行会是同一行业从业者的组织,是一种自发的、自治性和自卫性的群众组织。当时"行会"大多是各种手工业者如医生、艺术家、工匠、染工、织工等的手工业行会和商人行会。教师和学生此时也开始组成类似行会性质的社团组织。第一种是"学生行会",即主要由大学的学生组成。"在中世纪时,一个人住在外国是要自己承担风险的。他没有对其冒险进入的国家提出任何要求的权利,而他最能保障安全的机会,则是与在该国的同胞联合起来。""学生按民族、同乡自发地结成组织,这里有感情方面的因素,但

---

① Charles Homer Haskins.The Rise of Universities [M].New York:Henry Holtand Company,1923 年版,第 4 页。
② Charles Homer Haskins.The Rise of Universities [M].New York:Henry Holtand Company,1923 年版,第 4—5 页。

更多的是为了保护自己。"如意大利的博洛尼亚大学。第二种是"教授行会",美国当代高等教育家J.S.布鲁贝克说:"教师和教授们则根据他们专业的范畴而结成组织。例如,那些有法学特长的人组成'法学教授会'。"①如法国巴黎大学。第三种:"师生行会",由于无论是"学生行会",还是"教授行会",他们都不可避免地面临封建教会和世俗城市当局的种种控制压力,为了争取生存的权力,学生与老师自然而然地联合起来,作为一个团体、一个组织、一种力量出现。从而导致"大学"的正式出现。"中世纪大学的基本目的是职业训练,时代需要一批经过很好训练的人,大学,热心接受这个挑战。法律、医药、神学和文艺等都是需要有能力的和受过学校教育的人。而大学正是提供这种经过很多训练的人的地方。"②

第三是欧洲经院哲学发展的影响。经院哲学是欧洲基督教神学家或哲学家试图通过理性思考和抽象推论证明上帝存在和基督教永恒合理性的学问。随着生产力发展,生产关系的转变,基督教教会内部出现了对《圣经》解释和理解的不同,由此出现了12世纪唯名论和唯实论的争辩。唯名论与唯实的两大派别论争,衍生了经院哲学内部怀疑信仰而崇尚理性的新思潮,为大学的学术复兴与理性思维提供了历史契机;城市日渐繁荣和社会中兴迫切需要具有多方面知识的人才,而社会专门教育机构的缺失则为大学提供了直接社会动力。在多种因素的影响和推动下,欧洲中世纪大学应运而生。

欧洲中世纪大学理念主要渗透和体现于:

---

① 【美】约翰·S·布鲁贝克著,王承绪等译:《高等教育哲学》,浙江教育出版社1987年版,第139页。
② 佛罗斯特:《西方教育的历史和哲学基础》,华夏出版社1987年版,第159页。

一是学术自由和大学自治。古希腊时代的自由的教育目的观念在中世纪行会组织的大学中得到发展,中世纪大学把渴求独立自主地探索知识与行会的自我保护制度结合在了一起,并由此确立了学术自由的组织形式和活动方式——大学自治。中世纪大学的自治权相当广泛,有"免税免役权和司法审判权、办学任教特许状和授予学位的权力、罢课和迁校权等"①。中世纪大学获取自治与自由的社会因素主要有三个:(1)社会权力秩序的建立。大学成立的主要标志是获得教皇诏令或王室特许状,西欧国家将传统日耳曼人的马尔克制度、罗马法和基督教文化相结合形成了多元法律体系,保护学者个体的权利也成为帝国法规中的保证条款。早在1155年,巴巴罗萨·腓特烈一世就在基本法中提出:"只有通过知识的传播,这个世界才能被照亮,臣民的生活才能遵照上帝及其仆人的旨意。"②这被视为最早有关学术自由的制度安排。(2)高深知识专门化的惯性。"行会"的性质决定了大学有高度的司法自治权、选举领导权、独立制定学校法律权,有代表学校的统一印玺,外地招生的能力等。③这使大学有能力在不断地与世俗、王权抗争过程中,通过"迁移"、"对话"、"寻租"等方式保持自身必要的自由。(3)宗教文化中对个体价值的尊重。早在12世纪,教会评论家的论著中已经产生了主体观念的概念与实践。④13世纪反映现代人权思想的大宪章、教会与王权的抗衡、市民特许状的获得、市民阶层的形成等都与此息息相关。主体观念浸润着整个欧洲文明

---

① 陈列、俞天红:"西方学术自由评析",《高等教育研究》1994年第2期。
② P.Kruger and T.Mommensen (eds.).Corpus iuris civilis vol.II[M]Kaufman:Deutsche University.1877:511,165.
③ 贺国庆:《欧洲中世纪大学》,人民教育出版社2009年版,第8页。
④ Brian Tierney.The Idea of Natural Rights:Study on natural Rights,Natural law and Church law[M].Emoryuniversity,1997:1150—1625。

的躯体,是西方文化之魂。①这种主体权利观为学术自由找到了根本依据。基督教会成了欧洲最大的政治力量,大学成为被教会赋予"行业特权"的自治性行会组织,为"大学自治"理念提供了条件。②大学不仅享有较多的内部管理自治权利,还获得不同程度的特殊权利:自由讲学、游学的权利;审理裁判权,博洛尼亚大学、巴黎大学、海德堡大学等都享有这种权利;赋税、关税、兵役的豁免权,包括大学的师生及在校工作的各类工人;颁发讲演特许证、罢教和迁移权,尤其是大学所在地违背大学应享受的权利时,大学即可罢教,在这种情况下,市政必须改正错误,否则大学即迁移至其他城市。但这种自治只是学术自由的外在表现形式,并没有完全脱离行会的自我保护色彩,它只是中世纪大学求得生存的方式。

二是将传播普遍知识和培养德性作为首要宗旨。作为社会道德与宗教文化教育机构,沿袭人文主义的历史传统与特性,以理性和智慧的培养为核心,致力于具有永恒价值的学术研究之中,③培养学生身上原本包含的人性的种子。④正如亚里士多德在其《政治学》中强调的,教育是专门为人的自由而设立的,它不应当具有实用性或职业性,而纯粹以"使用闲暇从事理智活动"为目的。大学探寻知识并非寻求知识的功用,而主要为了个人的自由。大学开设的课程仍主要是古希腊古罗马时期的"七艺",同时亚里士多德的著作也逐渐占据了大学的课堂。这种以学术教育培养自由人的

---

① 候建新:《社会转型时期的西欧与中国》,高等教育出版社2005年版,第14页。

② Rederick Ebyond and Charles Flinn Arrowood.The history and Phylosophy of University Education in Europe.Cambridge University Press,1997年版,第51页。

③ 贺国庆:《外国高等教育史》,人民教育出版社2003年版,第67页。

④【法】爱弥儿.涂尔干,李康译:《教育思想的演进》,上海人民出版社2003年版,第393页。

理念也成为纽曼关于自由教育的理念来源。

三是注重职业教育,突出专业性培养。中世纪大学在很大程度上是职业性学校,最初多是单科性质的,随后逐步发展为多学科。萨勒诺大学是一个单科性的医学院,博洛尼亚大学是一个单科性的法学院,后又增设医科、神学;巴黎大学首先是文学院、神学院,后来增设法学院、医学院。如拉什达尔在评价欧洲中世纪大学的价值时那深刻的洞见,"皇帝和诸侯在大学中寻求他们的政治家和管理人员——毫无疑问,他们常常是从在法律实用科学方面受到训练的人们中间去寻找……14世纪到15世纪期间大学的急剧增加,在很大程度上是由于受过高等教育的法学家和管理人员的直接需要。在某种意义上,中世纪的学术训练是过于注重实际了。它训练纯智力,操作技巧的习惯,英雄式的勤奋,热情的应用。同时想象、情趣、审美感则仍处于被忽视的状态。一句话,一切精神文明的修养和享受仍处于被忽视的状态。它训练人们去思考去工作而不训练人去欣赏。我们对'文化'的理解,大部分是亚里士多德对'正确利用闲暇'的理解,是不受中世纪的理智所欣赏的。……从更实际的观点看来,它们最大的贡献就是把人类事业的管理,简单地说就是世界的管理——交给受过教育的人,实际统治者国王或贵族和现在的民主主义者可能同样或更加缺乏教育,因而他不得不借助于受过高等教育的阶层进行统治"①。

专业的发展导致学科的分化后,大学才开始从不分层次的教育中分离出来,逐步成为一个相对独立的教育层次,也逐步从单科性发展成多科性的教育。职业教育训练学生掌握一定的知识,为以后从事法律、医学、教学这些世俗专业或献身教会工作所

---

① 佛罗斯特:《西方教育的历史和哲学基础》,华夏出版社1987年版,第159页。

用。①围绕着学科,教师和学生开展分科教学及活动,开始发挥大学培养专业人才的职能。不过,"这时的大学主要是培养专业人才的职业学校,只是在有限的意义上可以说它是为学习本身的概念而存在的。大学在满足专业、教会和政府对各种人才的需要的过程中不断发展"②。强调掌握与教会有关的实用知识和论辩技能,宗教色彩非常浓厚。③

欧洲中世纪大学的产生对促进社会发展有着重要的意义。拉什达尔认为大学是中世纪领域内的伟大成就,"它们教人思考和思辨,怀疑和探索,为了个人或生活中的应用,在精神事物方面寻求满足。它们将永远消除黑暗时代的蒙昧。从更实际的观点看,它们的最大贡献,就是把人类事业的管理——简单地说就是世界的管理——交付给受教育的人。实际统治者国王或贵族和现在民主主义者可能同样或更加缺乏教育,因而他不得不借助于受高级教育的阶层进行统治"④。大学促进了世俗阶层对知识教育的渴望,探索普遍的学问并把普遍的学问传授给普通人,满足了社会的期望;改变了西方传统的教育制度,明确了大学相对独立的政治地位和学术自由权力;形成了西方大学的模式,留下了宝贵的学术遗产;奠定了一个自由发展的新时代。中世纪大学的这些理念为近代大学理念的形成奠定了坚实的基础。

这一时期的大学尽管主要是强调大学教育的教化功能,通过

---

① 【美】伯顿·R.克拉克著,王承绪,徐辉,殷企平等译:《高等教育系统——学术组织的跨国研究》,杭州大学出版社,1994年版,第20页。
② 【美】伯顿·R.克拉克著,王承绪,徐辉等译:《高等教育新论:多学科的研究》,浙江教育出版社2001年版,第29页。
③ 贺国庆:《外国高等教育史》,人民教育出版社2003年版,第65页。
④ 拉什达尔:《中世纪欧洲的大学》,见【美】E.P.克伯雷选编,华中师范大学教育系等译:《外国教育史料》,华中师范大学出版社1991年版,第200页。

自由教育和智力训练,促进整个人的发展,培养社会的良好公民。强调探索普遍的学问,具有独特的理性追求,对外主张大学自治,对内主张学术与言论自由。大学的社会责任主要体现在以下三个方面:培养良好社会公民的责任;传播高深知识的责任;引领社会精神的责任。

第二节　高校社会责任的确立阶段
（工业革命中后期到 19 世纪末）

经历了中世纪的黑暗时期,西欧国家先后于 16—19 世纪完成了由前现代社会向现代社会、由农业社会向工业社会的转型。从 16 世纪到 19 世纪,西方国家相继出现了一系列重大的历史事件,如文艺复兴、宗教改革运动、启蒙运动、工业革命(18 世纪 60、80 年代—19 世纪末)及世界大战发生等,致使社会处于剧烈变动之中。这促使大学在原来的教学育人责任外又增加了科学研究的责任。

16 世纪前后,民族国家相继建立起来,中央集权的加强使政治权力得到统一,民族国家的崛起和王权的削弱彻底改变了大学与社会的关系。随着民族意识的觉醒,国家需要大量的专门人才,且鼓励和支持大学发展对君主获得声望有利,于是,"大学成为重要的政治力量,在社会各阶层的斗争中发挥了积极的、有时是突出的作用,成为大学内部组织起来的民族团体之间剧烈冲突的舞台"[①]。随着社会经济与大学的相互依赖性不断加强,大学的经济功能开始

[①]【法】雅克.勒戈夫著,张宏译:《中世纪的知识分子》,商务印书馆出版 1996 年版,第 125 页。

显现。各国强化了对大学的扶持,大学理念转向服务于国家需要,大学被要求服务于民族国家和产业经济。

受文艺复兴运动、宗教改革运动尤其是近代科学革命与工业革命的影响,从17世纪开始,欧洲出现了各种不同于中世纪大学的新型高等教育机构,这些大学有的是直接从原有大学中分化和演变出来的,如主要传授古典人文教育的人文学院和神学院,也有适应社会发展需要,按照学科领域或某一职业开设的一些专门学院,如外科学院、炮兵学院、管理学院、兽医学院、工程学院、农业学院、语言学院和商业学院等。①中世纪的大学强调如何讲解和传授高深知识,即"发现或探索"知识,而非"创造"知识,不注重科学研究。而这些专门学院与社会经济发展紧密相连,开设当时实用和科学方面的课程,有的在几所学院合并的基础上发展为现今的大学,如1794年创办的法国综合理工学院就是如此。

工业革命后,欧洲新兴资本主义国家政权的建立与巩固,亟需大学培养出时代需要的政治、经济、文化等领域的专业人才。19世纪以后,专业教育逐渐兴起,培养更为"实用"的专门人才。近代资本主义工商业的发展对于社会多样化实用人才的需求激增,直接地刺激了德国"双元制"职业教育模式的形成及法国大革命时期新型高等专业学校的建立。18世纪法国大革命时期,新兴资产阶级已经意识到职业教育的重要作用,大力兴办一系列新的专业学校,培养专业技术人才,其中以法兰西科学院、巴黎理工学校、巴黎高等师范学校等为典型代表。

随着人文主义运动、宗教改革运动及启蒙运动的发展,由于政府的直接干预,欧洲大学几乎均由国际性的机构转为民族性、地

---

① 希尔德·德·里德-西蒙斯:《近代早期的欧洲大学(1500—1800)》,河北大学出版社2008年版,第61页。

区性大学,突出反映在作为中世纪大学通用的拉丁语被民族语言所取代,加快了大学世俗化进程。大学的民族化和区域化成为17世纪及其以后高等教育发展变化的突出特征之一。

文艺复兴运动所倡导的人文主义核心思潮,以及宗教改革和启蒙运动,进一步推动了资本主义文化和自由思想在意识形态领域的解放。17、18世纪,尼德兰革命、英国资产阶级革命和法国大革命标志着欧洲资产阶级革命时代的到来。到了18世纪末19世纪初,人文主义逐渐蜕变成一种繁琐的经院哲学,大学也越来越远离社会现实的需要,不能紧随时代变革与发展培养急需的合格人才,反而日显僵化保守。在此情况下,人们开始不断地审视大学的变革和发展问题,开始对大学进行改革。由此,西方大学教育史上意义深远的"新大学运动"相继在许多国家轰轰烈烈地展开了,进而有力地推动了大学理念的革新与完善。

在持续的衰退危机中,德国大学于18世纪开展了两次大学改革运动。德国的新大学运动始于17世纪创立的哈勒大学(1694年)。以哈勒、哥廷根和埃朗根三所大学的发展和改革为标志,持续到18世纪中叶。18世纪末,包括新教大学和天主教大学在内的所有德国大学都进行了相应的改革。哈勒大学自创校时就确立了两条教育宗旨:(1)以近代哲学和近代科学为教育内容,培养适应社会发展需要的实用型人才;(2)以思想自由和教学自由为基本的教育方针,打破沉闷僵化的教学与科研氛围,形成活泼民主、积极进取的风气。这是大学成为领导整个学术界进行创造性科学研究的开路先锋。哥廷根大学和埃朗根大学也大力倡导与支持科学研究。两次大学改革均受到了政府资助,并尊重学术自由,引入现代科学和哲学,注重研究和教授的价值,为19世纪初洪堡的柏林大学改革及其大学理念形成奠定了基础。

洪堡于 1809 年建立了柏林大学。柏林大学自始至终贯穿着洪堡关于"大学自治"、"学术自由"、"教授治校"、"教学与研究相统一"的教学理念。他们主张大学既要体现国家精神，又需保持其作为科研和教学机构的相对独立性，并将两者有机地结合起来，这使德国大学成为现代大学的发源地。从 19 世纪中叶一直到第一次世界大战爆发之前，德国大学一直处于世界大学的中心，引领世界大学的发展，同时也对其他各国大学的发展产生了深远影响。洪堡的大学理念成了大学科学研究、发展科学的第二大职能。

以洪堡为代表的学者认为大学不仅仅是一个教育的机构，更应该是一个研究中心。作为教育机构，大学要注重大学的教育职能，积累知识和传播知识；同时它又是研究机构，更要研究和发展知识，成为知识创造的中心。如果说柏林大学以前的大学以培养学生为重任，那么柏林大学则把大学的功能进一步拓展为科学研究。在创建柏林大学之后，洪堡首先提出了"教学与研究相统一"的办学原则，明确要求教师和学生要致力于学术性的科学研究工作。这一阶段大学的社会责任主要体现在培养全面发展和具有良好道德的人的责任以及致力于科学研究的责任。

洪堡认为，大学是一个以"科学"为使命的学术社团，是"学者的社团"。他把学术活动看成是内在的精神活动或"精神生活"，很大程度上是"内在的自我修养"。洪堡指出，大学"立身的根本原则是，在最深入、最广泛的意义上培植科学，并使之服务于全民族的精神和道德教育"。大学不同于一般高中后教育的专科学校或技能训练，大学应"唯科学是重"。同时，他还指出"大学是受国家保护但享有完全自主地位的学术机构"[①]。可以看出，柏林大学的建

---

① 刘宝存："洪堡大学理念评述"，《清华大学教育研究》2002 年第 1 期，第 63 页。

立既有文化精英的拥护,也有国家的支持。"大学是一种最高手段,通过它,普鲁士才能为自己赢得在德意志世界以及全世界的尊重,从而取得真正的启蒙和精神教育上的世界领先地位。"①但是,他反对国家对大学的控制。大学作为科学、学术机构,本身是国家事业的一部分,以发展理性为目的。大学不能成为"政治经济的附庸",应保持大学的自主性和目标追求。洪堡的思想进一步被美国教育家弗莱克斯纳所继承和发展,弗莱克斯纳肯定了学术研究对大学的意义,但是他同样重视大学的教学功能,他认为大学的目的不仅仅在于发展知识,也在于培养人才。弗莱克斯纳的现代大学理念将高层次的教学与研究结合在一起,对美国的研究型大学的发展产生了重要影响。

洪堡提倡的大学"学术自由"原则,一方面源于其对大学的定位,另一方面源于其对大学科研的认识。他认为:教授与学者应处于政治和社会环境的彼岸;科学的自由,作为精神的内心自由,正是这种彼岸的自由。学术自由是相对于外部世界而言的"精神上的内心自由"。大学的两个基本原则是自由和宁静。在洪堡看来,教学和科研是大学的两项基本职能,教学科研并重。大学虽是教学机构,但也担负着科学研究的任务。大学应在最深入、最广泛的意义上培植科学。这里,洪堡所说的科学是一种"纯科学"或科学哲学。他提出:"高等学术机构要实现其目标,其全体成员(只要有可能)就必须服膺于纯科学的观念。"②洪堡不仅指出大学科研的特征,而且认为,其目的就是"使之服务于全民族的精神和道德教

---

①李工真:《德意志大学与德意志现代化》,《中国大学人文启示录(第一卷)》,华中理工大学出版社1996年版,第51页。

②【德】威廉·冯·洪堡著,陈洪捷译:"论柏林高等学术机构的内部和外部组织",《高等教育论坛》1987年第1期,第69页。

育",强调教育的人文目的。洪堡认为大学有双重任务:科学探索和个性与道德的修养,指出"由科学达至修养",即大学通过科学研究来促进学生以及民族精神和道德修养的提高。洪堡人文主义倾向使其对大学培养什么样的人才有自己独特的理解,他认为,"每一个人的最高和最终目的就是对其力量的个性特点进行最高和最均衡的培养"①。他从人的自身提出了培养目标。教育要充分了解、认识人性,为人性自由发展创造条件。培养具有"完美人性"的人,体现了"所谓自由性与规律性的统一,想象力和思辨力的统一,个性和民族性的统一"②。它们之间均衡发展和谐统一,才能形成"完美人性"。这种人才培养需要各教育阶段配合。大学是各教育阶段中最重要的。洪堡把人性的充分自由的内在发展放在培养人的第一位。

他还指出大学的人才培养是在接受中等教育的基础上,在大学的科学研究活动中通过自我教育、自我修养来完成的。要重视普通教育,相当于后来的通识教育,主要涉及哲学、数学、历史、美学、语言、自然等知识。"凡是生活需要或者个别行业需要的专门教育,必须与普通教育分开,必须在学生结束普通教育之后让他们去受这种专门的教育,如果把两者混淆起来,那么教育就会变得不纯,那么既培养不出全面的人,也培养不出各种层次的公民。"③相对而言,专门教育可以称之为具体的技能性训练,普通教育则是训练人的品性和接受事物的综合能力。在洪堡看来,普

---

①【德】威廉·冯·洪堡著,林荣远译:《论国家的作用》,中国社会科学出版社1998年版,第30页。
②【德】威廉·冯·洪堡著,林荣远译:《论国家的作用》,中国社会科学出版社1998年版,第64页。
③【德】威廉·冯·洪堡著,瞿保奎译:《立陶宛学校计划》,《联邦德国的教育改革》,人民教育出版社1993年第4期。

通教育和专业教育是两种不同原则指导下的教育。普通教育的优势在于使受教育者的各种能力得到增强,并通过受教育者自身的不断学习,发现事物的本质特征,形成自己的人生观、世界观和价值判断,从而提高他们的思维能力和想象能力,达成智力提高之目的。而专业教育则只是使人获得实用的技能,无法让受教育者认识到何以如此的根源。而只有让一个人不仅掌握一般性知识和科学,而且知道其所以然,之后才很容易地掌握具体行业的专门技能。而洪堡所讲的普通教育主要是指哲学、数学、历史、语言、美学、自然和社会方面的知识。他强调:"确实存在某种必须普及的知识,且还有某种谁也不能缺少的对信念和个性的培育。"[①]这种普通教育的培养方式为洪堡"完人"教育的实现创造了条件,奠定了基础。

洪堡大学理念的着眼点是科学,科学是实现教育目的的手段,"由科学而达致修养"。大学教育的目的是通过科学的学习和研究而使学生成为理性、个性诸方面和谐发展的人。"教学与研究相统一"是科学进一步发展的要求,因此洪堡认为,"科学的统一"是科学发展的最高境界。而"学术自由"是科学发展的保障,因为只有给予教师和学生这种自由,理智才能发挥它应有的作用,从而促进科学的发展。柏林大学时期的学术自由在范围和程度上都达到了顶峰,其实践把学术自由的理念发挥到淋漓尽致的程度,使学术自由真正内化为大学的理念,成为大学的标志和灵魂。大学内部既体现国家精神,又能保持大学科研和教育的相对独立性,并将二者有机地结起来。

洪堡的"大学自治、学术自由、教授治校"的办学理念和办学

[①] 彼得·贝格拉著,袁杰译:《威廉·冯·洪堡传》,商务印书馆1994年版,第73—74页。

模式,为世界大学教育发展提供了新模式。这时,柏林大学成了德国大学和欧洲的许多大学效仿的范例。英国、美国以及中国也先后以柏林大学为模式,改造传统大学或创建新大学,完成了大学的现代化。继柏林大学之后,许多大学纷纷把教学和科研结合起来,"教学与科研相统一"的思想很快演变为一种新的办学理念,不仅德国国内的海德堡大学、莱比锡大学、哥廷根大学等纷纷以柏林大学为蓝本进行改革,法国、英国也出现了参仿柏林大学模式改革的传统大学。19世纪末,科学研究之风已盛行于英国和法国大学之中,牛津大学、剑桥大学和巴黎大学重新获得了昔日的荣誉,正如英国科学家赫胥黎所言,"改变英国大学落后局面的关键是扩大大学的职能,开科学研究之风"。美国仿效柏林大学建立的约翰·霍普金斯大学更是异军突起,普林斯顿高级研究院的创办者、美国教育家弗莱克斯纳充分肯定大学的教学与研究的双重功能,并指出现代大学的理念是:"大学应与社会保持一定的距离,不应随波逐流。大学必须经常给予社会一些东西,这些东西并不是社会所想要的,而是社会所需要的。"至此,科学研究成为大学的重要职能,推动了各国科学事业的发达昌盛,促进了生产力的提高。

　　作为最先实行资本主义制度的英国,由于牛津大学、剑桥大学为代表的古典大学一直是封建势力与宗教势力统治的堡垒,因而其教育长期处于停滞状态。1827年以培养资本主义高级人才为宗旨,注重实科教育,以传授现代自然科学课程为主的伦敦大学学院的正式成立,拉开了英国"新大学运动"的帷幕。新大学运动危及了英国高等教育几百年来形成的古典人文主义的教育传统,使英国大学"绅士"教育模式的基础开始动摇。为维护传统大学的地位,使其免受功利主义价值观的侵蚀,以英国著名神学家、文学家、教育家约翰·亨利·卡迪纳尔·纽曼(John Henry Cardinal Newman,1501—1590)为代表的资产阶级教育家对"科学教育"进行了猛烈攻击。

纽曼对大学理念进行了系统论述,著有《大学的理念》,他认为:第一,大学的教育目的是培养人的理智,自然科学由于其知识的狭隘和专门性,难以适应这种需要。而古典人文学科却具有较强的人文价值,有利于理智的培养。理智,它倾向于表现人的一种精神能力或状态。他本人把这种状态的特征描述为:"自由、公正、平静、温和、智慧"①。他说,"大学训练是达到一种伟大而又平凡的目的的伟大而又平凡的手段,它旨在提高社会的思想格调,提高公众的智力修养,纯洁国民的情趣,为大众的热情提供真正的原则,为大众的志向提高确定的目标,扩展时代的思想内容并使这种思想处于清醒的状态,推进政治权利的运用亦即使个人生活之间的交往文雅化。这种教育使人们对自己的意见和判断能有一种清楚而自觉的认识,能用真理去发展它们,能雄辩地说明它们以及有能力地提倡它们"②。

第二,知识本身就是教育的全部目的,尽管古典人文学科不能给学生以功利价值和实用价值,但它能使人得到一种"自由教育",一种精神的教育。同时,纽曼又在他的经典著作《大学的理想》一书中全面系统地论述了大学教育的性质与任务,普通教育与专业教育的关系,大学教育与宗教的关系等等许多涉及高等教育的基本理论问题。正如美国著名高等教育家布鲁贝克所说的:

---

① 【英】纽曼:《大学的理想》,任钟印主编:《西方教育名著通览》,湖北教育出版社1994年版,第791页。
② 【英】纽曼:《大学的理想》,任钟印主编:《西方教育名著通览》,湖北教育出版社1994年版,第797页。

"在高等教育哲学领域的所有著述中,影响最为持久者或许当推红衣主教纽曼的《大学的理想》。"①纽曼认为:"大学是探索普遍学问的场所。"②其次,纽曼提出"大学是教学的场所"。大学的职能就在于教学,传播普遍的知识,在于培养有理智、有思想的学生。即教学是大学的首要职能。

第三,纽曼认为大学是一个培育绅士的地方。在他看来,大学教育的目的就是要为社会培养和造就有知识、有智慧、有理想、有修养的"绅士"(gentleman)和社会公民。

第四,纽曼在其"绅士"培养目标的基础上,提出自由教育、通识教育。纽曼反对大学以专业教育取代自由教育或通识教育、人文教育,认为知识不是工具,而"知识本身即为目的"。反对功利主义教育观,而强调"纯知识"、"纯科学",即"自由知识"或"哲理性知识"。由于科学的范围过于庞杂,一个人的能力终究是有限的,不可以仔细学习整个科学的内容,因此科学才被划分为诸多的领域和部门。而且各门科学都是有价值的,是彼此之间相互影响和证明的。如果忽视任何一门科学必将会伤害到其他的科学,影响学习的整体效果。因而,不能把学生的学习仅仅局限在某个特定的专业上,使他不能全面地掌握真理。相反,如果能为学生提供所有领域的所有知识,即大学应提供普遍性和完整性的知识,发展学生的理智能力,将为其未来的"绅士"创造某种可能或准备。"一个学会思考、推理、比较、辨别和分析,情趣高雅、判断力强、视野开阔的人,不一定马上就成为一名律师、抗辩人、雄辩家、政治家、物理学家、地主、商人、战士、工程师、化学家、神学家或文物收藏

---

①【美】约翰·S.布鲁贝克著,王承绪等译:《高等教育哲学》,浙江教育出版社1987年版,第147页。

②刘宝存:《大学理念的传统与变革》,教育科学出版社2004年版,第35页。

家,但由于智力得到了发展,他可以发挥自己多种才能,从容、优雅、成功地从事上述任何一种科学或行业,可以从事他感兴趣的任何其他科学或行业。"①纽曼的自由教育思想代表了英国古典主义大学的传统理念,对后来英国及其他国家的大学模式产生了深远影响。如剑桥大学,一直注重学生理性思维的培养。随着经济社会的发展,自由教育理念逐渐形成了以美国大学为代表的通识教育理念。

纽曼大学理念的主要特征:一是重视古典人文教育,强调人文知识的培养与教育;二是重视大学的教学功能,强调大学主要的工作和任务仍是教育教学;三是倡导"精英教育",强调大学的主要目标是培养社会精英或"绅士",而非平民大众的教育;四是实行导师制和寄宿制,校风带有浓重的贵族气息。由此,他提倡的博雅教育也构成了英国大学的历史传统。

第三节 高校社会责任的发展阶段

19世纪末20世纪初以来是高校社会责任的发展阶段。从前面几节对大学的发展历程及其职能或社会责任的梳理,可以总结出,中世纪大学的唯一的职能或责任是传授知识,培养人才,它们大多与社会隔绝。从18世纪60年代开始的资本主义工业革命促进大学产生了发展科学的新职能,这时的大学已开始对社会产生直接影响。到第三阶段,大学则产生了直接为社会服务的职能。

---

① 刘宝存:《大学理念的传统与变革》,教育科学出版社2004年版,第41页。

为社会服务的职能是在19世纪美国工业革命的背景下产生的。19世纪末开始,生产力的发展越来越依赖大学提供的科学和技术,社会对大学在这方面的要求也越来越多。大学承受着社会现实需要的巨大压力,同时,它的社会责任感增强。正如弗莱克斯纳所分析的那样,"为了实现'社会精神领袖'的作用,同时考虑到社会发展的作用,在保存基本(大学理想)精髓的前提下,大学自身在重新设计"①。

当时社会需要大批实用型人才,因此,1862年美国颁布《莫里尔法案》,规定联邦政府向各州提供土地,在每个州至少资助一所从事农业和工艺教育的学院。一大批"赠地学院"建立起来了。一般认为,直接为社会服务的开端始于1848年创办的威斯康星大学。1904年在范海斯出任威斯康星大学校长的就职典礼上,他提出教学、科研和服务都是大学的主要职能。现代大学要面向社会、面向地方经济、面向广大民众,实现教学、科研、社会服务一体化。在这种思想指导下,当时的大学和学院广泛推行以功利主义为重要思想基础的选修制度,开设诸如商业管理、公共卫生、农业化学、工程学科、体育和教学法等多样化的学科课程,并广泛建立了农业推广站、试验站,开设了短期课程,举办了补习班、函授等承认高等教育的办学形式,把教育活动从校内扩展到校外社会,开创了大学直接为社会服务的先河,促进了当地工农业经济的发展。此后,许多大学都敞开校门、直接为社会服务,地区企业也纷纷向学校投资,形成了社会扶持学校、学校服务社会的办学格局。因此,大学的职能由校内教学、发展科研,演变成培养人才、发展科学、为社会服务三结合的多元化职能。"威斯康星思想"的实质

---

① 【德】赫尔曼·勒尔斯:"洪堡思想对美国大学的影响",《外国高等教育资料》1990年第4期。

就是坚持大学与社会共生,把大学的资源和能力直接用于解决社会公共问题,竭力为当地社会经济发展服务。这种全新的大学理念与治理模式使美国高等教育突破了英德两国为代表的欧洲高等教育模式,极大地推动了美国高等教育与区域经济发展的往来互动,同时把全世界大学带进了一个崭新的发展阶段。

随着社会生产、生活方式的变迁以及教育功能的拓展,大学在经济社会发展中的作用越来越重要,与社会的联系越来越紧密,渐渐变成现实生活中的大学,获得了一种现实的社会责任感。不仅增加了服务社会的新职能,而且生存方式和理念也发生了变化。20世纪尤其是中叶以后,人才培养的目的已经从对人的完善终极目标转变到对现实的满足之上,而科学研究也从对纯粹知识的追求变化为更多地关注应用知识。在大学服务于社会这一点上更是如此。虽然在19世纪大学并不排斥为社会服务,但学者们认为,"教学和学术研究是推动这种服务,而不必提供这种服务"。①

这一阶段大学社会责任体现在以下几个方面:培养有创新精神和创新能力的人才的责任;知识创新与技术转移的责任;服务和引领社会的责任。

范·海斯在担任大学校长期间,明确提出大学必须为社会或社区服务,大学的目标就是为社会培养有知识有能力有文化的社会公民,大学就是发展与创造新知识新技能,大学就是将新知识新技能加以传播和推广。"教学、科研和服务都是大学的主要职能。更为重要的是,作为一所州立大学,它必须考虑每一项社会职能的实际价值,换句话说,它的教学、科研和服务都应当考虑州的实际"。②范·海斯提出,大学应关注社会事务,社会所面临的问题都

---

① 布鲁贝克:《高等教育哲学》,浙江教育出版社1987年版,第16页。
② 康健:"'威斯康星思想'与当今高等教育改革",《外国教育》1988年第4期。

应当是大学需要参与和解决的问题,而社会所需要的知识,也正是大学所应该传授的知识,以实现大学为社会服务之理想目标。为此,他在威斯康星大学成立知识推广部,开展函授教育、学术讲座、公众研讨、提供信息等具体措施,希望切实可行地将大学里的各种知识传播到社会的各个方面,实现为社会造福之设想。同时,提倡大学里的专家学者深入到社会生活实践当中,去发现社会问题,解决实际问题,充分发挥其专家和知识权威的作用,以提供专家服务,从而将教学、科研与社会服务三者有机地结合在一起。

这时期,随着威斯康星理念的被认同以及大学为社会服务职能的确立,美国的大学包括众多的私立大学,都相继开始从事各种形式的社会服务活动,其中有些大学突出了社会服务"术"的功能,而忽视了大学"学"的基础,这些与强调学术性和学理的传统大学理念发生了激烈的冲突与矛盾。在此影响下,美国著名的高等教育思想家弗莱克斯纳针对这一现象提出了猛烈的批评,反对学术机构行政化或公共服务化。他特别强调大学是学问的中心,认为大学应与社会保持一定的距离。反对过分专业化与过分专业化教育,倡导严肃的学术研究;强调大学既要与现实世界保持密切联系,又要求大学主要从事学术或理论研究,保持适当的关系。

弗莱克斯纳认为现代大学的主要职能有四种,即保存知识和观念,阐释知识和观念,追求真理,培养学生。在这四种职能当中,弗莱克斯纳最看重科研。他提出大学教育是精英教育,要培养精英型人才。因此,弗莱克斯纳提倡专业教育、自由教育。他反对忽视人文学科和哲学,主张大学应加强人文学科和哲学的地位与作用,实现人文与科学的平衡与协调。

美国著名的高等教育家和改革家罗伯特·梅纳德·赫钦斯认为,大学是培养完人的,应该实行自由教育,永恒的自由教育是大学理念的精髓。他认为,大学一方面是传递人类文明,促进受教育者理性、道德和精神充分发展的场所,另一方面是人类探索真理、追求理性的中心。大学在人类社会发展当中应起着学术社会、思想中心和智力领袖的作用,并且为此应具有高超的独立功能。赫钦斯提倡普通教育或称通才教育。随着"威斯康星思想"在美国社会的逐渐传播,使赫钦斯所处时代的美国大学教育逐步被功利主义、实用主义等价值观念所侵袭,并占据主导地位。导致受教育者过早的工具化,非智力化使大学减少了对智性的培养和关注,造成受教育者服从性的加强,失去独立思考和进行独立判断的能力。为此,赫钦斯提倡普通教育,主张在普通教育宽厚广博的知识基础上,再实施专业教育。赫钦斯大学理念的主要特征:一是坚守传统大学观,把大学当作学术社团,而非学位、文凭工厂;二是反对把人工具化,倡导培养完人,将人作为终极目的,重视人的价值与尊严;三是坚持大学的精神领袖地位,反对低层次的社会服务。

在德国大学的冲击下,英国新成立的大学率先引入科学学科和研究,而固守传统的牛津和剑桥大学也不得不进行变革。他们建立了很多科学实验西方大学人文教育与科学教育的博弈室,尤其是克莱伦顿实验室和卡文迪什实验室的建立,极大地推动了两校科学研究的发展,使得英国大学重新进入世界一流大学之列。而此时期的英国,高等教育领域发生了革命性的变化,伦敦大学的创办和城市学院的兴起为英国的社会经济发展培养了大批人才和提供了坚强动力。

大学与社会经济、文化和科技等领域的横向合作得到了空前的加强。许多国家注重发挥大学的科研优势,以大学为依托建立起了诸多高科技研究和生产基地,如硅谷、佐治亚航天中心、英国的剑桥—彼得伯格高技术走廊、日本的筑波科学城、法国的南法兰西岛科学园等。这使大学培养人才、发展科学、服务社会的职能更加凸显。

进入20世纪后,现代大学职能的不断充盈,使美国大学中的专业教育体系和制度进一步完善,研究生教育发展起来了。1876年建立的约翰·霍普金斯大学是美国第一所研究型大学,它率先在美国创办研究生院,培养高级研究型人才,促进了美国科学研究的发展。约翰·霍普金斯大学创始人吉尔曼把研究生教育放在首位,致力于打造一所专注于扩展知识、研究生教育和鼓励研究风气的新式研究型大学。这种以研究为基础的大学教育体制是美国大学思想观念的一次创新,它重点确立了科学研究在美国大学发展中的地位和作用,对后来的美国大学产生了巨大的影响并使其纷纷效仿。以约翰·霍普金斯大学为代表的新式研究型大学,在实施普通教育的基础上突出了专业教育,使得高等教育与科学更加相互融合。

从19世纪后期开始直至20世纪,哈佛、耶鲁等名牌大学集普通教育、专业教育、研究生教育为一身,充分履行着大学在科学发展中所应承担的责任。其科研工作为高质量的教学提供了重要的基础,并使大学学术使命的触角延伸到应用技术领域,在更广泛的基础研究以及公益性研究方面承担起更大的社会责任。约翰·霍普金斯大学有力地推动了美国科学技术的创新发展,为美国成为世界科技中心奠定了基础。世界上许多重要的科技成就都产生于美国,如摩尔根的分子生物学、维纳的控制论、高温超导材料、电子及信息科学、核物理等。自1945年以来,178名诺贝尔奖获得者中86%为美国人。而早在20世纪上半叶,美国大学与药物公司的联合已经很普遍。从1980年开始,美国的普通大学和研究型大学创立了众多新兴技术公司,这表明工业应用成为了科研的基本目标。

　　雄厚的财力是现代高等教育发展的物质基础，为获得充裕的办学经费，高校都走出象牙塔，从社会和市场获得资源。实行产学研合作，促进科学技术成果的转化。二战结束后，爆发了第三次科技革命，各个国家特别是发达国家纷纷以创新科学技术作为提升综合国力的重心，加速推进科技成果转化和高科技产业建立。兴起了以大学为核心的产学研合作科技园区，如著名的"硅谷"。硅谷的成功，证明了大学科技园在引领科技发展和支撑经济增长方面的巨大作用。其为经济社会发展提供新的服务模式，为世界各国大学所模仿。20世纪70年代以来，发达国家竞相创立大学科技园区。如日本的筑波科学城、九洲硅岛，英国的剑桥科学园，德国的慕尼黑高新科技园、巴伐利亚科技园，法国的格勒诺布尔科技园区，以色列的"硅溪"等。发展中国家和新兴工业化国家如韩国的大德科技园区、新加坡的科学园区、印度的班加罗尔高科技城、巴西的波尔多数字园区、南非的高科技工业园区及中国北京的中关村等。20世纪中后期，大学的科研、教学、社会服务职能更加社会化，推动了以英格兰沃里克大学、苏格兰斯特拉斯克莱德大学等为代表的欧洲创业型大学的诞生与发展。形成了埃兹科维茨所称的大学、工业和政府关系的"三重螺旋结构"。

　　20世纪中期以后，大学是经济发展最重要的动力站。大学已非昔日部分人在其中陶冶情操、学习知识的象牙塔，大学的大门应该向整个社会开放，"整个一代人正在叩击高校的大门"，"人们还要求大学向民众普及知识，使空前的人口接受教育"。[①]高等教育已逐渐大众化，大学开始出现了分层和分工，出现了科尔所说

[①]克拉克·科尔著，陈学飞、刘新芝译：《大学的功用》，江西教育出版社1993年版，第1页。

的"多元化巨型大学"。

科尔认为,现代大学"是一种多元的'机构'——在若干个意义上的多元:若干个目标,不是一个;它由若干个中心,不是一个;它为若干种顾客服务,不是一种;它不崇拜上帝;它不是单一的、统一的社群;它没有明显固定的顾客……"①它不再坚守单一大学理想,和社会的联系更加紧密。

大学的发展历程证明,作为一个拥有特殊传统的组织,随着大学地位和作用的提高,社会发展不可避免地要对这种组织提出各种各样的要求,这导致了大学长期"积累的传统和现代的社会需要之间的对抗",这种对抗意味着社会要求高校提供更多的入学机会和能力,希望它在社会的发展中实现更卓越的力量。②从机会到能力,是社会对大学需求不断变化的表现。这说明,社会需要从重视大学的实用价值变为越来越重视大学的学术价值和精神价值。科尔总结了20世纪以来的社会的演进对高等教育的冲击,他认为,这主要表现在:"第一,高等教育要比过去更好地既服务于民族国家又服务于普遍的学术界;第二,高等教育要改革结构,使得它既适合于精英的高等教育,也要适合于大众化和普及的高等教育;第三,高等教育应该直面社会面临的道德困境;第四,社会要求更多的知识和以更多知识为基础的的技能,这要求高等教育重新考虑它的使命和目的。"③可以看出,尽管现代社会要求大学承担越来越多的责任,但大学不仅要满足国家和社会的需要,更

---

① 【美】克拉克·科尔著,陈学飞、刘新芝译:《大学的功用》,江西教育出版社1993年版,第96页。
② 【美】克拉克·科尔:《高等教育不能回避历史》,浙江教育出版社2001年版,第49页。
③ 【美】克拉克·科尔:《高等教育不能回避历史》,浙江教育出版社2001年版,第270页。

要满足学术和精神发展的要求,"必须表明自己作为一个反对'狂乱'、'轻浮'、'愚蠢'的主要精神力量,必须是一个'在西方世界历史上的振奋精神的力量'和一个'今天破碎的知识得以整合'的根源"①。

在这个高等教育大众化阶段,大学发展和社会需要之间存在着冲突,而这种冲突更多体现在精英大学中,一般说来大众型高等教育机构如美国的社区学院、综合型大学等,已经融入到整个社会生活当中,是社会生活的一部分,满足社会需要是它们的重要职能,因此从根本上说已不存在与社会相冲突的问题。有鉴于此,科尔提出了他的高等教育分化理论,将整个高等教育系统分为高度选择型高等教育、选择型高等教育、非选择型高等教育。其中,高度选择型高等教育主要由精英大学组成,承担着促进学术和人类精神发展的职能。科尔认为,"现代高等教育系统的一个必不可少的原则是功能的分化,从功能的分化接着就是财政资助的分化和管理的分化"②。而"一个有效的功能分化的制度",可以使得精英部门不被"大众化高等教育的兴起而破坏"。③

这个新型的大学有着与传统大学诸多的不同,首先,传统大学往往是作为一个社群或小团体而存在,如同中世纪大学的"学生行会"、"师生行会"形式的社群,保持这一社群的内在联系是他们具有共同的价值取向与共同的利益;而在现代多元化巨型大学里则被细分为多个群体与部分,这些群体与部分各不相同,内部结

---

①【美】克拉克·科尔:《高等教育不能回避历史》,浙江教育出版社2001年版,第207—208页。

②【美】克拉克·科尔:《高等教育不能回避历史》,浙江教育出版社2001年版,第86页。

③【美】克拉克·科尔:《高等教育不能回避历史》,浙江教育出版社2001年版,第71页。

构差异很大,形成不同价值取向和价值利益的社群,自然矛盾冲突不可避免,甚至有可能加剧。其次,传统大学理念往往涉及一种理念,或是一种价值追求,目的相对比较单一,也更专注;而现在多元化巨型大学却具有若干个灵魂、若干个目的、若干价值追求,在主导价值取向上无法达到一致,争论不休。虽然说"作为一种机构,它的内部虽然不一致,但它却始终如一地产生效益。虽然受到变革的折磨,但它保持着稳定的自由。虽然它连一个可被认为是自身的灵魂都没有,但它的成员却为真理而献身"。

传统大学在职能方面大多单一,或是专注于教学,或是专注于科研;而多元化巨型大学则多元、多样与巨大。科尔在大学的职能方面认为:"传统上认为大学有三种职能:教学、科研和服务。实际上,正如上述讨论显示的那样,职能模式要复杂得多。……无论是对大学职能的实际批评,不是可能的解决方案,都不能用这种简单化的三维分类体系予以评价。"[①]据此,他认为大学职能在现代社会当中具有网络化特征,在这个复杂的组织结构当中,包括三类职能:生产性职能、消费性职能和公民职能。所谓生产性职能,指那些潜在地增加社会的物质产品和服务有关的方面,具体分为筛选人才、培训、研究和服务四种;所谓消费性职能,是指那些与学生或校园内的其他人员当前的产品和服务消费有关的职能,或是那些与有关人的情趣、情感机会等能使人的生活更加完美的"耐用"消费有关职能,具体分为普通教育、校园团体生活、学生管理和为学生未来提供拓展的平台四种;所谓公民职能,是指那些与学生、教师、校友履行其公民职责有关的职能,具体分为学生的社会化培养、社会评价能力训练和学习准备不足提供补偿教育。

---

① 【美】克拉克·科尔著,陈学飞、刘新芝译:《大学的功用》,江西教育出版社1993年版,第61页。

在科尔看来，大学如此细致而庞大的职能并不是一成不变的，它是一个动态的、发展的、变动的机体，"社会在变化，高等教育的职能也在变化，大学像其他所有的社会机构一样，总是靠改革而得以生存下去，而且变革总是始于脚下"①。而且大学职能当中教学的地位在愈来愈下降，相反科学研究的比重在不断地上升。这种结构比例若仍持续下去，将令人担忧。

对于大学培养什么样的对象，科尔认为应培养民主社会中的"有效公民"。作为未来社会的"有效公民"，首先应具备丰富的知识，无论是在物理学、生物学还是审美方面、语言交流与艺术方面，都要有一定的了解；其次，要熟悉并了解世界各国的文化与历史，理解不同文明的价值观念与文化模式，并主要了解美国的历史文化，形成一定的世界观、价值观和理想信念；第三，掌握基本的学术研究的方式与方法，具有分析和解决学术问题的能力；第四，具有从事未来职业的一定的专业能力，通过大学专业教育，掌握就业所需要的专业知识和专业技能；最后，修养成作为一个合格公民所必须具备的道德伦理、审美观念、独立意识、自主意识、处事能力以及健康的心理、高尚的品格等。为此，科尔呼吁大学实施普通教育。因为大学本科教育当中效仿研究生的教育模式，重视专业化培养和训练，致使本科生课程中普通教育经常陷入一个可有可无的尴尬境地。

这里的普通教育在培养毕业生道德伦理、思想情感以及在其今后的人生当中具有相当重要的价值。同时，他将校园环境与文化建设也纳入培养未来合格公民的范围当中，强调重塑学者与教师的学术道德，为大学生提供专业咨询与指导，为学生提供工作和

---

① 刘宝存：《大学理念的传统与变革》，教育科学出版社2004年版，第74页。

服务社会的条件,开展丰富多彩的校园文化生活与课外活动,通过交流引导学生形成良好的道德情操和品格。科尔的大学理念既顺应了时代发展的要求和需要,也满足了社会对大学的目标与期望,实现教学、科研、社会服务三大功能在大学里的有机结合。

大学的育人、科学研究、社会服务三项职能从根本上讲是统一的,它们共同构成了一个有机整体。首先,它们的目的一致,都是为社会发展服务;其次,它们手段互补,培养人才固然以教学为主,但需要教学与研究和社会实践相结合。同样,科研需要以教学为基础,并最终服务于社会。而社会服务职能的实现更多来源于其他两个功能的实现,三项职能者的结合可以实现各种资源共享和效用最大化,并有助于学校自身发展和服务社会。

第四章 大学社会责任之内涵

第一节 人才培养

一、大学的教学责任——人才培养

教学是大学造就人才的职能中最重要的一项活动,是大学产生的源头和生存发展的根基。大学的职能随着社会经济的发展而不断丰富着,其变化经历了由"教学"到"教学、科学研究"再到"教学、科学研究和社会服务"的历程。但不管大学的职能如何演变,教学职能从来就没有动摇过,且一直是大学的首要职能。人才培养、科学研究、社会服务是大学社会责任最为基本的元素,而造就人才始终是第一职能、第一责任,它是大学的生存之本。大学自诞生之日起就把培养人才作为自己永恒的根本任务。无论外界如何变化,大学的主业从没改变过,那就是培训学生和保持学习、探究的传统。[1]

---

[1] 查尔斯·霍默·哈斯金斯著,王建妮译:《大学的兴起》,上海三联书店2007年版,第16页。

大学作为一种社会建制,产生于社会的需要,承担社会责任、服务社会发展。大学组织与其他社会机构相比,其根本区别在于是否有目的地通过探究高深学问来培养人才,培养人是大学的根本使命。大学与中小学等教育组织的最大区别就在于它的学术性。大学以研究高深学问、探求真理、发展学术作为立身之本,在研究学术发展学术中去实现它的社会价值。教学育人责任始终是大学承担的社会责任的核心,到现代,无论大学的社会责任内涵怎样变化、怎样扩充,育人功能与文化功能始终是大学的本体功能,永不可改变。

二、大学教学的特性

大学教学具有专业性、复杂性和学术性等特性,其中学术性是大学教学的本质特点。从历史角度看,20世纪90年代后,美国前教育部长、卡内基会主席、著名教育家厄内斯特·博耶针对大学教学的弱势地位,提出"学术意味着通过研究来发现新的知识,学术还意味着通过课程的发展来综合知识。还有一种应用知识的学术,即发现一定的方法去把知识和当代的问题联系起来,还有一种通过咨询或教学来传授知识的学术"[1]。他强调,"教学支撑着学术。没有教学的支撑,学术的发展将难以为继"[2]。李·舒尔曼指出,教学之所以谓之学术,首先从教学学术实施过程来讲,教学学术与科研学术一样,都要经过课题选择、与课题相关资源的准备、解决问题的方案确定和实施,并对研究结果进行反思与分析。其次,

---

[1]【美】欧内斯特·博耶著,涂艳国、方彤译:《关于美国教育改革的演讲》,教育科学出版社2002年版,第65页。

[2]【美】欧内斯特·博耶著,涂艳国、方彤译:《关于美国教育改革的演讲》,教育科学出版社2002年版,第78页。

教学学术也如同科研学术一样,具有将成果公开、交流、评价和建构的特点。①博耶把学术外延拓展到教学领域,把学术分为发现的学术、综合的学术、应用的学术和教学的学术。对大学教师教学而言,这四个方面的学术是相互依存、相互促进的。

三、大学教学的学术性特征

教学的学术性特征主要有:

1.大学教学过程是传授知识和创造知识的过程。教学本身不只是单纯地传播本专业高深知识,而是在传播知识过程中进行知识创造与经验积累,生成教学学术。教师既要向学生传授知识,还要促其心智发展,培养其健全人格。这需要教师对教学内容、教学方法及课堂管理等方面进行研究,提升教学学术性。

2.教学内容具有专业知识高深、抽象、反映前沿等特点。这决定了教师在教学中要注重传授学科前沿知识、交叉学科知识,教与研相结合,不断总结与反思,增强教学与研究能力。

3.教学形式和方法以研究性为主。教学方法受教学目标、教学内容、教学对象等因素的影响。大学教学的是高深学问,而高深学问大量存在不能言说的默会成分,即默会知识,这种默会知识无法用"谕"之教学方式进行传递,只能让学生与大师耳提面命养成学生直达默会知识的悟性。另外,高深学问要求大学的教学要更侧重想象力的激发和培养,而不是学生掌握知识。在教学方法上,这需要大学教师在教学中通过缜密的"辩、论、究"与学生共同去分享高深学问精彩的研究过程,让学生领略大学教师在高深学问

---

① 王玉衡:"卡内基教学促进基金会:美国大学教学学术运动的推动者",《大学研究与评价》2008 年第 5 期。

上的"不可言传的技艺"。①教师教学与科研相结合,将科研成果引入教学过程,引导学生参加课题研究等。

4.教育教学的目标是培养知识、能力、人格等方面全面发展的高素质人才。这就需要教师了解教育对象的差异性,了解学生的知识基础、领悟力、性格等,在对学生充分了解的基础上,教学面向全体学生的同时兼顾个别差异,实现因材施教。教师在和学生交流互动中,不断反思研究,改进教学方式,注重课堂管理,强化教学效果。

大学教学是一门科学、一门技术,更是一门艺术,是一种创造性活动,在每个环节都包含着创新性。"教学活动的创新性指的是老师对教学体系、教学内容的深入理解,在教材上体现出来的改革和创造性,教学模式的革新,教学实践的革新及老师取得的优秀成果,教育教学理论和教育教学实践经验的总结,突出的是老师对教学在发现、综合和应用诸方面所做出的创新性贡献。"②教师可以利用自己的专业知识,通过制度化的学术交流机制,利用网络、专业期刊与学术会议等途径,把学术成果与同行专家进行交流,接受同行专家的评判,以此完善专业学术知识,提升教学学术水平。③

四、人才培养工程的四大要素

大学人才培养是一个系统工程,包括人才培养的理念、目标、

---

①刘金玉:"高深学问的生态特征对大学教学的启迪",《中国大学教学》2004年第7期,第33页。

②俞信、于倩:"着力提高大学教师的教学学术水平",《中国高等教育》2000年第5期,第25—27页。

③时伟:"大学教学的学术性及其强化策略",《高等教育研究》2007年第5期,第73页。

途径、模式等要素。

人才培养理念旨在回答在高校"培养什么样的人才","人才应该如何培养"等问题。它是国家、高校、教师、社会多方参与的对人才培养内在逻辑与理想追求的一种理念。对高校而言,它具体体现在教学、科研及人才培养质量等方面。

大学应培养什么样的人才呢?弗莱克斯纳提出大学教育是精英教育,应培养具有丰富的知识经验、具有探索真理的精神、适应社会的能力以及具备处理各项事务能力的精英型人才。因此,他提倡专业教育、自由教育。现代大学的培养理念应是以适应国家或社会需求,有着强烈创新意识的复合型人才。

培养目标是要回答"培养何种人才"的问题。国际21世纪教育委员会在《教育——财富蕴藏其中》的报告中对21世纪人才提出了四个要求——"学会认知、学会做事、学会共同生活、学会生存",认为这四种基本学习是人生的支柱,教育应当围绕它们加以组织。

这"四个学会"的高素质人才本质就是高校毕业生的质量问题。人才质量的标准众说纷纭,学界有很多研究。有学者认为人才质量包含三种能力:一是组织管理能力,具体包括人文道德修养、指挥决策能力、社交活动能力;二是工作适应能力,包括专业技术素质和身体素质;三是自我发展能力,包括自我发展欲望、意志品质、自学能力、理论基础、体育素质。[①]也有学者认为人才质量中的"质"包括:踏实、朴素、勤奋的本质;诚信、正直、奉献的品质;创新、自信、高效的素质;探索、竞争、合作的潜质;可爱、宽容、大方

[①] 王家贵:"高校人才培养的全面质量管理",《有色金属高教研究》1988年第13期,第68—69页。

的气质。①而也有学者认为高校人才培养质量评价标准不宜实行"大一统"原则,而应以市场为导向,根据学校类型、办学层次、专业特点,制定相应的质量标准及各个培养环节的质量维度,形成分层次、多元化的质量标准体系。②

在当今知识经济时代,社会系统的复杂性越来越高,对人才培养提出了更高的要求,更注重发展人的创造性。这就要求大学把高素质创新人才的培养当作自己的核心使命。各大学都明确了自己人才培养的目标,如哈佛大学明确提出要培养国家的领袖人物;麻省理工学院从培养具有科学背景的工程师转向培养具有全球经济背景的工程师,使之成为企业经理和跨国公司的总经理;清华大学将培养一流的工程师和声播四海的学术大师并举作为目标;北京航空航天大学把培养航空航天的领导和领军人才作为目标。

培养途径就是"通过什么方式"实现人才培养目标,培养模式与教学活动过程相关,是对培养过程的设计与建构。其核心有专业与课程设置制度、选课制度、学分制度、导师制度、实习制度、日常教学管理制度等。是对整个人才培养活动的一种目标引导、行为规范与资源保障机制。课程设置要符合培养目标的要求,能使学生通过课程的学习与训练,获得某一专业所具备的知识与能力。合理的课程内容指课程的内容能够反映学科的主要知识、主要的方法论及时代发展的要求与前沿。在教学内容上,要跟上知识的变化与技术的发展,保证学生知识获取的完整性与时效性。另一方面,让学生亲身参与一些科研,可以培养学生的动手能力

---

①沈爱琴:"对高等教育人才质量中'质'的多元培养途径的探析",《黑龙江高教研究》2008年第7期,第99—101页。

②刘礼明:"高校人才培养质量管理与发展战略:基于产品理念",《国家教育行政学院学报》2009年第9期,第51—55页。

和解决问题的能力。

第二节　科学研究

科学研究是除培养人才之外的另一个重要社会责任，它决定了高校培养人才的素质和水平，决定了高校的学术水平和学术地位，决定了高校为社会服务的能力和贡献。

一、大学科学研究的特点

1810年，洪堡创建教学与研究相结合为指导思想的柏林大学，使学术研究成为大学的主要任务。到1876年，约翰·霍普金斯创办美国第一所真正的研究型大学——霍普金斯大学，开创了学术研究、科学研究与研究生教育相结合的崭新的高等教育模式，科学研究成为了大学的主要职责。科学研究的宗旨"不仅仅是为了科学的目的而研究科学"，而是大学应对人类文明和社会进步发挥重要作用。霍普金斯大学校长吉尔曼曾经明确地表达过这样一个观点："建立大学有多种目的，但首先是为了建设一个比现在更好的社会。"[①]和企业相比，高校的科学研究有其自己的特点。

（一）高校集聚了大批科研人才，从教授专家级名家、青年教师学者到博士硕士生学术梯队；高校由于其自身特点，学科门类齐全，校内就可实现多学科交叉综合研究；和企业研究相比，高校科研更偏重于基础性研究，其科研产品中论文、专著、研究报告居多。

[①] 王绽蕊："大学的理性——美国约翰·霍普金斯大学的文化品性解读"，《清华大学教育研究》2004年第3期。

(二)学科建设是高校科学研究的平台。学科建设既是高质量学生(大学生和研究生)培养的前提,也是承载高水平科学研究的平台。世界一流大学一定有一流的学科,没有一流的学科就不可能培养出一流的人才,不可能出一流的成果。世界著名大学,除了学科门类齐全、综合性强之外,更主要的是这些学校有一些独具特色的、世界公认的一流学科。如哈佛大学的商业管理、政治学、心理学、电子工程、植物学、教育学;麻省理工学院的航空学、天文学、应用物理、经济学、语言学;斯坦福大学的心理学、电子工程;伯克利加州大学的生物原子工程。这些大学之所以能办成世界一流的学科,主要是通过大量的科学研究,尤其是基础研究。因此,离开科学研究,学科建设无从谈起。

二、科学研究可以促进高层次人才的培养

学校没有科研就没有高质量的教学,没有科研就难以培养学生的研究能力和创新能力。高校教学的三个特点是专业性、复杂性和前沿性。前沿的科学知识是科学研究的成果。现代科学技术发展迅速,知识的更新和扩展速度令人惊叹。因而高校的教学内容应随本学科知识更新的速度而不断丰富,随着本学科科技成果的推新而不断扩展。作为教师,必须与时俱进,不断吸纳新知识,结合新知识不仅是创造性研究,并在教学中融会贯通,举一反三。这样的科学研究一方面提高了教师的科研水平和教学水平;另一方面,有助于学生掌握最新最前沿知识,通过让学生参与科研工作,培养和提高学生对科学的兴趣和研究能力,促进高层次人才的培养。

三、科学研究可以提升高校社会服务的能力

发展科学技术作为现代大学的重要职能，它主要体现在大学的科学研究中。大学利用其自身人才、知识密集的优势，正在或已经成为各国知识创新的中心和推动科技成果向现实生产力转化的重要力量。① 20 世纪 50 年代以后，全球出现了以著名大学为中心、以高新技术产业群为基础的科学工业园区，如以美国斯坦福大学为主导发展起来的硅谷科学工业园区，以麻省理工学院、哈佛大学为核心的波士顿科研中心，以英国剑桥大学为核心的科学园等。这种集教学、科研、生产为一体，产学研相结合，依托大学的雄厚科研力量，大大加快了科技成果产业化的进程。而高科技园区的发展又推动着高层次大学科研模式的转变，逐步形成了基础研究定向化、应用研究基地化、开发研究社会化和产业化的模式。同时也促进了新知识、新技术的产生，更有利于大学的教学和人才的培养，这多方面提升了大学服务于社区与社会的能力。

第三节　社会服务

一、高校社会服务的概念

高校社会服务的涵义有广义、狭义之分。潘懋元教授认为，广义的社会服务，是指高校的社会功能，包括人才培养、科学研究、

---

① 孟丽菊："从中西大学功能演变看知识经济时代大学的使命"，《辽宁师范大学学报(社会科学版)》2001 年第 24(1)期，第 44—47 页。

社会服务等;狭义的社会服务,是指高校直接为社会所做的具体服务,如教育培训、科研信息咨询、科技成果转化等。为"区别于广义的社会服务,所以叫'直接为社会服务'。直接为社会服务的基本意义可以表述为高等学校的智力资源直接地迅速地转化为社会生产力(社会实践)"①。所以广义的高校社会服务相当于本书论述的高校社会责任,而本节分析的"高校社会服务"是从狭义角度理解的。是高校在保证教学、科研任务的基础上,以培养人才和发展知识为依托,利用高校的物质和人力资本,有目的有计划地直接为社会经济、政治、科技、文化的发展服务。

高校社会服务不仅是高校应该承担的社会责任,同时也是高校谋求自身发展的重要途径。因为社会服务可以为高校获取社会资金,为教学、科研提供优越的条件,理论与实践相结合,促进高校教学、科研的发展,是促进高校学术发展的重要途径。

二、大学社会服务的特点

(一)社会服务的学术性

大学作为探索和传播高深学问的学术团体,它和其他社会组织有根本的不同,即其提供的社会服务必须是学术性的。德里克·博克在其《走出象牙塔》一书中曾论述道,"如今,大学与社会的关系越来越密切",因而"大学在考虑社会需求时没有理由感到不安","问题的关键在于作出何种反应才是合理的"。为此,他通过分析推断出"一条普遍性原则",即"大学凭常规的学术功能,通过教学项目、科学研究和技术援助等手段,承担着满足社会需求的重要职责","如果采用——非学术性手段,那样做很难说有正当

---

① 潘懋元:《高等教育学讲座》,人民教育出版社1993年版,第5页。

理由"。他认为,"面对琐碎细小的问题,前途渺茫的事业,或其他机构和组织更有能力奉行的行动方针,任何一所大学都觉得自己不必倾注全部的精力和资源"[①]。因此,大学的社会服务应是学术性的,如果大学提供的社会服务是其他组织能做到或者完全可以做得更好,那大学的这种服务就是"舍本逐末"。[②]

(二)社会服务的边界

社会服务与人才培养、科学研究已成为大学的三大职责,但服务社会职责的实现是以教学和研究活动为基础,是通过人才培养和科学研究来服务于社会。正像伯顿·克拉克所说的:"大学特色的目标是以服务社会发展为宗旨,创造领先的科研成果,培养出有独特个性和丰富创新能力的高素质人才。"[③]

从历史上来说,大学的三大职责是以人才培养为起点逐渐扩充和发展起来的。新职责的获得或原有作用的扩大都必须与大学原有的职能或作用在本质上具有和谐性,否则新旧职能造成的冲突和相互排斥不但会破坏大学原有职能的履行,而且也会使新的职能处于不稳定的状态,从而破坏整个系统的平衡与稳定。[④]也就是说,高校社会服务是依托于大学的教学和科学研究,大学服务于国家经济建设、服务于社会是有边界的,要以有利于教学和科学研究作为根本。

[①]【美】德里克·博克著,徐小洲等译:《走出象牙塔》,浙江教育出版社2001年版,第338—342页。
[②]王作权:"大学组织的社会服务职能新探",《复旦教育论坛》2007年第1期,第44—45页。
[③]【美】伯顿·R.克拉克著,王承绪等译:《高等教育系统——学术组织的跨国研究》,杭州大学出版社1994年。
[④]徐辉:《变革时代的大学使命》,浙江大学出版社1999年版,第13页。

(三)社会服务的层次性

不同层次、不同类型的大学,对人才培养、科学研究和社会服务三种社会责任的履行方式、水平是不同的。在社会服务方面,如处于最高层次的研究型大学科研实力、智力资本雄厚,它提供的社会服务更多的是国家为社会培训高层次人才、提高含金量更高的科研成果、建立产学研相结合的高新科技园、为政府部门提供决策咨询等。教学型大学等一般高校更多参与的是技术培训、产学合作为企业解决技术难题等。即使同所大学内,由于各学科的发展水平以及与社会联系紧密程度不同,其社会服务也不均衡。"因此,当我们强调大学为社会服务时,其不均衡性给我们的启示有二:一是居于不同层次和类型的大学为社会服务的途径、水平与方式不同;二是要求所有学科都直接地为社会经济建设服务是不切实际的。"[①]

三、大学社会服务的主要形式

关于高校社会服务的内容和方式,哈佛大学前校长德里克·博克在《走出象牙塔——现代大学的社会责任》中,论述了大学究竟应该履行哪些功能,大学应怎样履行社会责任等问题。博克分析了大学为社会提供服务的具体方式,他认为大学应该通过加强与企业的合作、重视实用性科学研究、投资新公司等多种方式来服务社会经济发展;大学应该为城市服务,为政府、企业、社会团体、个人提供咨询服务,为居民提供继续教育,提高其文化水平,使其直接参与城市建设等。

综观世界各国,大学社会服务的主要形式有:

[①] 王作权:"大学组织的社会服务职能新探",《复旦教育论坛》2007年第1期,第45页。

第四章
大学社会责任之内涵

　　高校以直接的方式转化科技成果。技术转让与销售是大学技术成果商品化的重要方式。技术转让包括专利转让和非专利技术转让。在发达国家,专利许可和专利转让是大学最重要的技术转移方式之一。许多高校设立了相关技术转让的机构来转化科技成果。如剑桥大学成立的"剑桥企业有限公司",专门负责剑桥大学内部的科技成果转化,该公司通过专利授权和科技创业获得了相当可观的收入。清华大学的国际技术转移中心、北京航空航天大学的科技开发部等,都是开发、转移技术成果的专门机构。

　　合作研究开发。高校通常与政府、企业合作,利用各自的优势资源,围绕一些基础性应用研究和高技术领域的一些前沿研究所展开合作研究活动。它包括接受委托进行技术课题研究、由各参与方组成联合项目研究组织对某一项目进行共同研究等具体形式。合作研究能充分发挥大学多学科及智力资本雄厚的优势,有利于创新成功。近年来,各国进一步加强国家创新系统各个行为主体之间的协同,都比较强调加强大学与企业之间的合作研究。如澳大利亚,联邦政府为促进大学与企业界的合作,实施了4个有经费支持的相关计划——工业研究和培训战略计划、重点中心计划、合作研究中心计划与研究和开发启动计划。如清华大学分别和北京市、深圳市、河北省和浙江省成立了"北京清华工业开发研究院"、"深圳清华大学研究院"、"浙江清华长三角研究院"等。清华大学,已经与常州、徐州、无锡、苏州、张家港等城市分别建立了产学研合作办公室,有效地促进了大学城市间的产学研合作,取得了良好的实际效果。

　　科学工业园区。从20世纪下半叶后,以现代大学为主要依托或由大学直接参与的"科学园地"或"科学工业园区",已成为大学直接参与经济活动、服务于社会的重要形式。如以美国斯坦福大学为主导发展起来的"硅谷"科学工业园区,以麻省理工学院、哈佛大学为核心的波士顿科研中心,以英国剑桥大学为核心的科学园,日本的筑波科学城。中国在1989年建立了第一个大学科技园——东北大学科技园。到目前为止,已经有清华大学、北京大学、哈尔滨工业大学、东南大学、南京大学、四川大学等几十个大学科技园。这些科技园都是以著名大学为中心,以高新技术产业群为基础形成的产学研结合的科技发展基地。它使大学的人才生产链、知识生产链与社会的产业价值链建立对接,出人才,出成果,出产品,使科学技术更迅速、更有效地转化为巨大的生产力,进而不断推动整个社会经济快速发展。高科技园区的发展反过来又有效地推动了现代大学的办学理念和模式的转变,逐步形成了基础研究定向化,应用研究基地化,开发研究社会化、产业化、商品化的一条龙的知识经济共同体模式。

高校自主创办高科技产业。高校科技企业已逐渐成为中国大学参与市场服务社会的主要方式之一。近十几年来,我国的大学科技产业以其在大学技术成果转化方面的独特作用而得到迅速发展。其中一部分还成为了上市公司。1993年,第一家高校控股的上市公司复旦复华在上交所正式挂牌,之后天大天财、北大方正、浙大网新、同济科技、交大昂立、工大高新、云大科技、清华同方、清华紫光等高校企业或高校控股的上市公司相继产生。[①]这些高校的科技企业或者根据市场需求,依托高校的技术成果、技术人员加以集成整合成为成熟产品技术进行技术转移;或者收购已经有一定市场销售的产品技术为高校技术产业化提供种子资金以促进其进一步发展。

---

① 注:2009年,教育部要求高校校企在2009年年底前取消学校冠名。

高校为企业进行技术咨询、人员培训等。如高校老师担任企业长期的或短期的技术顾问,为企业提供所需的技术知识。在人员培训方面,大学教授或研究人员为企业专业技术人员进行授课培训,教授其专门技术。

除了以科技为依托的社会服务之外,高校还可以利用校园网络和图书馆等,直接为社会服务。如威斯康星大学组织流动图书馆,到民众之中去传播文化知识。高校也可以为社区提供法律、心理等社会服务。

第四节 高校社会责任之引领社会

大学是社会的中心,是社会主导精神的发源地。作为教育的顶层组织和社会的思想库,它对社会的发展负有服务和引导的责任。

一、引领社会是大学的崇高职责

英国高等教育家埃里克·阿什比(Ashby E.)认为,大学不仅要满足社会对它提出的各种要求,更重要的是要对社会的发展起指导和引导作用。他说:"如今在所有的社会组织机构中,能胜任人类远大目标的指导任务和人类未来利益的管理任务的,似乎以大学最为适宜。如果这是大学恰如其分的职能,那么,大学为公众服务最需要的工作,是把大学独具的多种学科的多类智慧,用到解决适应社会变化的研究中去。"①国内甚至有学者把高校的引领功能归于第四功能。"大学从其诞生以来,聚集大量科技、文化精英,

---

①【英】阿什比:《科技发达时代的大学教育》,人民教育出版社1983年版,第149页。

通过知识传播、知识创造,以及与社会的互动而对社会文化有着巨大的影响。也就是说大学具有与生俱来的、更为独有的、影响更为深远的引领文化的社会功能。"[1]从国内外大学的发展历程来看,大学从多个层面引领了世界文化的新思潮和文化革新。赵沁平老师总结了在欧洲中世纪,大学培养出了一大批像但丁、哥白尼、伽利略、培根等这样的大学者,它创造并引领着欧洲的新文化,为其后来的文艺复兴和文化的繁荣与发展奠定了基础。

在中国近代史上,北京大学等高校在新文化运动中也发挥了重要的引领文化的作用。任何一个时代都需要文化创新,需要文化的发展,需要新文化来引领社会。大学作为创造并培育新文化的中心,始终影响和引领着社会文化的发展。大学,尤其是高水平研究型大学,不仅汇聚了多个学科的高智力的教师和研究人员,具有很强的知识容量,而且有着良好的较宽松的学术氛围,具备交流和融合不同文化的机制,是思想观念和学术思潮的交汇处,因此会使得大学能够不断培育和创造出新文化,并引领社会文化。可以这样说,自中世纪大学的地位确立后,凡对人类进步具有重大影响的思想理论,基本上都与大学密切相关,它们或是诞生在大学里,或是通过大学而得以传播,或者二者兼具,从而使大学最终成为促进人类思想进步、走向更加文明重要阵地。

进入20世纪以后,大学重新恢复到社会思想领袖的地位。20世纪以后大学作为社会思想先导的意义,不仅体现在引导人类对自身命运有更加深刻的认识上,还表现在大学开始越来越关心由工业革命和科技革命所带来的种种社会危机。所以有学者提出,当代大学存在的合理性主要表现在"完善高深知识和解决社会问

---

[1] 赵沁平:《发挥大学第四功能作用引领社会创新文化发展》,高等教育出版社2006年版,第15—16页。

题上",所谓的"解决社会问题",主要不是针对那些眼前轰动的事件,而"必须是与整个过去和未来有关的"①。出于这样的动机,本世纪以来各种教育思潮的大讨论在大学中一直没有停止过,而且这些教育思潮都在大学及社会发展的历史上留下深刻的痕迹。正是由于大学"一直是为全人类的利益和真理服务"的,有人认为大学在作为社会思想先导和人类精神、理想家园方面所起到的作用,可以与20世纪以前的教会相提并论。②

二、批判精神是大学引领社会的前提

引领未来、引领社会是以大学的批判功能发挥作为前提的。要实现大学的引领职能,就必须充分发挥大学的批判功能。所谓批判,"并不意味着对一个东西进行谴责,或抱怨某种方法及其他东西,也不意味着单纯的否定或驳斥……就批判而言,我们指的是一种理智的最终注重实效的努力,既不满足于接受流行的观点、行为,不满足于不假思索地、只凭习惯而接受社会状况的那种努力;批判指的是那种目的在于协调社会生活中个体间的关系,协调它们与普通的观念和时代的目的之间的关系的那种努力"。从这种意义上说,批判的主要目的在于"让人类看到他的行为与其结果间的联系,看到他的特殊的存在和一般社会生活间的联系,看到他的日常谋划和他所承认的伟大思想间的联系"③。

美国哈佛大学的校训中这样讲:"教学的最高目标不是让学

---

①【美】约翰·S.布鲁贝克著,王承绪主编:《高等教育哲学》,浙江教育出版社,1987年版,第97页。
②【美】约翰·S.布鲁贝克著,王承绪主编:《高等教育哲学》,浙江教育出版社,1987年版,第135页。
③【德】马克斯·霍克海默:《批判理论》,重庆出版社1989年版,第250—256页。

生确信,而是让他们质疑。"高等教育的批判功能,表现在受过教育的人身上,则是以独立人格为基础的批判精神、批判能力等要素构成的综合素质,大学不仅应当在为当前经济和社会发展需要服务时坚持自己应有的独立品格和价值追求,而且可以运用自己所拥有的文化、知识和精神的力量,对现实社会中的不良倾向进行独立的批判,从而成为发展人类先进文化的重要力量。美国学者博克曾在哈佛大学350周年校庆讲话中指出:"我们需要说服公众并时时提醒我们自己,大学不是营业性公司,不是国家安全的工具……许多组织可以提供咨询服务或帮助解决社会问题,或开发新的产品,或推行军事目的,但只有大学或类似的学术机构,才能够发现作为创造性解决问题所需要知识,只有大学能够教育出永远作出批判性决定的人。"[1]学术是从理性的深层次思考社会问题,因此,大学就应该培养学生对社会的批判精神,发挥大学教育的批判与预警作用。

大学的批判并不是简单的谴责和否定,需要公正、客观和科学,这就需要大学有成熟的判断能力。"判断能力的出现和成熟是大学批判精神值得信赖的保证。"[2]大学是研究高深学问的机构,它具备以高深学问为基础的独立思考和判断的能力,能够对各种社会疑难问题和前沿问题等作出科学的判断。同时,大学批判精神要有成效关键是要有社会责任感。大学要对自身的责任、使命以及对社会发展有理性的思考,能对政府等决策部门提供参谋和富有建设性的建议,不断地促进人类进步,这样大学才是发挥了

---

[1]【美】德里克·博克:"哈佛350周年(1636—1986)校庆讲话",姜文闵编《哈佛大学》,湖南教育出版社1988年版,第5页。
[2]赵婷婷:《大学何为——理想与现实间的冲突及协调》,高等教育出版社2005年版,第6页。

它的社会作用,其批判精神才是有价值的。

大学的批判精神是以学术自由作为基础和制度保证的。在19世纪,大学远离社会,以高深学问为主要对象,这一时期大学批判精神最突出的特点就是冷静、独立和客观。大学是探讨高深学问的学术机构,而"学术在本质上必然就是独立的自由的,不能独立自由的学术,根本上不能算是学术,学术是一个自主的王国,它有它的大经大法,它有它神圣的使命,它有它特殊的广大的范围和领域,别人不能侵犯。假如一种学术,只是政治的工具、文明的粉饰,或者为经济所左右,完全为被动的产物,那么这一种学术,就不是真正的学术,因为真正的学术是人类理智和自由精神最高的表现,它是主动的、不是被动的,它是独立的、不是依赖的"[1]。罗素曾经说过,自由的精神意味着"一切问题都可以讨论,一切意见或多或少总有怀疑的余地"[2],自由是大学履行自身职责的基础,"在一定程度上也是大学批判精神的基础,失去了自由,批判就失去了精神和制度上的保证。大学自由精神的价值主要体现在两个方面,一是对知识和学术的价值,二是对个体发展的价值。人在自由的状态才能更好地发挥主动性和创造性,才能促进社会的发展"[3]。

三、高校引领社会的途径

高校引领社会贯穿于其人才培养、科学研究、服务社会三大职

---

[1] 贺麟:《学术与政治》,杨东平:《大学精神》,辽海出版社1999年版,第142页。
[2]【英】罗素:《真与爱——罗素散文集》,三联书店1988年版,第131页。
[3] 赵婷婷:《大学何为——理想与现实间的冲突及协调》,高等教育出版社2005年版,第6页。

责始终,且在层次上更高于这三大职责。

人才培养是大学首位职责。首先,大学,尤其是一流大学,具有很深的文化底蕴和历史积淀,集聚了大批教授学者,他们具备较高的文化素质和科学人文精神,他们的言传身教和身体力行,必然对整个社会起到示范和辐射作用,进而引领社会思想和道德文化的发展。其次,通过大学完整的教育,大学为社会源源不断输送"产品"——人才。他们是有知识、有技能、有素质的"文化人",这些"文化人"是社会的骨干和精英,他们的素质和文化,会示范和影响着社会文化的发展。杰出的大学校长,都重视对学生人格的教育与训练,都希望通过大学教育来培养改造社会、引领社会发展的领导者。张伯苓之所以办南开大学,是要培养引领中华民族步出迷津的领袖;竺可桢临危受命出掌浙江大学,是因为他坚信大学是"社会之光",是"海上灯塔"。

2006年第三届中外大学校长论坛上,耶鲁大学校长理查德·雷文指出,通过基础性的学术研究创造知识绝不是大学为社会做出的唯一重要的贡献,通过对学生的能力培养使其将来能够更好地为社会服务,是与学术研究同样重要的社会贡献。他认为一个更敏感也更意义深远的目标,那就是:培养学生的创造性、灵活性,以及解决问题、创新和领导的能力。所以,大学的教育不应仅仅满足于把已有知识观念灌输给学生,以使他们适合社会的需要,而将更多地激励他们解放思想,自由地思考,从而获得理性和智慧的力量,达到人生发展的更高境界。

雷文校长认为,当今世界日新月异,科学发现层出不穷,各种理论不断推陈出新。在这样一个世界上,学生仅仅具有专业性的知识是远远不够的,必须要有批判性的思考、创新的能力。美国的许多大学现在实行的是通识教育。这种教育目的并不是要给予学生具体的专门知识,而是要使他们吸收多种多样的信息,能够从不同学科的角度提出问题,从而培养他们的好奇心、严密的逻辑思维和独立思考、实际解决问题的能力。雷文校长认为,大学只注重学生对知识记忆的教学方式是不够的,必须要让学生学会独立思考。美国的大学主要是通过一些参与性的研讨会来培养学生的这种能力。这种参与性的研讨可以激发学生的思维,产生并捍卫自己的观点。同时,考试的方式也需改革,考试不是考学生的记忆,而是要考他们解决问题的能力,考他们的批判性和创造性思维。这样,学生在继承传统文化的基础上,能增强社会责任感和历史使命感,提高自己的理性判断力,能敢于对现有的知识体系进行挑战和质疑。

大学不仅要传承文化知识,更重要的是要提升人类精神和道德。如在 1998 年召开的世界高等教育大会上,各国的教育部长就特别强调了"大学在促进文明和人类价值观方面的作用。部长们说,大学必须'利用他们的学术地位和声望来保卫和传播人类普遍接受的价值观,诸如和平、公正、自由、平等和团结等'"①。这次高等教育大会的主题报告——《21 世纪的高等教育:展望和行动世界宣言》(以下简称《宣言》),对未来高等教育的发展提出了许多富有启发性的建议。其中,最引人注目的是《宣言》对高等教育使命和责任的重新思考和阐释。《宣言》认为,高等教育如果想要完成"促进整个社会的可持续发展和进步的使命",必须"保持、加强和进一步扩大高等教育基本使命的重要作用":在培养人才方面,这不仅表现为"专业训练"、"培养公民意识"、"培养文化理解力"等,更表现为应使受教育者具有"批判性和公正的看法",从而可以"促

---

① "世界高等教育大会讨论:21 世纪大学教育发展趋势",参考消息,1998 年 10 月 22 日。

进、保护和增强社会价值观",同时还应具有创造力,以使社会文化不断走向进步;在科学研究方面,高等教育不仅要"完全独立和充分负责任地就伦理、文化和社会问题坦率地发表意见,成为社会所需要的知识权威,以帮助社会去思考、理解和行动",更应"不断对新出现的社会、经济、文化和政治趋势进行分析,加强自己的批判和前瞻功能,为社会提供预测、报警和预防信息"。在这份对未来世界高等教育的展望报告中,高等教育的批判作用受到了前所未有的重视。

在未来社会,高等教育必须更加理智、负责地引导社会发展,必须有胆量、有能力抨击社会发展中的不合理之处,它应该在社会发展中保持清醒头脑,应该从科学的精神出发认识和解决自然和社会发展中的问题。处于经济快速发展、社会纷繁复杂的转型期,人们在物质产品极大丰富、物质需求得到较好满足时,精神方面的诉求便日益迫切。这时,作为文化中心的大学具有义不容辞的满足该社会需求的责任,承担起主导社会精神和社会价值判断的责任,从而导引社会全面健康可持续地发展。

第五章　大学社会责任的冲突

现代组织拥有多重多元社会角色，不同角色之间的社会责任会存在冲突，大学社会责任也不例外。"冲突"是社会学里的一个概念，指的是社会主体之间由于需要、利益、价值观念的差别和对立而引起的相互反对的社会互动行为，是社会运行中的普遍现象。责任冲突就是指"责任主体在进行责任选择的时候所遇到的矛盾状态，责任主体在特定情况下表现出的左右为难而又必须作出某种非此即彼的选择的境况，这种选择的突出特征是在符合某一责任要求的同时，又违背另一种或几种责任要求"[①]。

大学的传统理念或传统职责是追求真理，因而与社会保持一定距离，随着社会生产的发展，大学和社会的互动越来越明显，联系越来越密切。大学的社会责任由培养人才、科学研究进而到社会服务，承担的社会责任不断增多。随着社会对大学的需求增加，以社会责任感为名强加给大学的要求越来越多。

面对社会的需求和责难，大学履行社会责任增加了困难，有时候陷入两难境地。如，大学履行学术责任与政府干预的冲突；人才培养方面大学的发展规模与教学条件、教学质量的协调；素质

[①] 谢军：《责任论》，上海人民出版社2007年版，第67页。

教育与专业教育的协调；教师本职教学研究工作和社会兼职、社会服务的协调；教学与科研的协调；基础研究与应用研究的协调；短期经济利益和基础研究的协调……这些存在的大学实践问题或者大学社会责任的冲突，就需要我们对大学社会责任问题进行再审视。正如密西根大学校长杜德斯达所指出："我们必须坚信，大学教育更深层次的目标虽历经千年却从未改变。大学改革的目的就在于更好地保留这些更深层次的目标，保留这些被时间检验过的价值与传统。"①大学承担社会责任不等于大学无限制地满足社会现实发展，尤其是经济发展的要求，大学更应该发挥其提升人类精神和道德的作用。

第一节　大学社会责任冲突之学术责任与政府干预

大学和政府、企业、其他事业单位的根本区别是它的学术性，学术责任是大学内在的中心责任。大学从诞生起，就形成了追求学术自由、自治的传统。学术自由需要良好的制度环境，其外部主要表现为大学与政府之间的关系。随着大学的社会影响的不断增大，被要求承担的社会责任越来越大。一方面，大学要求更多的自由和自治权；另一方面，政府不可避免地要对其进行监督、约束和控制。追求自由与实施控制之间的矛盾和斗争，逐步构成大学与政府之间关系的一条主线。

---

①【美】詹姆斯·杜德斯：《21世纪的大学》，北京大学出版社2005年版，第9页。

第五章 大学社会责任的冲突

一、学术自由是大学行为所遵循的准则

什么是学术自由?英国《简明不列颠百科全书》认为,学术自由是"指教师和学生不受法律、学校各种规定的限制或公众压力的不合理的干预,而进行讲课、学习、探索知识及研究的自由"。美国《大美百科全书》则把它定义为:"教师的教学与学生的学习有不受不合理干扰和限制的权利。包括讲学自由、出版自由和信仰自由。"① 美国哲学家胡克认为,学术自由是指"在专业上够资格的人享有自由去探讨、发现、出版并教导他们在各自专业领域内所看到的真理。这种自由不受任何限制,也不听任何权威指挥,除非该种限制及权威来自于运用理性的方法在那些专业学科中建立的或获得的真理或结论"②。

简单说,学术自由是指大学成员为学术目的和学术价值而享有言论、教学、发表及出版等自由权利。在大学,只有具备高深专业知识的专业人员,才有资格自由地传授和传播他们的思想和学说。这些大学专业人员只有在必要的自由前提和氛围里,才能在知识探求过程中去发现真理。

在西方大学,学术自由理念源远流长,学术自由的思想源头在古希腊时代就出现了,在中世纪行会组织的大学中得到发展。中世纪大学强调大学的独立性,奉行学术自由,主要是教师教的自由和学生学的自由,但大学的学术自由受到当时势力很强的教会的干预。将学术自由理念真正付诸实施的是1810年成立的德国柏林大学。

学术自由是大学行为所遵循的准则。雅斯贝尔斯说,"大学是

---

① 陈列、俞天红:"西方学术自由评析",《高等教育研究》1994年第2期。
② 林玉体:《教育价值论》,台湾文景出版社1980年版,第89页。

一种特殊的学校。学生在大学里不仅要学习知识，而且要从教师的教诲中学习研究事物的态度，培养影响其一生的科学思维方式。大学生要具有自我负责的观念，并带着批判精神从事学习，因为拥有学习的自由；而大学教师则是以传播科学真理为己任，因此他们有教学的自由"。实际上，这种自由也包含着研究生的自由。雅斯贝尔斯是针对二战以来大学中存在的不良现象提出这一问题的，他说，"由于众多大学并存的现象，造成了毁灭真正学术的趋势，因为学术研究为了拥有读者，只好投大众之好，而大众往往只顾及实际的目的、考试以及与此相关的东西。受其影响，研究工作也只限于那些有实际用途之物上，于是，学术就被限制在可了解、可学习的客体范围内，本来应是生存在永无止境的精神追求的大学，这时也变成了普通的学校"①。

学术自由是以大学自治为制度基础的，几个世纪的博弈使大学拥有了相对的教学与科研领域的自治权。爱德华·希尔斯指出："大学自治是指大学作为一个法人团体享有不受国家、教会及任何其他官方或非官方法人团体和任何个人，如统治者、政治家、政府官员、宣传人员或企业主干预的自由，它是大学成员的自由。这些成员以代表的资格而非作为个人来决定大学自身的管理。"②学术自由、大学自治源于大学对高深学问研究本质的必然的要求，为了追求真理、理想，实现学术目标，履行学术责任，大学应该免受包括政府在内的社会外部的不合理干扰。

中国的"学术自由"思想由来已久，如书院的自由讲学传统。春秋战国时期，学派林立，诸子百家争鸣，学术研究自由开放。汉

---

①【德】雅斯贝尔斯：《什么是教育》，三联书店1991年版，第139—140页。
②高晓清：《自由，大学理念的回归与重构》，华东师范大学2003年版，第19页。

朝董仲舒"罢黜百家,独尊儒术"。到了唐宋,文化教育繁荣,文化多元发展,学者自由论争。明清时期,由于高度集权的封建专制,以及苛法严刑,使得大学成了政府的附属机关,桎梏了学术思想的发展。大学不具有独立地位,大学管理从属于封建政治统治。清末近代大学都是由封建统治者举办,并直接受朝廷官吏管辖。大学办学完全由政府制定颁布,大学所授的学科、课程由政府规定,大学教师的选任也由政府决定,大学自身在内部管理没有决定权。①至晚清,王国维大胆提出了"学术独立"的主张。梁启超、冯友兰、陈寅恪等大师提出"学术独立"、"思想自由"的观点,为中国现代的学术自由思想奠定了一定的思想和理论基础。

在中国近现代史上,真正使"学术自由"在中国大学中得以推行的教育大家,应首推蔡元培先生。蔡元培曾留学德国,深受德国大学学术自由思想的影响。他在1917年担任北京大学校长后,推行学术自由和教授治校,开创了学术自由、思想解放的辉煌时期。他主张大学与政府之间保持独立关系,学术自由,政治势力不得侵入大学教育。在大学与政府之关系上,他主张政府只管经费拨发和行政官员事务,而不应干涉学校内部事务。大学自治应由谁去"治"呢?蔡元培认为应"交由教育家去办"。教学的主导力量是教授,教授一直是"自由之精神、独立之人格"的守护者,既有着对于道义和良心的遵奉,又有着对于学术与真理的追寻。因此,"教授治校"便成为大学必然的选择。

1912年1月9日,教育部成立,并由蔡元培出任教育总长,10月24日教育部颁布了《大学令》。《大学令》规定大学"以教授高深学术、养成硕学闳才、应国家需要"为宗旨。通过容纳不同学术派

---

①别敦荣:《中美大学学术管理》,华中理工大学出版社2000年版,第30页。

别,对高深学问的追求营造学风,由此带来学术自由的氛围。在 21 条有实质性内容的条款里,有关教授治校的就有四条。到 1917 年蔡元培任北大校长后,实施改革,才真正使"教授治校"成为大学管理的主要形式。第一步,组织评议会,让多数教授的代表,议决立法方面的事,评议员从各科学长和教授中选举产生;第二步,组织各门教授会,由各教授与所公举的教授会主任,分任教务;第三步,组织行政会议,把教务以外的事务,均取合议制,并按事务性质,组织各种委员会,来研讨各种事务。

"教授治校"在北大倡行之后,清华大学的教授们也为争取"教授治校"而进行了不懈的斗争。清华的"教授治校"发端于五四运动之后。1931 年 12 月,梅贻琦就任清华大学校长,之后力行依靠教师办学。他大力推行"教授治校"制度,而且赋予教授会、评议会以更加稳固的权力。然而,在中国现代史上,国内政局动荡,使得政治对学术自由不断侵犯。完全受控于政府的大学,无从谈起学术自由。除 20 世纪 20 年代"科玄论战"和抗战时的西南联大值得一提之外,学术自由的亮点并不多,当时的社会背景使得学术自由和大学自治无法在中国大学真正实行。

二、学术自由是相对的

在大学的历史发展历程中,学术自由经历了观念——形式——理念——法律四个主要阶段。当学术自由通过法律条文固定下来后,其受到的限制就越来越具体了。学术自由的法律约束主要体现在宪法和教育基本法对它的含义和范围的规定之上,许多国家也作出具体规范,其中最著名的就是 1819 年美国的达特默斯学院案。①

　　大约在19世纪中期以后,学术自由受到了限制。现今大学必须依赖政府、企业、私人等在资金上的支持,大学对社会经济力量的依赖性越来越强,社会控制的力量也逐渐渗透到大学中来。政府出于统治和管理的需要,如出于维护社会稳定的目的,会控制反对国家或政府的言论,国家或企业作为大学资金的提供者,要求大学在人才培养和科学研究方面为其发展目标服务,这说明大学的教学和研究自由受到越来越多实用目的的限制和约束。

　　如果说对学术自由的争论在20世纪初期是关于是否要对学术自由进行限制,那么在20世纪前半叶争论则向深层次发展,集中在关于学术自由的程度和范围上,主要是关于学者言论与行动关系、言论和责任关系等争论。

　　自由都是相对的,学术自由也不可能是绝对的。那么如何更好地保护学术自由?美国学者埃默森就提出应"划清言论和行动的界限"②。他认为,如果一个教师的言论只是限于课堂讲授、学术研讨等,那么无论他的言论和社会的意识形态、政府的政策等有多大差距,都不应该追究其责任,但如果他不仅有言论还有行动的时候,他就超出了学术自由保护的范围。比如,如果一个教授在大学里"比较不同的社会制度、描述这些差别甚至毁谤当前制度",这应该算作是学术自由的范围,但如果他"煽动学生组成秘密革命集团、实际组织并指导革命活动等"③,他就不受学术自由的保护了。但也有学者提出反对意见。他们认为学者根据自身的专业知

---

①赵婷婷:《大学何为——理想与现实间的冲突及协调》,高等教育出版社2005年版,第87页。
②约翰·S.布鲁贝克:《高等教育哲学》,浙江教育出版社1987年版,第48页。
③约翰·S.布鲁贝克:《高等教育哲学》,浙江教育出版社1987年版,第48页。

识和研究改变社会也是其责任和义务之一,而没有行动的改革是毫无意义的。应该说,在今天的社会,学者的言论和行动分离已经得到普遍的认可,因为任何历史时期和任何社会,对学术自由的规定从没有超越公民权。这正如某学者所断言的那样,"至今尚没有一家法院给予学者普遍的公民权以外的任何特权"①。

权利和责任是对称的,学者在享有学术自由的同时,也应该承担他的责任和义务。这些责任和义务有:"以严格的自我要求和知识分子的诚实来追求知识"、"完整准确地报告其研究成果"、"在公共场合不得以其所在学校代表的身份发表言论"、应自我约束、在生活上要为人师表等等。②这就是大学学者的学术道德和职业道德。

20世纪中期以后,美国的泛美教授会(AAUP)提出了三A原则,即学术自由(Academic Freedom)、学术自治(Academic Autonomy)、学术中立(Academic Neutrality)(简称三A)。1915年,AAUP在成立之际,提出了《关于学术自由和教授任期的原则声明》,其中对学术自由做了内容宽泛的规定,包括"允许学者追求学术研究而不管研究将导向何处的自由;与研究生一起探索深奥的和有争议的思想观点的自由"等,并声称,"如果不在最大程度上承认和实行学术自由的原则,大学就不能履行其三重职能"③。但是,这一声明并没有得到社会的重视和响应,直到杜威等人在学术自由后面加上学术中立以后才得到社会的承认。1940年,AAUP联合发表

---

①陈学飞:《美国、德国、法国、日本当代高等教育思想研究》,上海教育出版社1998年版,第94页。

②陈学飞:《美国、德国、法国、日本当代高等教育思想研究》,上海教育出版社1998年版,第94页。

③陈学飞:《美国、德国、法国、日本当代高等教育思想研究》,上海教育出版社1998年版,第93页。

新的声明,指出教师的言论"应该谨慎小心,不要把与学科教学无关的内容引进其课堂教学的讨论"①,教师在敏感问题上应保持中立的态度和立场。此后,学术中立的看法引起了比较大的争论。赞成的人认为,学术上的中立态度可以保证大学不被任何一方的极端派所利用,这可以使大学免于陷入不必要甚至是险恶的政治斗争中去;不赞成的人则认为中立的立场有悖于学术自由的真义,这时的中立等同于沉默,等同于没有观点,有损于人类利益。

学术自由并非无限制,历史传统告诉我们,权利的享有必须以一定的政策或法规作为限制和保障,只有这样学者才能够真正地获得自由。大学作为特殊的社会组织,它的存在必须依赖于社会的政策支持,因为,在强大的外界干预下,仅凭大学的"大学自治和教授治学"无法阻挡各种干扰,从这种意义上说,大学中的自治,对学术领域内的学术活动、学术事务、学术关系等事务进行管理,不能完全排斥政府、社会等外界因素,而必须得到社会的肯定和支持。"学术自由的长久实现必须由社会公共利益的当然代表——国家政府,用具有普遍社会约束力的法律法规保证其强制实施,任何组织和个人(包括国家政府本身)都必须遵守和维护。"②现代社会中,国家的教育法规的健全是学术自由实现的根本保障。

三、学术自由和政府管控

(一)大学学术活动会受到统治阶级的政治干预

首先,统治阶级通过意识形态干预和控制大学学术。统治阶级需要发挥意识形态的价值主导功能,引导社会思想与意识符合

---

① 约翰·S.布鲁贝克:《高等教育哲学》,浙江教育出版社 1987 年版,第 48 页。
② 孔垂谦:"论大学学术自由的制度根基",《江苏高教》2003 年第 2 期,第 15—18 页。

统治阶级利益,维护统治的作用。在前资本主义统治时期,大学受到宗教意识的控制;在资产阶级统治时期,则受政治意识的控制。从科学与神学、学术与政治的斗争中,学术自由经历了理性与信仰、大学与政府的冲突。通过摆脱宗教势力对思想自由的压制,确立了信仰自由的思想;通过防止政治势力、党派政治对学术自由的干扰,确立了教学自由、研究自由的地位。①

在中国,经过汉朝董仲舒的"罢黜百家,独尊儒术"政策后,两千多年的封建社会虽然有过学术争鸣和学术自由(如书院),但都没能形成主流。大学大多时候受政府的强力干预,缺少学术自由。清末近代大学都是由封建统治者举办,朝廷直接管理,大学没有办学自主权。现代也是如此,如国民党的国民政府成立后,当时的国立大学的校长均由国民党和国民政府的高官兼任,教育部长蒋梦麟兼任浙江大学校长,铁道部长孙科兼任交通大学校长,工商次长郑洪年兼任暨南大学校长等,国民党要人兼任国立大学校长有助于国民党政府更有效地控制大学。②

抗战全面爆发后,蒋介石实行独裁统治。针对教育领域的教育独立思潮,他在第三次全国教育会议上指出:"今天我们再不能附和过去误解了许久的教育独立的口号,应该使教育和军事、政治、社会、经济一切事业相贯通。"要求"教育界齐一趋向,集中目标,确确实实为实现三民主义而努力",反对"各逞所见,各行其是"。③在大学里建立训导制度,推行"训教合一"的导师制,并规定

---

① 谢俊:《大学的学术自由及其限度》,西南大学博士论文2010年,第60页。
② 杨克瑞、王凤娥:《政治权力与大学的发展——国际比较的视角》,中国言实出版社2007年版,第265页。
③ 杨克瑞、王凤娥:《政治权力与大学的发展——国际比较的视角》,中国言实出版社2007年版,第268页。

导师的任务是依据训育标准对学生思想行为严密训导,详细记载并报告训导处。对教师在思想和组织上进行审查和控制,并通过"部聘教授"制度限制教授的讲学自由。①政府进一步强化了对大学的管理。推行"一个党、一个主义、一个领袖"的党化教育,主张"教育要建筑在国民党的根本政策之上。要把学校的课程重新改组,使与党义不违背,及与教育学和科学相符合,并能发挥党义和实施党的政策"②。大学的教学和学术研究必须以官方和执政党的意识形态为出发点,将政党意识形态置于大学学术之上。陈立夫担任教育部长时,采取种种措施对大学加强控制,要求统一颁布大学科目,统一课程、教材、考试等。在课程设置上,国民党进一步加强思想专制,大力推行党化教育。1941年前后,国民党当局要求西南联大担任院长以上职务的教授都必须加入国民党,引起了西南联大教授的抵制。③

1949年新中国成立后,高校完全置于政府直接管制。教育宗旨是服务政治与培养专才,"服务无产阶级政治,培养各类专业技术人才"。大学职责带有更多的政治性与工具性。高校自主权扩大的政策一直到改革开放之后才逐渐完善。

(二)政府管理大学的主要手段——法规和财政

大学的学术自由需要法律来保障,政府在运用法律、财政等手段的同时,也在调控大学学术的方向,使其更多符合政府的意志。西方"国家政府或地方政府通过立法、资助、行政等手段,对大学

---

①苗素莲:《中国大学组织特性历史演变研究》,华东师范大学2004年版,第47页。

②宋恩荣等:《中华民国教育法规选编》,江苏教育出版社1990年版,第45页。

③北京大学、清华大学、南开大学、云南师范大学编:《国立西南联合大学史料》第1卷,云南教育出版1998年版,第95页。

自主办学活动起着干预和监督作用。尽管在市场经济国家,政府的干预力求保持在宏观水平上,但它还是为高等学校的自主活动设置了条件,规范了界限,确立了程度,甚至限制了内容"①。如法国1984年的《高等教育法》在承认高等院校享有"法人资格"、"是独立的"同时,又限定这些自主权是在"国家规定的范围内,在遵守自己约定义务的前提下"②。1996年的《高等教育方向指导法》,在赋予教师和研究人员享有教学与科研自由"完全的独立性与充分的言论自由"的同时,又明确规定"要根据大学的传统与本法的规定,以客观和宽容为原则"。③

德国在20世纪七八十年代,国家权力意识开始渗透到大学领域。它强调大学应在国家经济发展中起到应有作用,而不应该总是以纯学术作为大学发展的目的。《德国高等学校总纲》一方面确认大学有教学、科研和学习的自由,另一方面又规定大学要接受政府监督,"一,由州对大学进行法律上的监督……二,关于大学在完成国家任务特别是有关人事管理、经营管理、预算财务管理以及对患者医疗任务方面的问题,还必须规定法律之外的监督。大学在进行教学接纳能力调查以及在确定入学人数的任务时,亦应同样处理"④。

财政对大学学术的调控作用也是显而易见的。如美国二战期间及战后,联邦政府开始了以科研拨款为标志的第二次联邦干预。联邦政府通过了曼哈顿工程和MIT的雷达研究两项重大的决

---

①陈列:《市场经济与高等教育》,人民教育出版社1999年版,第134页。
②国家教育发展与政策研究中心:《发达国家教育改革的动向与趋势》,第236页。
③国家教委编:《外国教育法选编》,人民教育出版社1997年版,第121页。
④国家教育发展与政策研究中心:《发达国家教育改革的动向与趋势》。

议。之后联邦政府为维护联邦政府和民间科研团体的合作而建立一种永恒的机制,又相继产生了一系列重大决议,成立了一系列新的联邦机构,颁布了一系列重大法案,如 1945 年颁布了《退伍军人法案》,1958 年颁布了《国防教育法》,1965 年颁布了《高等教育法》,1968 年颁布了《教育总则法》,1979 年颁布了《联邦教育部组织法》。在相关联邦机构的资助下,大学获得的科研拨款大幅度增加。在联邦政府的强大干预和巨额资助下,大学科研演变为"联邦科研经济",成为一项"国家工业",其科研实力普遍大幅度增长,为美国大学最终取得世界地位奠定了坚实的基础。正如陈列教授所描写的那样:"凡国家主持的种种重大科研项目,如 60 年代的'阿波罗'登月计划、80 年代的'星球大战'计划,都少不了大学及其科学家的参加。有些重要的配套工程,直接在大学实验室里完成。前几年,一些颇具良知的诺贝尔奖得主曾多次联名致信政府,反对'星球大战'计划,然而他们服务的大学在他们反对之时,正争先恐后地结交该计划有关的政府部门,希望参加一些项目以获得科研经费。"① 1945 年的《退伍军人法案》重点是政府对大学人才培养及社会责任的干预,强调"教育公平"和"提高人的能力"。不同于以前的干预方式,这次干预是以资助大学的基础设施建设、提供学生资助和贷款等方式,干预大学的招生政策和教育教学,在实现普遍入学的同时不断提高人才能力培养。

四、大学和政府职责冲突与协调

当今各国政府与大学的关系表现出有限的趋同。如前所述,美、英等国通过法制与财政等手段,加强了对大学的控制。政府和

---

① 陈列:《市场经济与高等教育》,人民教育出版社 1999 年版,第 138 页。

大学之间更多的是合作关系,政府对大学的介入更多的是提供服务和引导,它是一种被动的、有选择的干预,干预寓于服务之中。二战后的英国,政府对大学的干预也在逐渐增强。各国都把大学与国家的发展、经济的腾飞、民族的振兴甚至国防的安危联系在一起。总的来说,国家权力意识在大学中呈现增强的趋势。

中国改革开放之前高等教育管理一直是集权管理。政府集举办、管理者于一身,与高校是一种上下级关系,高校缺少自治权。从20世纪80年代以来,中国政府开展了大学扩大高校自主权的改革。从1980年颁布《中华人民共和国学位条例》以来,已经先后制定了6部教育法律、几十部教育行政法规,以及大量的地方性教育法规和行政规章,特别是1998年《高等教育法》赋予了高校7大自主权。但是自主权的落实和扩大等方面还存在有法难依和权力落实难等问题。如规定高校办学自主权时,没有区分大学、学院、高等专科学校等的差异,针对性不强。对高校办学自主权的规定过于笼统,缺乏具体的解释,可操作性差。政府与高校之间缺乏清晰的权利边界。没有明确高校行使某项权利的法定形式、高校不当行使权利时的制裁方式,以及高校自主权受到非法侵害或干预时的救济途径。①

在权力行使方面,主要是人事和财源受制于政府,所以权力行使有障碍。目前,我国高校校长的任免权仍在政府的手中,大部分经费靠政府提供。一般情况下,校长是听命于政府的。而现实中,教育行政机关往往会通过直接的行政命令或计划等有意无意地侵犯高校依法享有的办学自主权。配套改革没有及时跟进,制约了办学自主权的落实。

---

① 谢俊:《大学的学术自由及其限度》,《西南大学博士论文》,2010年。

政府通过行政手段干预大学自主权,形成对大学自由的强制,会有碍于大学的学术。布鲁贝克深刻指出:"大概没有任何打击比压制学术自由更直接指向高等教育的要害了。我们必须不惜一切代价防止这种威胁。学术自由是学术界的要塞,永远不能放弃。"[1]学术自由除外部势力的干扰外,内部可能会受到大学管理者的干涉。

大学自主要求区别学术与政治。大学教师的学术活动需要足够的自由空间,"学术研究必须仅仅遵从学术的原则来评判,学术成果必须仅仅从学术标准来评判;简单地说,人们必须直面学术本身,一切外在的动机固然有其合理的理由,但是在纯学术活动范围之内,他们应当退避三舍"[2]。中国大学从诞生起,就是政府的附属机构,学术很多时候成为政治的手段。"假如一种学术,只是政治的工具,文明的粉饰,或者为经济所左右,完全为被动的产物,那么这一种学术,就不是真正的学术。因为真正的学术是人类理智和自由精神最高的表现。"[3]大学和大学教师为了学术为了真理的追求,需要区分学术与政治,将高深知识的传承、研究,将真理的探寻作为自身的职责。"学术独立不是要违抗教令,不遵法纪,放弃国民的职责,而只是要在求学的过程中划分政治和学术的界限。……倘使一个学人把学校作为政治活动的地盘,把学生作为政治势力的工具,把学术作为政治企图的幌子,他这样就把学术当作了政治的附庸,而毁灭了学术的尊严独立。倘使他的心力用于政治活动上多于他用在学术工作上,他虽未必因此牺牲了

---

[1] 约翰·S.布鲁贝克著,王承绪等译:《高等教育哲学》,浙江教育出版社 1987 年版,第 55 页。
[2] 韩水法:《大学与学术》,北京大学出版社 2008 年版,第 56 页。
[3] 贺麟:《学术与政治》,杨东平编:《大学精神》,辽海出版社 2000 年版,第 142 页。

学术的独立,但是他已经犯了喧宾夺主的错误,也不足称为一个忠实的学术工作者。"①

学术自由原则已被广泛认可、接受并实践,学术自由的实现也需要政府的支持,如法律对大学自主权的保证及财政上的支持。某种意义上说,政府的管理、协调和干预是大学健康和可持续发展的保障,它并不一定都对大学的学术自由和自治造成不利影响。但政府和大学的目标并不总是完全一致。政府追求的社会公众利益、国家利益,有时是为了统治阶级的需要和执政的政治需要,它的期望可能会与大学的学术思维相冲突。因此如何协调两者的关系成为大学一个重要课题。博克指出:"就大学要求对教育事务拥有学校自治权和政府有义务维护公众利益而言,该采用什么样的指导原则才可能调和这二者之间的关系,是一项艰巨的任务。"②

对中国的大学而言尤其如此,大学长期附属于政府机构,行政主导学术的问题长期存在。原武汉大学校长刘经南认为,中国大学行政化很严重,"因为我们的大学主要是由政府统一管理的,而我们的政府是强势的政府,资源分配和高校管理模式决策权都在政府手上,政府管理过程主要是靠行政手段,高校的管理方式不得不和政府对接。……中国大学里的职能可以说都是政府职能的某种延续,是政府管理的某种延续,我们大学像个社会,你说大学管理能不行政化吗?"大学行政化倾向的最大危害在于学术与权力、利益结合在一起,非改不行。

学术自由是高校教师基本的和最重要的权利,政府和高校有

---

① 张忠栋等主编:《教育独立与学术自由》,唐山出版社1999年版,第70—71页。

② 【美】德里克·博克著,徐小洲译:《走出象牙塔——现代大学的社会责任》,浙江教育出版社2001年版,第58页。

责任去维护。在学术自由和公共利益关系上,既不能片面追求学术自由而忘记自己的社会责任忽视公共利益,也不能只强调公共利益而侵犯学术自由。20世纪80年代改革开放之后,学术共同体的权力也几乎被行政和市场两股力量所垄断。加上根深蒂固的传统文化和缺乏西方大学为争取学术自由而不惜与一切非学术势力相抗争的魄力,可以说,要保持大学的相对独立性、争取学术自由,在政治、市场与学术理想中获得平衡,中国大学的未来之路还比较艰难。

第二节　大学社会责任冲突之教学与科研

教学与科研关系争议已久。如果从洪堡、纽曼算起,争论已有两百年的历史。教学与科研是大学两种最为基本的职责,教学与科研关系的协调与否决定大学的功能能否发挥及职责履行。

一、教学与科研关系的递进

教学育人是大学的首要责任,而科研进入大学,最初是以促进教学为目的而产生的,即洪堡所谓的"教学与科研相统一"。19世纪初,德国的亚历山大·冯·洪堡以新人文主义思想为指导创办了柏林大学,并率先提出了"教学与科研相统一"的观点,这种科研是探索"纯科学"的过程,它是与教学统一的,科研自然地促进教育教学。洪堡认为,大学教授的主要任务并不在于教,而在于诱导学生产生研究兴趣,再进一步去指导并帮助学生做研究工作,学生则需要独立地自己去从事研究。①此时,"教授的作用在于把科研和教学结合起来——科研活动十分恰当地成为一种教学模式;学生的作用就是把科研和学习结合起来——科研活动变成了一种学习模式。因此,科研使教授和学生定向,把教学和学习合拢起来成为促进知识的一个无缝承诺之网,铸成了一个紧密的科研—教学—学习联结体"②。教学和科研相统一的原则从此得以确立。

科研的进入扩展了大学所拥有的知识边界,使大学活力无限。随着大学与社会关系的日益密切,科研在大学中的地位越来越重要。③在大学,教学、科研构成了其所有活动的基础。伯顿·克拉克(Burton R. Clark)说:"现代大学教育中,没有任何问题比教学与科研之间的关系更为根本。"④在20世纪六七十年代之前,大学是小规模的精英教育,教学与科研的结合较容易。之后,随着高等教育大众化的到来,高等教育发生了很多根本性变化,这些变化正在向教学与科研的统一提出挑战。正如斯科特(Peterscott)所言,"高等教育体系大众化所产生的这些新环境在一般和特殊两个层面上都对高等教育形成了影响。在一般层面上,它们影响大学作为一种知识机构的状况;在特殊层面上,它们影响教学和科研的具体实践"⑤。

---

① 郭为藩:《转变中的大学:传统、议题与前景》,北京大学出版社2006年版,第14—16页。

② 伯顿·克拉克著,王承绪译:《探究的场所:现代大学的科研和研究生教育》,浙江教育出版社2001年版,第10—15页。

③ 吴洪富:《大学场域变迁中的教学与科研关系》,《华中科技大学博士论文》,2011年。

④ Clark B. (1997). The modern integration of research activities with teaching and learning. Journal of High Education, 68(3):241—255页。

⑤ scott, P (1995). The menaling of Mass Higher education, p154, Buekingharn: The society for Researeh into Higher Edueation & Open University Press.

教学与科研关系的问题最为突出的表现就是,大学纷纷出现了忽视本科教育而重视科研产出的倾向。芝加哥大学校长威廉·哈珀甚至明确提出教师等级和工资的提升主要取决于其研究能力。从此,"要么出版,要么死亡(publish or perish)",逐渐成为支配研究型大学及其教师工作的信条。德国学者颇有感慨地指出:"从严格传统的意义上坚持研究和教学统一的原则已经不存在了。"①用时任卡内基基金会主席的欧内斯特·博耶的话来说,"这种(研究与教学)偏差在我们所使用的语言里也能看得出来:我们把研究看成是'机会',而把教学看成是'负担'"②。这种"重科研轻教学"的问题,在中国似乎更为明显。

20世纪以来的大学奉行学术资本主义,它们与社会关系紧密,是以知识的商业化、资本化为特征的,知识更多的是功利诉求。教学与科研从相互促进、相互统一逐步成为彼此独立的活动。大学教学被更具功利价值或功利价值潜力的科研所压制,大学普遍呈现"重科研轻教学"的局面。

二、教学与科研复杂多元的关系

对教学和科研的关系(主要是本科阶段),国内学术界长期以来的观点是认为两者是相互促进的。而众多研究表明,教学与科研关系复杂、多元。而在20世纪70年代,就有学者敏锐地洞察到了大学教学和科研之间正在出现的紧张、竞争态势:美国学者Harry和Goldner在20世纪60年代末期的一项实证研究中表明,

---

① 刘念才、周玲主编:《面向创新型国家的研究型大学建设研究》,中国人民大学出版社2007年版,第213—214页。
② 欧内斯特·博耶:《关于美国教育改革的演讲》,教育科学出版社2002年版,第78页。

大学的教学和科研之间存在零相关(null relationship)[①]。美国当代著名高等教育学者伯顿·克拉克发现,从20世纪80年代到90年代初期,高等教育领域的研究者们开始质疑长期以来在学术界占主流地位的教学和科研相互促进、相互融合的观点。[②]

美国学者Michalak和Friedrich在20世纪70年代,以美国一所注重教学、声誉卓著,同时又十分强调科研的小型文科学院为个案,以5年的时间为研究周期,以学院86名教师为研究对象,探讨教学效果和科研成就之间的关系问题。研究者发现在二者之间存在弱相关,即那些科研成果突出的教师在教学上也相对会表现好一些。同时,随着教师职称的上升,二者之间的关系会变得越来越弱。[③]

美国学者Fox于1992年就教学和科研的关系问题,对美国高校社会科学领域(经济学、政治学、心理学和社会学)的两千多位教师进行了调查,该研究表明在教学和科研之间存在一定的紧张(strain)关系,那些科研成果突出的教师把大部分的时间和精力都花在了科研上面,他们承担了较少的教学任务,很少和学生接触交流,很少花时间备课,他们认为科研比教学重要得多。因此,研究者认为教学和科研并不像人们过去认为的那样是一致的活动,两者之间存在着许多不一致。特别对于学术生产力而言,二者之间存在竞争(而不是互补)的关系。[④]

---

① Harry J, Goldner N S. The NullRelationship Between Teaching and Research [J]. Sociology of Education, 1972, 45:47—60页。

② Clark B R. the Modern Integration of Research activities with Teaching and Learning[J]. The Jou rnal ofH igh er Educat ion, 1997, 68(3):241。

③ Michalak S J, Friedrich R J. Research Product ivity and Teaching Effectiveness at a Small Liberal Arts College [J]. The Journal of Higher Education, 1981, 52(6):578—597页。

④ Fox M F. Research, Teaching, and Publication Productivity: Mutuality versus Competition in Academia[J]. Sociology of Education, 1992, 65:293—305页。

美国学者 Hattie 和澳大利亚学者 Marsh 于 1996 年对教学和科研关系的已有研究文献进行了元分析,总结出了已有研究所呈现的教学和科研之间的两类正相关关系、三类负相关关系和三类零相关关系。

两类正相关关系:Hattie 和 Marsh 将之总结为(1)"传统的智慧模型":人们总是理所当然地认为大学中教学与科研的共生与互促是显而易见的,Halsey 在 1992 年的一项研究表明,90%的被调查者都认为教学和科研对于一位优秀的大学教师同等重要。即使如此,二者之间的影响并不是一种对等的关系,绝大部分研究者都同意科研可以促进教学,但教学对科研的影响却相对较弱。(2)"G 模型":这种观点认为无论是对于教学还是科研而言,对于教师能力的要求都有许多的共同之处。

三类负相关关系:(1)Hattie 和 Marsh 将第一类负相关关系称为"缺乏模型",即由于教师个体时间、精力和关注点(commitmen)的有限性,在一方面的投入必然会影响到在另一方面的投入,教师很难在二者之间同时做到最好。另外,Hattie 和 Marsh 总结前人的研究还发现,教师在科研上所花费的时间是和科研成果成正相关的,但还没有研究数据表明美国大学的教学和科研存在互补[1];伯顿·克拉克基于自己对美国大学多年的实地调查和研究,于 1987 年描述了当时美国大学中教学和科研日益分离的现状:"知识的生产和创造者们俨然是大学中声望卓著的优等公民,而那些整日奔波于本科教学的知识传授者则明显地处于劣势地位。因

---

[1] Fox M F. Research, Teaching, and Publication Productivity: Mutuality versus Competition in Academia [J]. Sociology of Education, 1992, 65: 293-305 页。

此,大学的学术生活必须进行重构。"①如果说在大学发展的历程中曾经出现过教学和科研同等重要、和谐共生的美好过去,那么到了20世纪末期,特别是进入21世纪之后,这种曾经的和谐已经不再。教师在教学上的时间花费和教学效果存在正相关。(2)第二类为"不同个性模型",研究者认为教学和科研作为两种非常不同的活动,对教师的个性要求会有差异,而同时具备两种特质的教师少之又少。(3)第三类为"不同激励系统模型",研究者认为无论是对于教师个体的内在动机,还是对于外在的院校奖励机制而言,二者都存在很大的差异。

三类零相关关系:(1)"不同事业模型":创造知识和传播知识是两类非常不同的事业,因此二者之间难以交叉。(2)"不相关的个性模型":与上面提到的"不同个性模型"一样,二者所需要的个性之间很难有共通之处,研究者需要独立、开拓、坚强的毅力、创造性和成就导向的个性,而教师需要平易近人、宽容、擅长沟通并富有同情心。(3)"不同的院校资助模式":现实中许多院校在教学和科研的资助方面是分开进行的。

在以上总结和分析的基础上,Hattie 和 Marsh 选择了 58 项已有研究进行元分析,他们的研究结果表明,在教学和科研之间存在弱的正相关(+0.06)。那么,哪些因素影响了教学与科研的关系?Marsh 于 1979 年提出了一个关于教学和科研的"不同变量模型",初步描述了影响二者之间关系的若干变量及其相互关系:有两类主要变量在影响二者的关系——激励(动机)和时间。教师所具有的教学能力和科研能力之间存在正相关;教师在科研上所花费的时间和在教学上花费的时间存在负相关,但同时会受到内部动机

---

① Gottlieb E E, Keith B. The academic research -teaching nexus ineight advanced - industrialized countries[J], Higher Education, 1997, 34: 397—420 页。

和外部奖励机制的影响;教师花在研究上的时间与研究的成果正相关,但教师花在教学上的时间与教学效果不存在明显相关;教师的科研成果和教学效果会同时受到教师能力和时间付出的影响,科研成果和教学效果之间是弱相关或零相关的关系;作为奖励的调节变量通常是直接影响教师在教学或科研上的时间付出,而对科研和教学之间的关系产生影响。①

在影响教学与科研关系的复杂因素中,有许多学者发现不同性质学科、不同成熟度学科之间的差异:Feldman1987年的研究发现,人文科学领域的相关性为0.22,社会科学领域的相关性为0.2,而自然科学领域的相关性为0.05;Hattie和Marsh的研究结果为:人文科学0.07,社会科学0.1,自然科学为零。②可看出在自然科学领域本科教学与科研难以融合。Colbeck的研究表明:越是范式一致性高的"硬学科",越不太认同教学与科研相互促进的观念。③

有观点认为教学与科研之间是一种非线性的关系。这种观点认为教学与科研关系的本质特征应该具有多元性、非直线性、不确定性和因果关系等等。也就是说,教学与科研的关系并不是确定无疑的,而是变动的;不是单一的,而是多样的;不是能够简单设计的,而是一种超复杂的结构。④

---

① Hattie J,MarshH W.The Relationship Between Research and Teaching:A Meta- Analysis[J]. Review of Educational Research,1996,66(4):507—542页。

②MarshH W,Hattie J. The Relation between Research Productivity and Teaching Effectiveness: Complementary, Antagonistic, orIndependent Constructs? [J].the Journal of Higher Education,2002,73(5):603—641页。

③Colbeck C L. Merging in a Seamless Blend:How Faculty Integrate Teaching and Research[J].The Journal of Higher Education,1998,69(6):647—671页。

④刘献君、吴洪富:"非线性视域下的大学教学与科研关系",《高等工程教育研究》2010年第5期,第77—87页。

泰勒(John Taylor)运用比较的方法,研究了英格兰和瑞典四所大学教学与科研的关系。作者发现,教师们基本认为二者有明显的联结关系,但二者间存在冲突,教学和科研在时间和资源上相互竞争。教师也并没有有意地加强二者之间无缝的、结合为一体的、互惠关系的努力。①雷斯特等人(Leisyte,L.,etal.)对英格兰和新爱尔兰大学进行了访谈,发现很多教师感受到教学科研的积极关系。但科研时间与教学时间存在竞争,导致职责冲突。这是由于组织环境包括内部政策运用奖励和惩罚的制度和人事政策的影响。几乎所有的学术人员都看到二者的分离,这是他们不愿意看到的。教师承受着这种紧张关系。②国内有学者的研究也发现,我国大学由于存在对"一流"目标的盲目追求,以及教师评价考核机制和教学管理方式等方面的制度问题,已经导致教师背离了"教学与科研相统一"的信念。③

三、教学科研冲突的主要原因

有研究认为教学与科研是相互冲突的活动,而不是互补和同时开展的活动。这种观点的理由有:(1)教学和科研具有不同的期望和义务。考虑到教师的倾向和投入,两种角色被认为是"持久的紧张"(constant tension),是一种"不稳定的劳动分工"(an uneasy

---

① Tayor.J.(2008).the teaching-Research Nexus and theimportance of context:Acomparative study of England andSweden.Comparative Education,38(1):53—69页。

② Leisyte,L.,Enders.J.andBoerH.D (2009).The balanee between teaching and research in Duteh and English universities in the eontext of university governance reforms,High education,58(5):619—635页。

③ 张俊超、吴洪富:"变革人学组织制度,改善教学与科研关系",《中国地质人学学报(社会科学版)》2009年第5期,第119—124页。

division or labor)①,是一系列彼此"矛盾"(atodds)的活动。②(2)教学和科研由具有不同智力特征的人完成。卡滕(cutten,G)认为科研和教学是"具有不同智力特征的人所做的工作,并且一个并不能自然导致另外一个……"③(3)教学和科研的冲突源自大学内部的激励机制。马丁和伯里(Martin and Berry,1969)、萨姆柏尔(Sample,1972)、科里莫(Crirnmel,1954)等坚持认为由于两种活动内在的冲突,这种冲突来源于大学组织天生的激励机制,它更重视科研而不是教学,④所以不存在连接。(4)教学与科研的冲突由外因造成。以上观点都认为教学与科研之间的冲突是内在冲突,无论是教学与科研本身性质的、教师自身的还是组织自身的。但是,特恩斯(Tums)认为这种冲突不是内在的而是外因造成的。他认为教师进行教学和科研的动机是同样强烈的,但是,大量增加的科研项目和随之相联系的声誉可能会造成与教学的冲突,尤其是并没有同样多的声誉与教学相联。⑤

在教师教学与科研关系问题上,基于理性选择,很多学者从晋升、工资收入、社会声望等各方面分析教学、科研所带来的利益,进而解释教师"重科研轻教学"。晋升被认为是影响教师行为的主要因素。而布莱克顿等人(Braxton,etal)的研究表明,绝大多数高校

---

① clark,s.(1986).The academic profession and career:Perspectives and problems, Teaching sociology,]4(1):24—34页。

② Ladd,E.C.(1979).The work expedence of American College professors,Current Issuesin Higher Education,22:135—154页。

③ Harry,J.,and Goldner,N.S.(1972).The null1relation ship between teaching and researeh,Sociology of Eduearion,45(1):47—60页

④ 引自 Neumann,R.(1996).Researching the teaching-research nexus:acritical review,Australia.Journal of Education,40(1):5—18页。

⑤ turns,S.R.(1991).Faculty research and teacningesaview from the trenches.Engineering Education,81(1):23—25页。

在教师晋升和授予终身教授资格上更为看重的是教师的著述数量、质量和其他形式的学术活动,而非教师的教学质量或者社会服务情况。①费尔韦瑟的研究表明,作为对教师奖励的另一种重要形式——教师工资,同样是强调科研的。他发现,"美国各类大学更为注重教师的科研工作及科研生产率,科研产出高的教师比教学工作量重的教师受到更多的工资激励,这种状况普遍存在,与大学的办学宗旨和办学重点无关,与调查中发现的大学系主任如何看待教学和科研的重要性也无关"②。由于在晋升、收入和声望等方面的差异,科研能给教师带来更多的利益,教师才更偏向于科研。理性选择就是教师在处理教学与科研关系时的行动逻辑。

四、如何促进教学与科研的融合

伯顿·克拉克于1997年提出了"教学—科学—学习"关系的新视角,克拉克认为科学研究可以很好地为教学和学习服务,即在学校教育中倡导一种探究的模式。具体方法为,在大学中开展研究性教学,将教师的科研活动、教学活动和学生的学习活动有机融合。③Hattie和Marsh认为应该从改变大学的教学方式入手,同时让最好的研究者承担各个年级的本科教学;院校要确保教学奖励和科研奖励在教师聘任和晋升时有平等的效力,并建立教师对

---

① 【美】詹姆斯·费尔韦瑟:"论全球化背景下的大学知名度、学术研究及大学教学的相互关系",《北京大学教育评论》2009年第1期,第2—15页。
② 【美】詹姆斯·费尔韦瑟:"论全球化背景下的人学知名度、学术研究及大学教学的相互关系",《北京大学教育评论》2009年第1期,第2—15页。
③ Clark B R. the Modern Integration of Research activities withTeaching and Learning[J].The Journal ofHigher Education,1997,68(3):241—255页。

教学的职责评价体系,还要培养更多的学者型教师。①美国学者Prince 等提出了促进教学和科研融合的三大策略:(1)将研究带入大学的课堂(从教学内容方面,教师应不断地将自己最新的研究成果带进本科生课堂,从教学过程而言,应改进大学的教学方法,大力提倡研究性教学);(2)推动本科生科研项目;(3)对"学问"进行重新界定(将学习/教学研究也作为一种学术科研来对待)。②

"如果把研究看成是大学唯一的、决定性的使命,没有一所大学是真正的巨型研究型大学。除非将研究的严谨和精深与源于宏大的本科教学之中的喜悦和宽泛兼顾起来。"③因此,即使是从学术和研究的角度,本科教学也是研究型大学使命的核心。本科教学培养了研究型大学的学术传人,大学的学术血脉因此才得以继承。如密歇根大学第 11 任校长詹姆斯·杜德斯达所言:"任何杰出的学术机构的基础都是它的本科学院。人们会很好地说明这样的事实,即本科生教育和源于此的学术学科构成了学术的心脏,构成了我们大学的学术核心,经过一段时间,它们将决定大学的声望以及大学在专业、科研和社会服务方面的实力"④。

其次,根据博耶对大学学术的理解,学术包含了探究的学术、整合的学术、应用的学术和教学的学术,教学本身就是研究型大

---

① Hattie J, Marsh H W.The Relationship Between Research and Teaching: A Meta-Analysis[J].Review of Educational Research, 1996,66(4):507—542.

② Prince M J, Felder R M, Brent R.Does Faculty Research Improve Undergraduate Teaching? An Analysis of Existing and Potential Synergies [J].Journal of Engineering Education,2007,96(4):283—294.资料来源:梁林梅:"国外关于本科教学与科研关系的探析",《江苏高教》2010 年第 3 期。

③ 大卫·沃德:《令人骄傲的传统与充满挑战的未来》,清华大学出版社,2007年版,第 178—179 页。

④ 詹姆斯·杜德斯达:《21 世纪的大学》,北京大学出版社 2005 年版,第 67—68 页。

学重要的学术形式,并为大学学术提供了坚实的基础,"没有教学的支撑,学术的发展将难以为继。"①

再次,本科教学能够激发师生的研究灵感,促进教学相长。"本科教学中的转化、综合和师生分享学术激情提醒学者和科学家,他们的工作为什么以及怎样在更广阔的领域显示意义。本科教学最大乐趣在于可以经常看到伟大的人类发现起始于课堂内最初的研究行为,这是新视野、新见识和新观念萌发的前奏。见证并鼓励本科生探索和发现,是学院和大学最重要的工作优势之一。"②因此,本科教学"是一种有效的教学方法,能使学生受益匪浅;教授们还是最大的受益者,因为他们的研究兴趣借此机会能够得以激发和改变"③。

素有"智慧金字塔"、"科学摇篮"的伯克利加州大学,在田长霖校长主政的1990年至1997年期间,开始注重本科教学尤其是低年级课程的教学。学校将最有名的、最有经验的大牌教授安排教授一、二年级的课,几乎所有得过诺贝尔奖的教授都要教一年级的课,有时更组织一群名教授以群体教学的方法授课,田长霖本人也为一年级学生开设了一门人文学科课程④。尼尔·陆登庭在1992年任哈佛大学校长后,要求学校著名的教授都要参与本科教学,为学生创造独特的学习机会。哈佛学院是哈佛大学的本科生

---

①欧内斯特·博耶:《关于美国教育改革的演讲》,教育科学出版社2002年版,第78页。

②大卫·沃德:《令人骄傲的传统与充满挑战的未来》清华大学出版社2007年版,第174页。

③弗兰克·罗德斯:《创造未来:美国大学的作用》,清华大学出版社2007年版,第27页。

④教育部教育管理信息中心:"美国伯克利加大校长田长霖访问记",《世界教育信息》,1991年第3期,第14页。

学院,学院专门设立了一种五年期的教授职位,提供丰厚薪酬,专门延聘资深教授为本科生上课。在芝加哥大学,许多资深教授为本科生设计核心课程计划,40%以上的拥有终身教职的教授参与了相关课程的教学。在康奈尔大学,"明星教授"和其他教职人员一样,都必须承担本科生的教学工作,如,物理系有7位教授是国家科学院院士,有两名诺贝尔奖获得者,而他们一半的教学工作是面向本科生的。①

为了鼓励优秀教师投身本科教学,绝大多数研究型大学都建立了有效的教师激励机制,包括在教师职称提升和聘用终身教授时,考虑本科教学因素以及以其他奖励方式。美国研究型大学本科教育委员会在2001年发表的《重建大学本科教育:博耶报告三年回顾》报告表明:35%的研究型大学在考虑教师晋升和获得终身教职时,从事本科教学情况是一个重要影响因素。②

近年来,几乎所有的研究型大学都为本科教学设立了专门奖项,如,麻省理工学院(MIT)设立了学校级别的"埃福雷特·摩尔·贝克杰出本科教学纪念奖";哈佛大学为优秀教师设立了"约瑟夫·利文森纪念教学奖",为年轻的副教授或助理教授设立了"罗斯林·艾布莱姆森奖";耶鲁大学为本科教学卓越的教师设立了"耶鲁学院杰出本科教学奖"等等。此外,卡内基基金会坚持每年设立"全美年度教授奖"(U.S.Professors of the Year Award),授予在全国范围内各类教育机构中有着卓越教学成效的教授;一些州教育机构也为本地区教学工作做出突出贡献的教师授予"州年度教

---

①弗兰克·罗德斯:《创造未来:美国大学的作用》,清华大学出版社2007年版,第85页。

②The Boyer Commission on Educating Undergraduates in the Research University. Reinventing Undergraduate Education: ThreeYears After the Boyer Report.http://dspace.sunyconnect.suny.edu/handle/1951/26013.24.

师奖",到 2008 年,美国有 44 个州以及哥伦比亚地区、关岛地区都设立了此奖项①。

由于科研和教学所带来的回报的巨大差异,研究型大学的教师致力于本科教学,有限的物质奖励显然是不够的,更多的需要依靠教师的奉献精神和职业良心。罗德斯校长认为,研究型大学的本科教学是教师的一项道德职业,"成功的教学需要的不仅是知识,还包括献身精神"②。为激励教师投身这一道德职业,并提高教师的责任意识和自我约束力,罗德斯还拟定了"研究型大学教授的苏格拉底式誓言",这一誓言要求教师承诺:"……我将教学视为一项道德职业。我将研究和学术事业视为公众的一种责任,并且接受这项职务所带来的社会义务。为了履行我的义务,我将对教学与研究投入同样持久、具有想象力的、严格的努力……当执行这些任务时,我承认教学、研究和公众服务是大学中每一个教师的职责;必须平衡地履行这些职责;当对这些职责的重要性进行比较的时候,教学应该是大学的核心使命。"③同时他还设想将这一宣誓变成大学每年的开学典礼上一个公开的、正式的、全校范围的仪式,每个新录用的教师都要进行宣誓。"采取这个誓言将会提高教师的视野和提升教学的标准。它将重新点起这个共同体的活力和希望。"④

---

① http://www.carnegiefoundation.org/programs/index.asp?key=27.
② 弗兰克·罗德斯:《创造未来:美国大学的作用》,清华大学出版社 2007 年版,第 19 页。
③ 弗兰克·罗德斯:《创造未来:美国大学的作用》,清华大学出版社 2007 年版,第 191 页。
④ 潘金林,龚放:"本科教学:研究型大学的核心使命——'大学之道'在美国研究型大学的回归",《中国大学教学》2010 年第 2 期,第 94 页。

第三节 大学社会责任冲突之基础研究与技术应用

现代经济中,国家的竞争优势主要取决于其创新、开发新产品和提供服务的能力。科学发展史表明,科学发展水平主要取决于基础科学水平,而基础科学研究的水平又取决于大学科研水平,大学一直在为整个社会的发展和时代的进步提供着根本的基础知识支撑和应用知识服务。

一、大学是基础科学研究的主力军

基础研究以深刻认识自然现象,揭示自然规律,获取新知识、新原理、新方法和培养高素质创新人才等为基本使命,是实现科技自主创新的基础,是高新技术发展的重要源泉,是培育创新人才的摇篮,是建设先进文化的基础,是未来科学和技术发展的内在动力。[①]基础研究是高能的知识储备,它为应用与开发研究提供理论基础。对一个国家来说,发展基础研究的意义更加重大。大学,特别是高水平研究型大学,是基础研究的核心主体。

1981年,由包括美国在内的24个主要发达国家组成的"经济合作和发展组织"在其出版的《大学未来研究》一书中,谈到了大学在国家的科学研究、教育及经济和社会发展等方面的多重任务和职能,充分表明了其开展基础研究的必要性和重要性。高校具有科学研究尤其是基础研究的独特优势,它学科门类齐全、高智

---

①《国家中长期科学和技术发展规划纲要(2006—2020)》,2006年。

能高知识人才密集、实验室图书情报等配套条件齐备,这些其他组织不具备的综合优势,决定了其应该也能够成为国家基础科学研究的主要基地。据有关资料显示,全世界的大学获得4大诺贝尔科学奖的人次占同期诺贝尔科学奖获奖总人次的3/4,高校作为第一作者单位在《Nature》和《Science》上发表的论文,占同期论文总数的 2/3,如果包括大学作为参与单位的论文则占总数的 80%。我国也不例外,从近几年承担的科研任务和取得的成果以及所拥有的国家级科研基地数量来看,高校尤其是高水平的研究型大学已经成为原创性基础研究活动的主力军。

二、基础研究和应用研究的不同特点

大学基础研究和应用研究有各自不同的研究内容与研究重点,基础研究的本质是揭示客观世界的运动规律,是人类对客观世界基本规律所开展的纯科学研究活动,它不在于其成果的实用性,而在于其精神价值,其研究活动受知识和真理探究的学术精神所驱动。大学的应用研究则不然,它面向市场、面向社会,考虑的是市场的需要、技术的实用性和技术的应用价值。

尽管如此,大学的基础研究和应用研究并不是彼此割裂、互不相关,而是相互促进、相互渗透的。基础研究最终是要服务于社会,推动社会的发展,它是应用研究的理论基础;而应用研究是把知识、技术转化为生产力服务于社会,应用研究的创新和不断发展是以基础研究为源泉的。当今科学技术发展迅速,基础研究成果移植到应用研究,为发展研究提供新技术的周期日益缩短,且科学与技术、基础研究与应用研究之间的界限越来越模糊。出于大学的作用地位和社会经济发展的需要,社会对大学的希冀和干预也越来越多。在 18 世纪以前,研究的目的基本上是纯理智的基础研究,但从18世纪中后期开始,为了实际利益所进行的应用和开发研究逐渐为人们所重视,也由于基础研究在经济发展中的重要性,因此基础研究也被赋予了某种实用的目的,于是,那种有明显目标定向性的以发现新原理、新方法、新规律为目的的基础研究,被称为"引导性基础研究"(Directed Basic Research),以区别于早期的那种无明显应用背景,以探索未知、认识自然为主要目的的"探索性基础研究"。①

三、大学应用科学研究的必然及与基础研究的协调

冷战结束后,美国等国的冷战思维范式逐渐被"竞争力"思维范式取代,政府开始关注本国在国际市场上的竞争力,进而把营造技术创新环境作为政策重点。为提高技术的创造和应用能力,提升国家竞争力,美国国会于1989年通过了《国家竞争力技术转移法》,认为"创新和具有商业价值的技术的快速运用在提升市场竞争力中扮演着极其重要的角色","联邦实验室(包括大学管理的联邦实验室)和研究型大学等公共研究机构,具有各种卓越的高级技术研发能力,具有高技能的科学家、工程师和技术人员,这些人员对提高美国产业的国际竞争力具有重要意义"。21世纪,创新潮涨,出现了系列创新战略报告,如《新一轮美国创新》、《维护国家创新生态系统:保持美国科学和工程能力之实力的报告》、《创新美国:在挑战和变革的世界中达至繁荣》、《美国竞争力计划——在创新中领导世界》和《美国竞争法》等。这些创新战略报告,都特别强调了通过大学技术转移促进国家创新,提高竞争力的作用。2004年国家科学技术委员会(NSTC)在其《为了21世纪

---

① ExploratoryBasicResearch,方世杰:《基础研究白皮书》,《科技发展政策报导》1997年第11期。

的科学》报告中,就科学知识转移的政策提出:为支持国家创新系统,促进经济发展,改善人民生活质量,联邦科学政策应鼓励公、私各利益者参与联邦研究机构的持久性对话,使联邦支持的科学项目服务于广大人民利益;建立产业、学术、政府三螺旋伙伴关系,加速科学研究成果转移。

在这种背景下,大学职能势必会发生变化。20世纪80年代伊始,"大学管理及发展不断受到市场化浪潮的冲击,这种以经济价值为导向的市场化行为,对大学的职能模式发生了深远的影响"[①]。大学除传统的知识传播外,还承担起知识生产和应用职能,即推广新思想、新学说、新发明并使之成为整个社会的财富。大学直接参与市场服务社会的方式,从商业咨询、技术转让、与产业界的合作研发到衍生企业等不断增加。在世界范围内,具有不同学术背景和国家文化传统的大学,都趋向于从"象牙塔"变成具有企业性质的机构。美国许多著名大学的研究所和实验室都承接了国家各部门以及企业的重要项目。英国政府也逐步改变20世纪90年代以前大学不把技术开发工作放在重要位置的观念,开始重视大学教授和企业的合作,并将其作为考核、评估教授业绩的一项内容:英国高等教育拨款委员会将大学从企业获得经费列入评估一项大学的内容。加拿大的大学以及欧共体的大多数国家都积极支持大学建立衍生公司。中国大学也不例外,大学与工业界建立了密切的联系,这为大学和教师带来了额外的收入。

适应和满足市场的需求,促进技术成果的应用已成为大学科学研究的必然,但技术转移活动不应偏离大学的教学和科研的基本使命。从科学研究职责来说,大学的科学研究如果过于集中在

[①] 别敦荣、郭冬生:"'象牙之塔'与'无形之手':大学市场化矛盾解析",《江苏高教》2001年第5期,第21—24页。

技术应用开发研究方面,会淡化大学作为知识和学术研究中心的价值。①目前我国高校出现了一种扬应用抑基础的急功近利倾向,因为基础研究是纯科学研究,没有任何功用性目标,它不能直接与经济效益挂钩,所以很多人认为只有应用开发研究才是生产力,才能促进生产力发展和社会进步,从事应用开发研究更容易获取政府的支持和企业资金的投入,而从事基础研究则价值不大。不能正确处理好基础研究与应用研究的关系。

大学的基础研究在国家的经济和社会发展中处于非常重要的地位。在2006年7月召开的第三届中外大学校长论坛上,美国耶鲁大学校长雷文教授在"大学如何服务于社会"的主旨讲演中,说到大学主要是以它的基础研究来服务于社会的。雷文校长强调,他所说的基础研究,并不是一种实践目标,而是一种好奇心,是对知识的追求。这种基础研究是商业和生产的源头,因为由这种基础所创造的知识虽然要经过相当的时期才能转化为商业产品,但最终许多研究成果的商业和生产的价值都会被人们所认识到。例如当初对DNA的研究,人们并不知道它的商业和生产价值,但经过许多年之后,人们最终还是认识到了它的这种价值。

由于基础研究的特点,它非常之重要但又不与经济效益挂钩,因此,政府必须对基础研究承担主要的资助责任;其次,大学一流科研人才聚集,科研设备齐全,最适宜从事基础研究,这也是大学的基本科研职责。大学在面向市场积极从事科技的应用研究开发的同时,如何同时重视基础研究,协调处理好两者的关系也是一个重要的现实的课题。

---

①张鑫、赵名芳:"加强高校基础研究,提高自主创新能力",《广东科技》2009年第5期,第82—85页。

第四节　大学社会责任冲突之大学学术人文主义和学术资本主义

20世纪80年代开始,市场化浪潮冲击着大学校园,大学直接参与市场服务社会,从商业咨询、技术转让、校企合作研发到衍生企业等不断增加,不同背景和文化传统的大学都从"象牙塔"变成为具有埃兹维科茨所说的"企业性质的机构"。这种学术资本主义的文化,与传统的大学"学术人文主义"形成了一种文化冲突。大学尤其是顶层的研究型大学面临着大学主导文化的选择问题。

一、学术资本主义与学术人文主义

"学术资本主义"（Academic Capitalism）,根据斯洛特（SlauShter）等学者的观点,意指"任何（学术）机构和专业人员通过市场化或类似于市场化的手段,以获取外界资金的努力"。美国《拜杜法案》允许大学保留联邦基金资助的科研成果所有权,并特许给小企业生产（关于对大企业特许生产的限制1984年也放宽了）。英国政府20世纪90年代后也重视大学和企业的合作,加拿大及欧盟大部分国家都积极支持大学建立衍生公司,"知识商业化"的价值理念已开始深入大学文化。

科学发展史表明,传统大学的科研活动更多的是基于教师等科研人员对知识的好奇和兴趣,为理想而探究,为科学而科学。后来有了职业科学家之后,除了知识探究的好奇心和金钱物质方面的满足外,更为重要的是获得科学家同行的认可。"也许可以认为,那种承认本身(无论是名望或者是朴素的敬意,无论是喝彩或者仅仅是其他人的赞美之辞),就是许多或绝大部分从事科学的人所渴望的东西,而且,正是这种被承认的希望成为许多科学家工作的动机。……即使一个科学家对承认不感兴趣,即使一个科学家讨厌并且厌恶这种承认,如果他希望有一个成功的科学事业,他就不得不寻求获得这种承认。"①因此通过科学交流是获得认可的主要途径,而正式的科学交流方式是在正规的科学刊物上发表有关新知识的论文或专著,向科学共同体公布某种科学成果。

  随着社会的发展,大学适应社会的需求从传统不断走向现代。受功利主义思想的影响和为了获取更多的社会支持,提高竞争力,大学广泛地与国家和社会建立起紧密的联系。利用大学的独特的学术优势,大学从企业获得资金,产学研联合体以多种形式和途径开始运行。这时,满足市场和产业的需求,充当企业和社会的"服务站"成了大学的主要职责。这种"学术资本主义"与传统的探究高深知识、追求真理、重在塑造人的精神品格的"学术人文主义"形成了一种文化冲突。这种冲突由来已久,如19世纪30年代的英国,为适应社会对科学技术知识的需求,建立了一批以技术应用为核心职能的高校,这些大学完全以市场为主导,只注重满足市场需要的应用技术的教学与研究,不注重知识整体性的教育,这与几百年来形成的古典人文主义传统形成了冲突。在以斯宾塞和赫胥黎为主的功利主义和科学主义倡导者的激烈攻击下,牛津大学和剑桥大学这种传统教育理念遭受普遍质疑。在这样的社会背景下,纽曼旗帜鲜明地反对功利主义的实用教育观,反对教育以追求功利和实用为目的,大学的使命是培养有文化修养的

---

① 【英】巴里·巴恩斯著,鲁旭东译:《局外人看科学》,东方出版社2001年版,第63页。

人格完善的"绅士"。大学的教育应该是以文理科知识为主。这种冲突之后,英国的大学发生了变革。传统的主流大学增加了应用学科,如剑桥大学和牛津大学在20世纪设立了采矿学、工程学等应用学科。

美国主流大学在市场化方面更是快步走在各国之前,针对物质主义泛滥对大学的深刻影响,美国学者亚伯拉罕·弗莱克斯纳指出,"美国的大学面对的是一个实利主义的社会,热衷于轰动一时的人物和事件,因而处于一种独特的外部环境中。……它们对短暂的和眼前的需要不加思考地一味迎合;它们错误地认识事物和思想对于文明的相对重要性;它们过去不能,现在也不能对涟漪和波浪进行区分。……美国的大学正变得越来越喧闹。我们的大学的确增加了设施和机会;同时它们也已毫无必要地变得廉价、庸俗和机械"①。赫钦斯也对大学的实用主义、功利主义提出了严厉批评,他主张大学应根据社会需求调整自己,但不应迎合社会,应与社会保持一定距离。学术是大学存在之根基和核心价值,完全依赖市场经济的机制来谋求发展,一味把学术作为攫取权力和利益的工具,这有悖于大学理想,不利于大学长远目标的实现。大学在维持与社会良好关系的同时,不能忘记其主要的社会责任是培养良好的社会公民。

学术资本主义与学术人文主义的冲突在大学教学上主要体现为专业教育与通识教育,科研上除了基础研究和应用研究的冲突外,还体现为科研自由公共性和知识产权私权性之间的冲突。

---

① 【美】亚伯拉罕·弗莱克斯纳著,徐辉等译:《现代大学论——美英德大学研究》,浙江大学出版社2001年版,第34—35页。

二、通识教育与专业教育

通识教育倡导者之一的赫钦斯之所以提出通识教育,是针对纯粹对真理的追求和为职业做准备这两个目标的冲突,即通识教育与专业(职业)教育之间的冲突。赫钦斯认为教育的最终目的是培养人的智慧和理性,"教育就是帮助学生学会自己思考,做出独立的判断,并作为一个负责的公民参加工作"①。正确的哲学一般认为人是理性的、道德的和精神的生物,"所谓改善人,意味着他们理性、道德和精神诸力量的最充分的发展"。他说,"一个公民或国民的职能可能各个社会并不相同……但是人的职能,作为一个人说,在每个时代或每个社会都是相同的,因为这是作为一个人的本性所造成的。因此,一种教育制度的目的……在每个时代和每个社会都是相同的,那就是作为人而求人的进步"②。赫钦斯把发展人理性的教育称为通识教育。赫钦斯说,"通识教育是对每一个人的教育。它将有一种更深刻、更广泛的效用,它将培养各种理智的美德"③,"自由教育的目的在于发展理解和判断能力"。赫钦斯特别指出,"青年时期自由教育的目的并不是把青年人需要知道的一切都教给他们",而是要"给青年人继续提供他们自己所需要的习惯、观念和技能"。④

---

① 赫钦斯:《民主社会中教育的冲突》,任钟印主编:《世界教育名著通览》,湖北教育出版社1994年版,第1532页。
② 赫钦斯:《民主社会中教育的冲突》,任钟印主编:《世界教育名著通览》,湖北教育出版社1994年版,第1534页。
③ 赫钦斯:《民主社会中教育的冲突》,任钟印主编:《世界教育名著通览》,湖北教育出版社1994年版,第1526页。
④ 赫钦斯:《民主社会中教育的冲突》,任钟印主编:《世界教育名著通览》,湖北教育出版社1994年版,第1535页。

对什么是通识教育,我国学者李曼丽教授从性质、目的和内容三个角度进行了阐释,"就性质而言,通识教育是高等教育的组成部分,是所有大学生都应该接受的非专业性教育;就其目的而言,通识教育旨在培养积极参与社会生活的、有社会责任感的、全面发展的社会的人和国家的公民;就其内容而言,通识教育是一种广泛的、非专业性的、非功利性的基本知识、技能和态度的教育"[①]。学生在智力、身心、情感和品德等各方面能协调而全面地发展,成为具有社会责任感的公民,发展全面的人格素质与广阔的知识视野。

针对功利主义思想影响下的大学教育过分专业化、职业化,学生所学知识狭窄,缺乏社会责任感等,提倡通识教育就是通过人文科学、社会科学、自然科学等多种学科知识与技能的教育培训,使学生人格健全、视野开阔、综合素质能力强、身心和谐发展,能更好地适应并服务于社会。除了为适应社会的专业教育,更重要的是人的心智教育。

为促进和发展人的心智、理智,纽曼主张要通过古典人文学科,而赫钦斯则提出要通过永恒学科来达到这一目的。所谓的永恒学科就是西方的经典名著。赫钦斯认为,永恒学科和课程"构成我们的理智传统",它们大多是"那些经历了许多世纪而达到经典著作水平的书籍",是"西方世界最重要的名著以及读、写、思考和谈话的艺术,还有作为人类的推理过程最好典范的数学"。永恒学科有助于完成普通教育,有助于培养人的习惯和思考能力。

杨叔子也认为通识教育的核心乃是文理教育,因为文理教育所传授的"高深学识"是专业教育的基础。教育既要教会学生做事,也要教会做人。"教会做人,就是讲究终极关怀,升华精神境

[①] 李曼丽:《通识教育——一种大学教育观》,清华大学出版社1999年版。

界,开发生命的潜力,发挥人的伟大创造力,这是人文教育的核心。教会做事,就是讲究实事求是,使人正确认识世界,全面而协调地按客观规律办事,这是正确的'立世之基',是科学教育的'核心'。""科学思维能保证思维的正确性,人文思维能保证思维的原创性。"针对"重科学技术轻人文文化、重做事的能力轻做人的人品"的弊端,其重点就是人文教育的加强。① 从教育内容来看,通识教育是古典自由教育的延续,但两者又有区别。通识教育的对象由上流社会扩大到所有受教育者,其目标从培养贵族到优秀的有责任公民,内容是专业教育和人文科学教育的统一。

以美国为例,美国最早的大学通识教育是为了延续传统的自由教育,对抗日渐壮大的职业教育。20世纪初,为了针对侧重技术的职业教育,美国大学的通识教育采用了概论类的课程与经典读书计划,来充实教育的内容和丰富教学方式。1945年,美国通识教育的"圣经"——《自由社会的通识教育报告》发表,报告明确提出,通识教育是将学生培养成民主社会中责任者和公民的教育。1978年,哈佛大学的罗索夫斯基等人制定了《核心课程报告书》,即通识教育改革方案,它是以培养"有教养的人"为目标,提出了"有教养的人"应该具备的五个标准:具有丰富的生活经验;勤于思考道德与伦理问题;对于所获得的及应用的知识具有正确的理解能力,并懂得宇宙、社会及人类自身的知识;在某些领域中具备广博的知识和基础;能清晰有效地思考及写作。《核心课程报告书》将通识教育的领域划分为五类:文学艺术、科学和数学、历史、社会和哲学、外国文学。1982年,"核心课程"在哈佛大学全面推行,通过学生基本学术能力等的训练,使学生达到知识水平和学

---

① 杨叔子、余东升:"文化素质教育与通识教育之比较",《高等教育研究》2007年第6期。

习能力的提高。

香港大学甘阳教授认为美国大学之所以成功,在于通识教育是四年大学本科教育里非常核心的部分,实际上也就是所有本科生一二年级的"共同核心课",这是关键所在。[1]进入21世纪,面对瞬息万变的更为复杂的社会,大学通识教育也在不断改革。2002年,美国大学提出用新的通识教育计划取代核心课程体系,来弥补核心课程,继续通过通识教育来完成培养未来领导人才的教育使命。

我国高校的专业教育长期占据了主导地位,且专业划分过细,导致人才培养的适应性差。20世纪80年代后,学界认识到了专业教育的缺陷,主张加强通识教育。此后,大学尤其是高层次的研究型大学开始了通识教育的改革与实践。

大学要与时俱进,回应社会的当时需要,但又不能完全听命于社会。大学的服务对社会的责任是建立在大学本身特质的基础之上。因而,即使技术早已植入现代大学,大学有责任满足对应用型科学家和技术专家的需求,大学也始终应该关注作为个体的完整的人,并非仅仅是人力。大学虽然必须为社会提供科学家和技术专家,但是必须始终坚持培养个体人的大学理念,而不是大规模生产人力。而如果这样做了,很可能会冒捡了芝麻、丢了西瓜的危险:由于对纯粹探究与纯粹养成不屑一顾,只要求大学利用现有知识为本地的建设服务,纯粹学术与纯粹教育必然受到打击,学术势力必然受到削弱。[2]

---

[1] 甘阳:"通识教育:美国与中国",《复旦教育论坛》2007年第5期。
[2] 贾永堂:"我国大学通识教育难以深化的根本因素分析",《现代大学教育》2005年第2期。

三、科研自由与知识产权保护的价值冲突

知识产权的公共物品属性和稀缺性矛盾,决定着知识生产者的私人收益与社会公共利益之间的冲突。知识商品化的过程就是知识产品私有产权制度建立的过程,知识产权制度使知识的外部性内在化,缩小知识产品生产的个人收益率和社会收益率的差距,建立起知识生产者的内在激励机制,为知识生产者提供了强大的内在利益推动力。知识权属的界定要考虑很多方面,如经济效率优先同时兼顾公平、权利人利益与社会公众利益的平衡、科技伦理的道德底线等。

1980年,美国国会通过《拜杜法案》,允许高校拥有政府资助的科研项目所获得的知识产权,鼓励高校与企业合作转化由联邦政府资助的科研成果。这一法案改变了之前由政府资助的科研项目知识产权归政府所有,即科研成果成为公共财产,导致成果转化率低的局面,从而大大促进了高校的技术转让。《拜杜法案》允许学术机构和非营利机构自动保留其从联邦R&D获取资金研发的专利的权利,而政府只保留一种介入权(March-in Right),只有当专利权人不采取有效步骤实施发明,或政府出于公众健康或安全考虑的情况下,政府才有权责成专利权人向合理的申请者以实施许可的方式转让该项权利。

在高校产学研结合多主体共同参与创新的系统里,各主体通过相互的合作实现创新要素和经济权利的自由让渡和转移,彼此之间又是一种协作性竞争的关系。大学、产业和政府各主体组织的使命不同,产业利益需求和学术价值理念、知识产权权利人和社会公众之间不可避免地存在着利益冲突。

案例1:多伦多大学奥利弗(Nancy Olivieri)教授在20世纪90

年代，与制药商奥贝泰克（Apotex）签订协议，对地中海型贫血（Thalassemia）患者试用一种药物。奥利弗发现，所试药物长期使用会失去疗效，而且对病人健康具有潜在威胁，会导致肝脏纤维化。于是，她不顾协议条款，将这项研究结果公之于众。于是 Apotex 公司撤销了对多伦多大学有关该药物实验的资助，并威胁对 Olivieri 提起诉讼，指控其违反保密协议。同时 Olivieri 也被撤职。若干年之后，她的行医权力和学术自由才得以恢复。这个事件后，出现了两个几乎完全不同的报告。卫生与安全委员会的报告认为医院和多伦多大学并没有从事不道德的行为，该受指责的是 Olivieri。而加拿大大学教师协会的报告则认为 Olivieri 不承担责任。认为 Apotex 公司以起诉来威胁 Olivieri 不将事实公之于众的行为，侵犯了她作为一个学者所享有的学术自由。Olivieri 把她发现的有关危险情形告知患者和其他科研人士，正是履行了她的道德义务。

案例2：旧金山加州大学贝蒂·冬（Betty）获得巨额资助，以检验一种名为左旋甲状腺素纳（Synthroid）的昂贵药物是否比更便宜的同类药物更优越。出人意料的是，她发现，两者根本没有显著差异。这就意味着，使用这种昂贵药物的病人每年要多付出数亿美元的费用。该公司谴责贝蒂教授的研究在方法上存在大量错误，还有未加指明的伦理方面的问题，该公司甚至雇用私家调查人员调查其中的利益冲突。贝蒂教授没有妥协，而将她的研究结果投稿给一家专业杂志，该公司则援引与贝蒂教授事先签订的协议条款中"未经同意不得发表"等条款，以起诉相威胁。尽管加州大学不追究贝蒂教授与公司签订的合同，也不设置其他障碍，但却拒绝支持她，让她独自与公司对垒，七年以后，她的论文才终于得以发表。据《市场中的大学》研究，因发表公司不愿意看到的研究成果而遭遇起诉和攻击的事件大量存在。①

上述案例实际上就是高校知识产权保护和教师学术自由之间的冲突。高校教师科研成果的产出是以学术自由为条件的,学术自由包含教师可自由地讨论、发表文章,而学术责任是学术自由的基础。案例1中,Olivieri与Apotex公司签订有项目研究协议,如果按照约定以及商业秘密保护的要求,Olivieri在没有经公司许可的情况下是不能对外披露研究内容的。由于实验的药物将导致受实验者身体的健康,或者会侵害未来公众的身体健康,基于学术伦理和对社会的责任,Olivieri有权将研究公之于众。这必然和公司知识产权保护的要求相冲突。

在产学合作的过程中,如何整合利益相关者的利益,如何协调知识产权保护和履行社会责任的矛盾,成为大学常常面临的两难问题。有学者根据公平正义原则,提出当性质不同的权利冲突时,如果一项为宪法规定的基本权利,另一项为非基本权利(主要为民事权利)时,宪法规定的基本权利优于其他法律法规规定的非基本权利配置。如这种非基本权利涉及到更大的公共利益,或者两项冲突权利同属基本权利或同属非基本权利,则应具体判断。

Olivieri事件中,当知识产权保护涉及到公众的利益时(实验药物将有损于公众健康和第三人利益),科研自由将优于知识产权受到保护。这种情形下,科研人员可以出于学术道德将企业的商业秘密公之于众,是不应该承担侵犯知识产权的法律责任的。"但是,为了保证科研人员行使科研自由的正当性,法律应当设置一个学术共同体的道德评估机构,如大学道德评估委员会等,对科研人员的行为是否符合社会公众利益作出判断。如果进入司法

---

① Derek Curtis Bok. Universities in the Marketplace: The Commercialization of Higher Education[M]. Princeton: PrincetonUniversityPress, 2003.

程序，法官将对此种价值冲突进行利益衡量，并在适用利益平衡原则时将道德委员会的判断作为重要衡量依据。"①

在高校产学研合作和大学技术成果转移过程中，不同利益相关者之间的利益整合应以经济与社会发展的公共利益为最终利益，保持独立的学术品格，使公众尽可能地共享人类文明；在维护公共利益的基础上，追求自身利益，注重保护知识产权权利人的利益，以激发和鼓励他们创造出更多的智力成果。

---

① 金明浩："知识产权、科研自由与现代大学的社会责任"，《大学》2010年第3期。

第六章 高校社会责任的评价

第一节 高校社会责任的利益相关者

一、高校是典型的利益相关者组织

根据利益相关者理论,所谓高校的利益相关者就是指受高校发展影响,同时其行为又影响高校发展的群体。

在关于高校社会责任生成问题的研究上,利益相关者理论为我们提供了一个有效的分析框架。利益相关者理论是西方经济学家在研究公司治理时提出的一种理论主张,现今已被广泛地用于研究企业的社会责任等问题。20世纪80年代以来,随着经济全球化的深入发展及企业间竞争的加剧,公司治理问题和企业社会责任等成为人们关注和讨论的焦点。与传统的股东至上主义企业理论的主要区别在于,利益相关者理论认为任何一个企业的发展都离不开各种利益相关者的投入或参与,企业追求的是利益相关者的整体利益,而不仅仅是某个主体的利益。因此,企业应该站在一个更高的角度考虑其与所有利益相关者、与整个社会的关系,并且承担相应的社会责任。企业的目标不再是股东利益最大化,而是集体利益或企业自身利益的最大化,从而实现利益相关者整体利益的最大化。

与企业相类似,高校也是一个典型的利益相关者组织,这一观点已为国内外许多研究者所支持与认同。美国的亨利·罗索夫斯基首先把利益相关者模式应用于高等教育领域内,将高校作为一个利益相关者组织进行研究。在《美国校园文化——学生、教授、管理》一书中,罗索夫斯基提出大学"拥有者"的概念,他认为,人们"拥有"大学就像人民"拥有"国家一样,并特别指出大学的"拥有者",不同于企业的所有者。可以看到,罗索夫斯基不是在纯经济意义上使用大学"拥有者"这一概念,事实上其所谓大学"拥有者",实质是指与大学有利害关系的人或群体,亦即大学的利益相关者。罗索夫斯基还列举出大学的四类利益相关者群体,并就他们与大学之间关系的重要性程度划分为最重要群体、重要群体、部分拥有者和次要群体四个层次。不难看出,罗索夫斯基已经采用了利益相关者分析框架来分析大学。关于大学的组织特性,世界著名比较高等教育学家菲利普·G.阿特巴赫也指出:"大学不是一个整齐划一的机构,而是一个拥有一定自治权的各种团体组成的社会。"[①]

也就是说,大学是由拥有一定自治权的利益相关者组成的社会机构。我国经济学家张维迎教授在此问题上也曾指出:"大学作为一个非营利性组织,是一个典型的利益相关者组织,每个人都承担一些责任,但没有任何一部分人对自己的行为负全部责任。大学里面的利益相关者包括教授、校长、院长,包括行政人员,包括学

[①]【美】菲利普·G.阿特巴赫:《比较高等教育:知识、大学与发展》,人民教育出版社2001年版,第5页。

生以及毕业了的校友,当然也包括我们这个社会本身(纳税人)。"①

二、高校利益相关者的分类

罗索夫斯基按照密切程度,把高校利益相关者分为最重要群体、重要群体、部分拥有者和次要群体四个层次。其中,教师、行政主管和学生是高校最重要群体;董事、校友和捐赠者是重要群体;科研经费提供者、产学研合作者、贷款提供者等被称为部分拥有者;社会公众、社区、媒体等是次要群体。

胡赤弟认为,高校利益相关者包括大学行政管理人员、教授、出资者、学生和政府。②金银凤认为,高校利益相关者包括教师、学生、家长、高等学校、教务管理部门、教学管理部门、教育主管部门和用人单位等八种主体。③张燚认为,高校利益相关者包括内部利益相关者(如教师、学生、行政管理、后勤人员、股东等)和外部利益相关者(如用人单位、家长、社会公众、政府有关部门、中学、校友、相关高校、合作单位、媒体、社区等)。④钟洪认为,大学治理的主体应该是关键利益相关者,为此,利用层次分析法(AHP),从利益相关者的重要性、紧急性、主动性三个维度上得到了大学利益相关者的权重排序,分别是政府、教师、管理人员、学生、债权人、服务使用者、捐赠者、社区和竞争对手。⑤李福华依据利益相关者

---

①张维迎:《大学的逻辑》,北京大学出版社2004年版,第19页。
②胡赤弟:"高等教育中的利益相关者分析",《教育研究》2005年第3期,第38—46页。
③金银凤、裴育:"高等教育考试改革中的利益相关者分析",《山西财经大学学报(高等教育版)》2005年第8期(3),第49—54页。
④张燚、黄婷、张锐:"高校与利益相关者互动发展的关系模式研究",《江苏高教》2009年第1期,第60—62页。
⑤钟洪、李超玲:"基于AHP的大学利益相关者权重研究",《科技管理研究》2007年第9期,第120—122页。

与大学的密切程度,把大学利益相关者分为四个层次,即核心利益相关者(包括教师、学生和管理人员)、重要利益相关者(包括校友和财政拨款者)、间接利益相关者(包括与学校有契约关系的当事人,如科研经费提供者、产学研合作者、贷款提供者等)和边缘利益相关者(包括当地社区和社会公众等)。①张婕把大学"利益相关者"划分为三个方面:政府和出资者(校友、捐赠者);市场(市民、企业界、银行、媒体等);高等学校(教师、学生、管理者)。②王健认为,高校是利益相关者契约的集合,他把高校利益相关者分为两个层次,其中,学生、院系、教职工、后勤辅助单位、业务科研合作单位为第一层次,政府、主管部门、其他高校、金融界、银行、债权人、企业公司、工会、媒体、环保组织为第二层次。③

第二节　高校社会责任的评价体系

　　大学评价目标,是指大学本身要达到的境地,即是衡量大学工作质量的尺度,是判断学校各方面工作及其结果的价值标准。大学评价的目标体系和评价体系是相对应的。科学合理的大学评价的目标体系建立起来以后,与之相应的评价体系也就不难构建了。目标具有评价的功能,目标中规定了什么,评价时就相应体现什么。

---

①李福华:"利益相关者理论与大学管理体制创新",《教育研究》2007 年第 7 期,第 36—39 页。

②张婕:"高等学校战略管理的若干基本问题",《教育研究》2006 年第 11 期,第 35—40 页。

③王健:"高校财务战略中的利益相关者分析",《教育财会研究》2007 年第 2 期,第 1—8 页。

一、基于利益相关者理论的高校社会责任研究

德里克·博克提到,高校不再是一块无声无息的土地,不对外部世界产生多少直接影响,而是凭其庞大的学生数、众多的教职工和拥有大量资源,已经成为国家的重要机构。[①]高校与社会之间关系的变化也导致了从传统的学术责任向高校社会责任的扩展,从而表现出社会对高校的要求更高而且更多了。如果说,传统学术责任观所对应的是"教授治校"的高校,那么,高校社会责任观所对应的是利益相关者共同治理的高校。高校社会责任的产生是高校走向利益相关者共同治理的重要表现。学生、家长、社区、产业界、政府等都是高校的利益相关者。所以,高校必须对包括教师、出资者在内的全部利益相关者负责。

胡赤弟认为,既然高校必须发挥包括教师、学生、董事会在内的全部利益相关者的作用,那么"学术自由"、"教授治校"、"董事会特权"、"政府集权"等必须受到限制。之所以没有彻底否定,是因为还存在合理的地方,更重要的是它们反映了部分利益相关者,如教授、出资人、政府的特殊利益,而这些特殊利益正是大学存在的重要理由。利益相关者视角下的高校责任,不只是确定一个宽泛的责任范围,而且能够确定各种责任之间的相互关系。

李福华认为高校是一种典型的利益相关者组织。高校的利益相关者包括国家、社会、学生、教职工、校友、高校科研经费提供者、产学研合作者、贷款提供者等。高校的责任是要维护和满足各种利益相关者的利益。制度和法律是保障高校利益相关者合法权益的重要手段。

[①]【美】德里克·博克著,徐小洲、陈军译:《走出象牙塔——现代大学的社会责任》,浙江教育出版社 2001 年版。

尹晓敏认为利益相关者理论是探讨高校社会责任问题的一个适切的研究视角。高校应对其利益相关者承担社会责任,高校社会责任的内容即在于积极回应利益相关者的利益需求。构建利益相关者参与的多中心的高校治理模式,充分发挥各相关利益主体在大学治理中的独特作用,有助于高校社会责任的实现。

基于以上的研究,我们可以发现高校承担社会责任与其利益相关者之间有着密不可分的关系,本文从利益相关者的角度出发,对我国高校社会责任指标体系进行研究,具有一定的理论意义和现实意义。

二、我国高校社会责任评价指标体系的构建

(一)指标构建原则

综合评价一个高校的社会责任,仅采用一个单项指标或某几个指标必然具有一定的片面性和主观性;而采取的统计指标过多,又会在具体评价时遇到操作上的困难。指标的设置应在力求全面反映高校社会责任履行状况的同时,追求整体与局部的统一、数量指标和质量指标的平衡。为此我们认为所选择的指标必须同时兼具科学性、独立性、可获得性和相对完整性。所谓科学性是指选取的指标既要反映出评价对象的主要特征,又要含义清晰,指标体系内各指标之间应协调统一;所谓独立性,是指选取的指标要相对独立,尽可能减少指标之间的重复或兼容;所谓可获得性,是指所选取的指标能够充分利用已有的各种公开统计信息资料,并且应有利于进行量化处理;所谓相对完整性,是指所选取的指标要尽量全面,能基本涵盖高校社会责任的主要方面,并且指标数据相对完整。

按照上述原则,我们在充分借鉴前人研究成果的基础上,依据利益相关者理论,尝试性地构建了一套高校社会责任评价指标体系,该体系包括一级指标14项,二级指标52项。

(二)高校社会责任评价指标体系的构建

1.基于政府责任的评价指标

政府是高等教育的主要出资人。政府是科研经费的提供者,向学生和大学贷款的银行家,学校规章制度的调节者,许多学术活动的评审委员会。当政府提供经费资助并制定规章制度和评审学术活动时,就产生了与大学之间的利害关系,因而成为大学的利益相关者。

高校对政府的社会责任主要可以概括为三个方面:经济责任、政治责任和文化责任。在经济上,政府从高等教育中投入的预期收益大小直接决定了政府是否愿意为高校提供资金投入。而这种预期就是高等教育的经济价值,政府通过发展教育,可以获得宏观经济效益,在提高劳动者的素质、加速文化和科技发展、提高劳动生产率、促进经济增长和社会进步等方面发挥着重要作用,但是在这方面的指标非常难以量化,因此在这里我只做质的分析。在政治上,高等学校有责任根据国家所指定的教育方针、教育目的、培养目标,通过传递规定的教学内容,培养具有符合统治阶级意志与政治意识的各行各业的专门人才,并为本阶级培养和选拔统治人才,从而推进民主政治的发展。在文化方面,高校应承担起文化生产和创新的责任,源源不断地向社会输送文化,用先辈的思想和智慧感染一代又一代的求学者,而这些求学者又走上社会,用他们在大学中学习所得及领悟去影响这个社会,从而形成了社会文化,政府正是期望通过大学去传承优良的民族文化,形成一个国家独特的民俗民风。

除以上方面外,高校还积极响应和执行政府的号召与政策,例如西部教师培训计划、少数民族计划等,通过公益活动以及政策制度的响应,以期最大化地实现教育的公平公正。同时高校教师也参与到了国家相关政策制度的制定过程中去,成为高校管理的"智囊团"。基于此,高校对政府的社会责任指标见表6-1。

表6-1 政府责任评价指标

一级指标	二级指标	计算方法
政治责任	政治理论学习参与情况	高校政治理论学习参与人数/高校教职工与学生总人数
	民主管理满意度	民主管理满意人次/总人次*100%
	管理干部提供情况	公务员考取人数/参考总人数
文化责任	学术声誉	知名学者、专家、校长和企业家声誉调查结果
	社科专著	当年学校社科类出版物的数量
	CSSCI论文数	当年被CSSCI收录的论文数量

2.出资者责任的评价指标

出资者包括工商界、捐赠者、银行和校友。

高校出资者是指直接向高校提供资金的人或组织。由于高校出资者是高校的重要利益相关者,因而,高校有责任合理使用出资者所提供的办学经费,自觉履行相关合同,努力提升办学效益,以积极回应高校各类出资者的利益需求。在此,我们将高校对出资者的责任分为经济责任和科研责任。

经济责任即高校要开拓思路积极进取,优化资源配置,降低办学成本,提高办学效益,提升偿贷能力,切实保障贷款提供者等利益相关者的合法权益;科研责任指高校有责任督促项目承担者合理使用科研经费、认真履行科研合同等,以使校外科研经费提供者获得最大的收益,为校内承担产学研合作项目的部门和个人创设良好的工作环境,支持其积极开展相关活动,提高科学研究和人才培养的质量,推动产学研合作的顺利开展。针对以上分析,本文选取了以下指标用于评价高校对出资者的责任,具体构成如表6-2所示。

表6-2 出资者责任评价指标

	二级指标	计算方法
经济责任	资产报酬率	盈余金额平均资产总额 *100%
	预算执行率	支出总额/预算总额 *100%
	资产保值增值率	扣除客观增减因素后的年末净资产/年初净资产 *100%
科研责任	科研合同完成率	(1-合同违约数量)/合同总数量 *100%
	产学研合作项目数	高校产学研合作项目总数
	SCI论文数	当年被SCI收录的论文数量
	专利授予量	当年该校被授予的专利数量

3.社区责任的评价指标

随着高校与社会联系的愈加密切,高校对社会的依赖,特别是对外来经费的依赖也越来越多。大多数高校的运转和发展除了政府资金支持外,也得到了地方政府和社区的大力支持。因此,帮助和支持周边社区的发展,高校也责无旁贷。事实上,正是社会对高校学术的信任与需要,以及由此导致的对高校慷慨而热情的经济与物质支持,才保证了大学对学术自由的充分享受。为此,大学应该有责任回报社会,面对文明社会众多领域的实际需求,自觉承担起社会服务的职能。这正如美国著名教育家德里克·博克所指出的,正是因为有了大量的公共资助,人们希望大学通过为公众提供有助于解决重大社会问题的服务来回报社会。

高校对社区的责任体现为:提供科研技术服务,将科研成果转化从而回报社会,实现技术转移合作并提供技术服务平台,实现企业孵化;高校还为社区提供科技管理咨询服务;在公共服务方面,高校有责任为社区提供基础设施及服务,积极赞助社区活动,参与社区建设,共同保护社区环境;高校注重保障市民的合法权益,为市民提供良好的教育设施、条件及环境,营造良好的文化氛围,通过远程教育、网络教育、成人教育、函授教育等多种形式向社会提供高等教育服务;通过为市民提供文化设施及举办文化活动,起到优秀文化传承与发展的作用。

除此之外,高校近些年更加注重实现教育公平,体现在各高校相继出台了针对西部等贫困地区、农村地区以及少数民族地区的相应优惠政策。本文从四个方面选取指标,具体见表6-3所示。

表6-3 社区责任评价指标

	二级指标	计算方法
公共服务	基础设施利用率	该校基础设施社会使用人次/设施正常可使用人次*100%
	基础设施使用满意度	设施使用满意人次/总社会参与人次*100%
	社区服务满意度	服务满意人次/享受服务总人次*100%
	捐助支出比率	社区慈善公益捐助金额/总收入*100%
职业培训	职业培训结业率	每年职业培训毕业人数/每年参加职业培训人数*100%
	从业教师比率	该校继续教育从业教职工/学校全体教职工*100%
	从业教师职称比率	该校继续教育从业教职工初级、中级、高级职称各自所占比例
文化传承	文化设施使用率	该校文化基础设施社会使用人次/设施正常可使用人次*100%
	文化设施使用满意度	设施使用满意人次/总社会参与人次*100%
	社会文化活动参与率	社会参与高校文化活动人次/高校社会文化活动正常可承受参与人次*100%
	社会文化活动满意度	活动参与满意人次/总社会参与人次*100%
科研技术服务	科研社会回报率	每年科研效益/每年科研投入*100%
	科研技术服务平台数量	高校科研技术服务平台总数量
	技术成果转化量	每年高校实现技术成果转化的项目总数
	技术转移合作平台数量	高校技术转移合作平台总数
	企业孵化数量	高校实现企业孵化总数
	科技园与创新中心年产值	科技园区与创新中心企业年产值

社会关怀精神，是大学服务社会的重要属性。社会关怀精神还表现在大学对社会精神文明的参与和建设。除了在生产力方面对社会的贡献外，大学通过直接的人文社会科学的研究和宣传为社会提供精神产品，包括哲学研究、文学创作与批判、思想道德建设等。知识分子在提炼和批判社会生活的同时，又把各种精神产品投资到社会。

4.学生责任的评价指标

奥尔加特·加塞特指出，大学的使命是必须以普通学生为起点，把迫切需要学生掌握并且一个正常的普通学生能够掌握的教学内容，作为一所大学的核心，把它看作大学的中心内容和基本组成部分。学生作为投入物质资本与人力资本消费高等教育服务的群体，他们是高等教育中的顾客，也是大学的核心利益相关者。对于学生来说，其最大的利益需求是希望通过大学阶段的系统学习，使其自身能获得积极适应社会的能力，并于社会中获得良好的发展。因此，大学应积极回应于学生的利益需求。

学生是学校教育培养的对象，是大学学习的主体，也是学校教育服务的消费者，高校应当对学生承担起以下责任：使学生获得良好的教育，即为学生的学习提供良好的条件，包括师资队伍、教育教学设施、图书资料和校园文化氛围等，以保证并不断提高毕业生的培养质量；高校有责任向学生提供就业指导及其他服务，即应当向学生进行就业知识培训和就业指导，提供就业咨询，应当为学习优秀的学生提供奖学金，为家庭困难的学生提供贷学金或助学金。因此可从教学责任及教育服务责任两方面来选取指标，见表6-4。

表 6-4　学生责任评价指标

	二级指标	计算方法
教学责任	思想政治素质	毕业生党员人数/全部总人数
	读研比例	毕业生读研人数/全部总人数
	英语及计算机水平	毕业生中通过英语四级和计算机二级人数/全部总人数
	毕业生薪酬	该校当年毕业生的平均收入
	就业满意度	对就业满意的人数/毕业生就业总人数
	获资助赴国外学习的学生比例	获资助赴国外学习的学生数/学生申请数
教育服务责任	生均图书量	图书总量/学生总数
	生均校舍建筑面积	校舍建筑总面积/学生总数
	生均网络资源拥有量	机房电脑总量/学生总数
	生均奖学金及助学金持有量	年奖学金及助学金获得人数/该年申请人总数
	生均仪器设备额	仪器设备总额/学生总数
	就业咨询人次	每年接受就业咨询的总人次

5.教职工责任的评价指标

教职工包括教师和行政人员。

学校的教职工即教师和行政人员是学校主要的办学力量,也是大学的核心利益相关者,大学应积极回应教工的利益需求,切实承担如下责任:大学应当加强对教工的思想品德教育和业务培训,不断提高教工的整体素质,使教工能够更好地适应岗位的要求,承担其岗位职责;大学也应当充分发挥教工的作用,积极支持教工参与学校的民主管理,提供展示教工才能的广阔舞台;大学还应当为教工的个人发展创造条件,并不断改善教工的收入和福利待遇,使教工能以饱满的热情投入到学校的各项工作中去。因此,本文选取以下指标,具体见表6-5。

表 6-5 教职工责任评价指标

	二级指标	计算方法
提升教职工素质	人力资本投入水平	每年招聘、培训等费用/总经费
	教职工人均年教育经费率	高校年教育经费总额/教职工总数*100%
发挥教职工作用	学校民主管理教职工参与率	参与高校民主管理的教职工人次/全校教职工总人次*100%
改善教职工待遇	文体活动举办总数	高校每年文体活动举办总数
	教职工收入提高率	本年教职工平均收入总额/上年教职工平均收入总额*100%
	人均校舍面积	教师宿舍总面积/教师总数
	教职工平均补助费	年教职工补助费/教职工总数
	社保支付率	已付社保资金/应付社保资金*100%

(三)高校社会责任评价指标权重的计算

本文采用专家打分法确定比较矩阵的标准值。通过高校社会责任权重分析调查问卷(见附录A)的形式,邀请北京航空航天大学的高层管理人员以及北航、北师大和上交大等高校教授做完答卷,搜集后经过汇总、取平均值得到矩阵的数字,然后采用层次分析法相关公式计算权重。由于指标层较多,运用笔算计算起来会比较繁琐,因此本文利用电子表格(Excel)来实现层次分析法的简捷计算(见附录B)。

层次分析法的主要运算步骤包括:建立层次结构模型;构造判断矩阵;用和积法或方根法等求得特征向量W(向量W的分量Wi即为层次单排序);计算最大特征根 $\lambda \max$;计算一致性指标CI、RI、CR并判断是否具有满意的一致性。

层次分析法Excel算法充分利用Excel的函数运算、公式编辑、自动计算等功能和单元格等式引用规则,设计成步步相连的计算过程,达到只要输入一个判断值(矩阵标度值),就可以立即得到相应的各层次单排序和总排序结果以及一致性检验指标的目的。如果对结果不满意,可以通过调整判断矩阵的标度值来修正结果,调整可以是任意的,每次调整的结果也是一步得出。

运用 Excel 实现层次分析法能够使得应用条件易得,计算结果精确,计算过程简捷,其计算步骤设计成环环相扣、步步跟踪,步骤设计完毕后,只有判断矩阵的一半可以按需填充或变更,其余数据和结果均可以在填充或变更判断矩阵之后立即得出,使得整个运算过程简洁、轻松。相似的矩阵区和计算区可以通过复制完成,只需改动少量单元格。另外,此方法还使一致性检验方便以及矩阵调整简单。

根据以上叙述,计算结果如下:

目标层	准则层	指标层
高校社会责任	对政府的责任 B1 (0.410511)	政治理论学习参与情况 C11(0.125122)
		民主管理满意度 C12(0.222804)
		管理干部提供情况 C13(0.087216)
		学术声誉 C14(0.338223)
		社科专著 C15(0.112357)
		CSSCI 论文数 C16(0.114278)
	对社区的责任 B2 (0.155643)	科研社会回报率 C17(0.14954)
		科研技术服务平台数 C18(0.111708)
		技术成果转化量 C19(0.111196)
		技术转移合作平台数 C20(0.076476)
		企业孵化数 C21(0.069767)
		科技园与创新中心年产值 C22(0.082482)
		基础设施利用率 C23(0.056449)
		基础设施使用满意度 C24(0.051371)
		社区服务满意度 C25(0.056653)
		捐助支出比率 C26(0.028501)
		职业培训结业比率 C27(0.029209)
		从业教师比率 C28(0.029847)
		从业教师职称比率 C29(0.019979)
		文化设施使用率 C30(0.025152)
		文化设施使用满意度 C31(0.028581)
		社会文化活动参与率 C32(0.035877)
		社会文化活动满意度 C33(0.037211)

续表

目标层	准则层	指标层
高校社会责任	对出资者的责任 B3(0.166307)	资产报酬率 C34(0.134707)
		预算执行率 C35(0.146323)
		资产保值增值率 C36(0.19616)
		科研合同完成率 C37(0.214956)
		产学研合作项目数 C38(0.108024)
		SCI 论文数 C39(0.092514)
		专利授予量 C40(0.107316)
	对学生的责任 B4(0.149948)	思想政治素质 C41(0.153836)
		读研比例 C42(0.063972)
		英语及计算机水平 C43(0.100956)
		毕业生薪酬 C44(0.126115)
		就业满意度 C45(0.167099)
		获资助赴国外学习学生比例 C46(0.067452)
		生均图书量 C47(0.050708)
		生均校舍建筑面积 C48(0.051976)
		生均网络资源拥有量 C49(0.057375)
		生均奖学金及助学金持有量 C50(0.096694)
		生均仪器设备额 C51(0.026295)
		就业咨询人次 C52(0.037523)
	对教职工的责任 B5(0.11759)	人力资本投入水平 C53(0.272592)
		教职工人均年教育经费率 C54(0.182402)
		学校民主管理教职工参与率 C55(0.12687)
		文体活动举办数 C56(0.065939)
		教职工收入提高率 C57(0.134793)
		人均校舍面积 C58(0.05932)
		教职工平均补助费 C59(0.102242)
		社保支付率 C60(0.055842)

(四)高校社会责任评价指标权重计算结果的分析

根据上节计算出的权重,我们可以得出以下结论:

1. 政府在高校社会责任指标评价体系中所占的比重最大,达到41.05%。可以看出高校在管理中十分认可和重视政府的期望、引导与需求。政府及其所代表的国家和所服务的社会是高校的重要利益相关者,高校应积极回应它们的利益需求。从政府与高等教育之间的关系上看,政府首先是制定和影响高等教育政策的重要力量。立法、规划、拨款等是政府影响高等教育的重要手段。目前,高等教育已越来越依赖于政府公共资金的支持,所以,责任制是大学接受政府资助的重要条件。

从政府责任的子维度来看,学术声誉所占的权重最大,为33.8%。高校在研究、发现永恒真理方面的作用和在探索未知世界方面的能力是无与伦比、不可替代的,因此,高校应把知识创造和学术责任作为自己必须承担的神圣职责,把学术自由和学术自治作为维持自身活力的源泉,把学术价值作为其必须拥有的最基本的价值,积极维护其学术声誉。民主管理满意度的权重次于学术声誉,为22.2%。近年来高校管理注重民主性,许多高校建立教师"智囊团"参与政策制定以及日常管理,这有利于高校更好地实现民主管理效率,达到较好的效果。政治理论学习参与情况、社科专著和CSSCI论文数的权重基本持平,分别为12.5%、11.2%和11.4%。这体现了高校自觉地以其新思想、新知识和新文化在引领社会前进的过程中发挥积极作用。

高校,作为一种与政治、经济机构并肩而立的文化机构,运用自己所拥有的文化、知识和精神的力量,对现实社会中的不良倾向进行批判,这就可以通过发表社科专著以及论文来表达。不仅在关于社会政治、经济发展的重大判断和决策上,而且在人们区分善恶、建立信念和认识真理上,都要代表社会的良心,成为发展人类先进文化的重要力量。

2. 出资者在高校社会责任指标体系中所占的比重仅次于政

府,达到16.6%,可以看出出资者在高校中的地位提升,高校致力于维护出资者的权益,并对其负责。高校有责任为科研项目承担者提供相应的制度保障和工作条件,有责任督促大学的有关科研项目承担者认真履行科研合同,高质量地完成相应的科研任务。同样,高校也有责任为产学研合作大学一方的有关单位和个人提供良好的工作条件和制度保障,支持其积极开展相关活动,提高科学研究和人才培养的质量,推动产学研合作的顺利开展。

在出资者的7个维度中,科研合同完成率占到较大比重,达到21.4%。这反映了在高校的管理过程中,注重监督科研项目承担者的完成情况,督促其履行科研合同并高质量完成科研任务,高校的科研责任已经得到了各个高校高度的重视。资产保值增值率、预算执行率以及资产报酬率的权重分别是19.6%、14.6%和13.4%,这反映了高校提高自己的偿贷能力,切实保障贷款提供者等利益相关者的合法权益。出资者通过投资,可以获得宏观经济效益,在提高劳动者的素质、加速文化和科技发展、提高劳动生产率、促进经济增长和社会进步等方面发挥着重要作用。特别是在知识经济中,知识的创造、加工、传播与应用是经济增长的最重要源泉,而唯有高校这样的一种社会机构,才能够很好地整合知识的创造与加工。教学的基本功能是进行知识的传播,而高校利用其各方面的优势进行的科技开发和社会服务活动,则是知识的应用。产学研项目合作数和专利授予量的比重相对较低,为10.7%。这说明高校在履行科研责任时,对产学研项目和专利申请没有更多的关注,或者说并没有致力于增加对两者申请的激励。产学研合作与专利申请不仅能够提高高校的科研产出,更是吸引出资者为高校提供资金支持的方式之一,所以其是一个很好的双赢选择,亦是一个良性循环,高校应对其给予足够的重视。

3. 社区在高校社会责任指标体系中的比重位于出资者之后，达到15.6%，跟其差距并不大。首先，社区对高校的重要度毋庸置疑。社区是高校存在的基础，高校为社区居民所有。高校是社区内管理规范、组织严密的实体，作为一个独立的社会组织体，高校对社区的影响是全方位和深刻的。同时社区也是高校所在地，社区为高校提供发展背景，社区是高校存在的基础，高校为社会共有，高校的公共性要求必须为社会服务，社区也应当支持参与高校的发展。其次，社区是高校多种公共关系的交叉和聚集。社区为高校发展提供了必要的物资条件和安定和谐的周边环境。高校教职工和学生的各项活动都离不开周围社区的支持。因此，社区期望高校能为社区服务。

在社区的17个维度中，科研社会回报率所占比重最大，为12.9%，其次是技术成果转化量和科研技术服务平台数，皆为11.1%。这反映了高校通过研究成果转化和其他社会服务，促进社区经济增长和社会发展，有助于扩大当地社区的社会影响，提高社区的知名度。高校高度重视把学校的科技成果转化为现实生产力，以反哺社会，给所在社区带来各种经济的和非经济的利益。例如可以拉动当地消费，提高社区的影响力和知名度。社会公众，一方面作为纳税人与学校有着一定的经济上的联系，另一方面，高校的发展会促进社会的发展和进步，进而保护和增进社会公众的利益。基础设施使用以及社区服务满意度所占的比重相对较低，为5.1%和5.6%。说明高校今后应更加注重为社区和人民提供基础设施并提高社区服务的质量和效果。以职业培训结业比率、从业教师比率及从业教师职称比率作为维度的职业培训责任所占比重也相对较低，平均为2.8%左右。这一定程度上反映了以高校为中心的思想意识仍然根深蒂固。当学校披上"制度化"的外衣时,它所拥有的计划性、组织性、目的性就对高校的人才培养功能加以区分。

学校神话虽然已经被打破,但人们因对学校知识的评价颇高,仍对高校寄予厚望。学校自身也已懂得教育自居,将社区的参与仅仅看作对高校教育的补充。甚至当社区介入学校的管理和教学时,学校会因自己独断的权利受到冲击而产生反感。这样,学校把社区看作是"教育的外行"。社区教育的实现也只能托付给学校的继续教育、成人教育、业余教育等非正规教育。在文化设施与社会活动方面所占的比重也较低,这说明了学校文化与社会文化的冲突频繁。高等学校是传播和发展科学文化知识的地方,这就意味着高校扮演着文化先锋的作用。社区文化是一种包容的文化,包含着形形色色不同阶层人的生活习惯、意识形态、社会观念,可以说是生活的文化,相较于学校那种高姿态的文化来说,社区文化更接近平民。

当毕业生从学校文化中出来进入社区文化时,两种文化观念就会产生激烈的冲突。这就要求学校在管理过程中能够让社区参与到教学管理中来,将社区教育与正规的教育联系起来,使学生在具备为社区服务的能力时也具备良好的价值观。

4.学生在高校社会责任指标体系中的比重紧随其后,为15.0%。学生作为投入物质资本与人力资本消费高等教育服务的群体,他们是高等教育中的顾客,也是高校的核心利益相关者。对于学生来说,其最大的利益需求是希望通过大学阶段的系统学习,使其自身能获得积极适应社会的能力,并于社会中获得良好的发展。因此,高校应积极回应于学生的利益需求,优化教学资源,深化教育改革以不断提高教育质量。高校应积极优化教学资源,如主动适应形势,积极进行专业改造和院系调整;修订教学计划,探索更新课程体系;组建素质优良的学科教师梯队,合理配置教师资源等。大学应当在"以人为本"的教育哲学观的指导下,不断深化教育改革,主动顺应21世纪现代大学教育的发展趋势,全面推进素质教育,逐步建立以素质教育为基础的创新教育体系和以创新精神、创新意识为核心的人才培养机制。高校还应当不断加强和改善教育教学管理,努力改进教育教学方法,稳步提高教育教学质量,力求使学生从充满活力的大学所提供的知识服务中真正获益。

从学生责任的子维度中可以看出,就业满意度所占的比重最大,达到16.7%。说明高校较为注重培养学生的综合素质,以增强学生适应社会的能力,通过在学校的知识学习、人格培养以及能力锻炼,学生在毕业后找到满意的工作,在社会中实现自我价值。思想政治素质的权重紧随其后,为15.4%。这反映了高校注重培养学生的政治修养与素质,通过组织学生进行政治学习,鼓励入党,举办学院与校党校学习,旨在为社会输送思想政治品质良好的毕业生。毕业生薪酬和英语及计算机水平所占的比例较大,分别为12.6%和10.1%。这两方面均与毕业生的就业认可度有关,可以看出高校在履行社会责任时,已将其纳入社会责任的范围,但是重要程度还没有达到应有的要求。生均奖学金及助学金持有量所占比重为9.7%,这反映了高校比较注重为学习优秀的学生提供奖学金,为家庭困难的学生提供贷学金或助学金。近年来,国家出台了一系列对西部地区、少数民族等的救助与优惠政策,这也引起了各高校的重视,高校对学生的补贴和资助一方面提高了其自身的形象和声誉,另一方面也回报了社会。生均图书量、校舍建筑面积以及网络资源拥有量所占权重相对较低,说明高校在这些方面仍需更加重视和完善。就业咨询人次所占的比重比前三者低,反映了高校在就业咨询方面工作仍需进一步完善,高校有责任向学生提供就业指导及其他服务,应当向学生进行就业知识培训和就业指导,提供就业咨询。

5.教职工在高校社会责任指标体系中的权重最低,为11.8%。学校的教职工即教师和行政人员是学校主要的办学力量,也是大学的核心利益相关者,大学应积极回应教职工的利益需求,切实承担责任:加强对教工的思想品德教育和业务培训,不断提高教工的整体素质,使教工能够更好地适应岗位的要求,承担其岗位职责;充分发挥教工的作用,积极支持教工参与学校的民主管理,提供展示教工才能的广阔舞台;为教工的个人发展创造条件,并不断改善教工的收入和福利待遇,使教工能以饱满的热情投入到学校的各项工作中去。

在教职工责任的8个子维度中,人力资本投入水平所占比重最大,达到27.3%。这反映了高校注重通过人力资本投入,提高教职工质量,努力吸纳有较高知识水平和科研能力的教师,人力资源的竞争已成为现代高校竞争的一个重要方面。教职工人均年教育经费率所占比重其次,为18.2%,说明了高校重视提高教职工队伍的素质,加强思想教育、法制教育、文化素质教育,加强对教工的业务知识培训,使教职工能够适应岗位的要求,承担其岗位职责。教职工收入提高率和教职工平均补助费的权重分别为13.5%和10.2%。说明高校比较注重不断改善教职工的工作生活条件,使教职工能以饱满的热情投入到学校工作中去,在此方面高校应进一步完善。学校民主管理教职工参与率所占比重为12.7%,反映了高校支持教职工参与学校的民主管理,为学校发展献计献策。高校应注重充分发挥教职工的作用,为教职工发挥才能提供有效的舞台。人均校舍面积、文体活动举办数以及社保支付率的权重较低,这体现了有时高校忽视教师的需求,把提高知名度、扩大生源、提升教学科研水平等高校需求摆在首位,忽视了对教师的终极关怀,高校需意识到教职工的需求得到满足,才能使其更加投入到教学与行政工作中去,才能发挥他们的能力。

第三节　我国高校社会责任评价指标权重存在的问题及改进措施

高校社会责任和利益相关者理论原本属于两个相互独立的问题,前者探讨高校对社会所承担的责任,后者研究社会各相关群体与大学的关系。然而,在近几年国内外的相关研究中,越来越多的研究者认识到,高校社会责任问题与利益相关者理论确有很多共通之处,两者之间存在着理论上的内在同一性和研究趋向上的相互渗透性。如果忽视了利益相关者,高校的发展将会越来越困难。本章试图通过描述上一部分我国高校社会责任指标权重存在的问题,提出自己的改进方案,也是对前文中高校社会责任指标体系的补充。

一、我国高校社会责任评价指标权重存在的问题

通过前面的分析可以看出,高校社会责任很大程度上倾斜到政府和出资者指标上,而社会责任指标体系中考虑其他利益相关者的指标比较少,并且在实际应用过程中,对其他利益相关者的重视程度不够。产生这种问题的主要原因体现在以下方面:

(一)从现状来看,我国高校的权力结构属于行政权力主导型模式。高校组织经常是党政不分,机构重叠,责任不清,效率不高,

职能部门权力过大,代表校长对院校领导、学术事务的干预过多。在教学管理上,教代会和学代会权力有限,科层制的教学管理模式掩盖了学生的主体性地位,强调职能分工,规章制度控制,将人视为物,以学校管理者为主体,以行政权力的使用和表达为特征,追求管理过程及结果的规范和效率,照章办事成了管理者唯一的信念,没有很好地吸收教师和学生参与管理活动,重视他们的主体价值,他们的责任感、主体性难以形成和发挥。

(二)政府事实上在高校的办学过程中,往往以"全能者"的身份出现,管了许多不该管也管不好的事情,如过多地干预高校的教学计划、专业设置、课程安排、学位授予等,如对高校实行严格的行政管理,设置政策性的准入壁垒,限制其他社会团体和个人举办高校,这些行为使得高校的主体地位受到行政命令和政府计划的约束和限制,高等学校在一定程度上成为政府的附属物,因而缺乏自主权和办学活力。

(三)在高校管理中,虽然注重教职工的利益与需求,但是实际上教师权力的影响力与完备而庞大的党政体制相比,仍处于从属地位。无论是个人还是集体,教师对高校的大部分学术事务以及大量的非学术事务少有发言权。同时,干部的知识化、专业化,使一部分教师进入行政体制。他们的学科专业背景使其在行使权力的过程中,能在某种意义上反映教师的主张和愿望。但是,由于身份变了,且在种种条条框框的限制下,他们行使的主要是行政权力而非学术权力。

(四)近几年来,各高校为了彰显对学生权利的强化,在高等学校教学评估过程中加入了学生评教这一环节。表面上看,学生从教学的客体变成了教学的主体,学生可以通过对课堂的评价来达到改善教师教学的目的。然而,高校学生评教在教师中遇到不小的阻力,最终通过学生评教而改善教学的学校也不是很多。

(五)我国现今高校人才培养中仍然存在重知识灌输、轻能力培养的现象,缺乏对职业生涯的教育。有的学校在学生大四毕业前的一两个月对学生进行职业生涯的简单教育,学生实际能力的培养仍没有提高。

二、我国高校社会责任评价指标体系的改进措施

从我国高校社会责任指标权重来看,政府责任达到40%以上,其余四者的比重皆在20%以下,可以看出,我国高校没有均衡发展利益相关者。

在现实中,高校管理者首先面临以下问题:第一,高度重视为创造高校声誉作出贡献的利益相关者及其互动关系;第二,要对高校与利益相关者互动关系进行有效评价和管理;第三,如何平衡和满足利益相关者的价值需求。根据前述分析,对我国高校社会责任指标的改进方案是主次有序,均衡发展。初步提出以下管理策略或建议:

第一,学生利益应该得到足够的重视。学校不能让学生学有所成,不能成为社会、国家期望的人才,那高等学校就失去了其存在的意义。教学评估应以学生为主体,学生通过评估可以及时将信息反馈给教师,教师根据反馈信息调整自己的教学目标、内容、方法,从而达到改善教学的目的。建立学生信息员制度,具体可以以年级为单位,选拔部分优秀学生干部作为学生信息员,定期直接向学校管理层反应教学过程及管理中存在的问题以及自身的意见和建议。维护学生权益的制度化也是一种有效的方式,制度和法律在高校利益相关者责任的供需关系中起着协调的作用。对于高校利益相关者责任的供给,一方面引导高校自觉承担起对利

益相关者的责任,另一方面可以强制其承担利益驱动不足的对利益相关者的责任,如对家庭困难学生资助、对学生的安全保障等。

第二,社区赞助和参与社区共建是高校社会责任的一部分。近几年,政府针对西部地区、少数民族、贫困地区的教育优惠政策不断出台,使得高校也相应地推出招生优惠政策和规章制度。高校利益的实现要以社会公众利益的实现为前提,特别要对所在社区做出贡献。满足高校利益相关者的价值需求和期望。利益相关者主要是通过高校对自身价值需求的满足程度,来决定其内心的高校感知,进而影响利益相关者及其多重角色的持续支持、参与、合作和服务的行为,同时他们还会把自己对高校的感知通过人际关系网进行有意或无意的口碑宣传,影响其他利益相关者或与之关系密切者的高校感知和行为。因此,发展良好的高校与利益相关者关系,最大化地满足利益相关者的价值需求,是高校发展的核心和本质。

第三,高校对教职工的社会责任主要体现是发挥教职工作用与改善其待遇。教职工越来越重视学校的声誉和个人的收益,教职工参与学校管理的愿望和要求越来越强烈。教职工既要求学校不断提高教学质量,不断提高办学声誉,也要求学校为教职工的个人发展创造条件,并要求学校不断增加教职工的收入和福利待遇。高校应坚持人性化的管理制度,完善督导工作制度,建立多元主体参与教学质量管理的决策制度,调动教职工的积极性。高校应通过改革人力资源管理政策,实行人性化和民主式管理,高度重视教职工的价值需求和期望,培育教师与高校之间的良好关系,提高教职工的满意度,最大限度调动教职工的敬业精神,使其做好本职工作,向利益相关者提供优质服务。

第四,高校管理者需要对学校的社会责任和利益相关者满意度进行审视,它决定了高校的办学理念和可能采取的政策和规章制度等,也决定了高校发展过程中的一切态度和行为。了解利益相关者的价值需求和期望。高校应建立适当的交流沟通机制,通过多种渠道和形式充分了解利益相关者对高校的价值需求和期待。这将有助于指导高校及时调整或改进有关的管理政策、管理方法等。因此,理解利益相关者的价值需求是高校组织管理创新的首要前提。

第五,有效利用利益相关者的资源和能力,如学生的求学欲望和口碑效应、教师的工作热情、政府的政策支持和资金供给、用人单位的人才需求、科研合作单位的科研经费提供、校友及捐赠者的赞助意愿、媒体积极的正面报道和在危机事件上的配合与公正报道等等。同时利益相关者的满意度和认同度将是其传播知名度最重要的资源。虽然高校无法控制口碑传播过程,但高校可以通过培育良好的互动关系,提高利益相关者价值满意度来影响口碑传播的积极性、正面性和显著性。

上文从利益相关者的角度出发,确定了我国高校社会责任的主要内容,即对政府的责任、对出资者的责任、对社区的责任、对学生的责任和对教职工的责任。在指标的设计过程中,参考了国内企业社会责任评价体系的指标设计方法,并在充分参考国内高校评价方法和指标体系、大学排名以及高校绩效评价的前提下,构建了一套可行可比的高校社会责任评价指标体系。针对设计的高校社会责任评价指标体系,设计了有关调查问卷,通过专家打分,运用层次分析法确定了指标权重,最终得出高校社会责任评价各项指标的权重,并对此进行结果分析。

这个高校社会责任评价指标体系只是一个探索,也存在一些不足和局限性,部分指标的设置是参照了国内大学评价的相关文章而得来的。指标有待进一步完善和考量。为了与评价方法相适应,指标采取定性化方式给分,这样并不能精确反映高校的社会责任绩效。

第七章　中国高校社会责任的实践

第一节　人才培养

一、新中国成立前大学的人才培养

据史料记载,我国很早就有专门培养高级人才的机构,如汉代的太学、唐代的国子监以及宋代发展起来的书院等。如教育史上影响巨大的春秋战国时期齐国的稷下学宫,具有学术和政治的双重性质。思想兼容并包,汇集了一大批知名学者,促进了各种学说的发展和新学说的创立,培养了大批学术和政治人才。汉朝建立了全国最高教育机构——太学,培养统治人才。之后各朝代都设立官学,以培养高级统治人才和专门人才。在封建社会后期,兴盛起以培养学术人才为目标的书院这种大学教育形式,它萌芽于唐末,发展于宋、明,普及于清代。书院教学是以学生自学和独立研究为主,人才培养的目的在于做人,而非入官。提倡学术交流,在哲学、政治学、经学、伦理学等理论领域做出了创造性的贡献。

自隋朝开始,中国古代封建社会选拔人才主要通过科举考试,人才培养目标定位于"以科举制等为手段,从社会中下阶层甄选出适合的人才,并予以其不同的社会分工,使之通往上层社会"①。

在教育方面,重视道德教育和人文社会科学教育,"政教合一",人才培养的目标是培养封建统治需要的各级官吏。到清朝,正式废除科举制度后,清政府顺应时势调整人才培养目标和课程结构,开始重视西方近代科学文化知识。在西学东进的潮流冲击下,开始关注世界探索新知寻求强国之道,在此背景下,西方高等教育制度被引进到中国。洋务时期洋务派兴办近代高等专门学校,从1862年建立的京师同文馆,到1895年,这样的洋务学堂有26所。主要有外国语学堂、技术学堂、军事学堂等,秉持"中体西用"的培养原则,分别培养外交和翻译人才,专业技术人才和专业军事人才。洋务运动后期,已不满足于单纯学习西方的生产技术和自然科学知识的"西艺",对资本主义的经济制度、政治、法律等措施的"西政"也提到议事日程上来。②

1895年盛宣怀主持创办天津北洋中西学堂,按美国模式办学。1897年,盛宣怀又在上海创办南洋公学。1898年的京师大学堂(1912年改名为国立北京大学),"既是戊戌维新运动的产物,也是19世纪中叶开始的中学与西学、科学与学校长期斗争的产物"③。京师大学堂是中国第一所国立综合性大学。它既是全国最高学府,又是国家最高教育行政机关,以培养"西政"人才为目标。明定"中

---

① 陈青之:《中国教育史》,东方出版社2008年版。
② 舒新城:《中国近代教育史资料(上册)》,人民教育出版社1981年版,第43页。
③ 肖超然等:《北京大学校史(1898—1949)》,上海教育出版社1981年版,第1页。

学为体,西学为用,中西并用,观其会通"之教育原则。但初期的京师大学堂只是现代大学的雏形,"严格地说,实际上整个京师大学堂在清末没有培养一名正规的大学本科毕业生,无论从学堂的教育制度还是教学内容和方法来看,距离近代大学的要求还很远,实际上仍处于封建太学向近代大学转变和过渡的阶段"①。真正实现由传统向现代大学的转换,是在民国后,蔡元培对其进行的改革。

民国时期,蔡元培主持教育部,"仿德国大学制"颁布了《大学令》、《大学规程》等一系列法令,并开始实施"大学改制"。②《大学令》第一条郑重提出:"大学以教授高深学问,养成硕学闳才,应国家需要为宗旨。"1917年蔡元培出任北京大学校长,真正开始实施他的大学理念。他将中国传统文化和德国大学教育精神结合起来,加强大学基础知识和基本理论的教育,较好地改革了北京大学。

五四运动至第一次国内革命战争时期(1919—1927年),《国立大学校条例》仍规定"国立大学校以教授高深学术,养成硕学闳材,应国家需要为宗旨",即此时期大学仍以培养适应国家所需的"硕学闳材"为目标。第二次国内革命战争时期(1927—1937年),国民党统治区以"三民主义教育"为宗旨,关于其"高等教育"的人才培养目标规定学生应切实理解三民主义的真谛,并且有实用科学的知能,俾克实现三民主义之使命。训育应以三民主义为中心,养成德、智、体、群、美兼备之人格。③

---

① 金以林:《近代中国大学研究》,中央文献出版社2000年版,第27页。
② 蔡元培:《自写年谱》,高平叔:《蔡元培全集》第七卷,中华书局1989年版,第312页。
③ 曲士培:《中国大学教育发展史》,山西教育出版社1993年版,第434页。

二、新中国成立到改革开放前的人才培养

(一)人才培养的政治本位

1949年新中国成立后,社会的建设是以马克思主义为核心信仰,价值体系是建立在"以阶级斗争为纲"的指导思想和计划经济体制基础之上的。表现为:强烈的阶级和阶级斗争意识、强烈的政治和政权意识。[①]在这种政治、经济、意识形态权力高度集聚和重叠背景下,中国大学的主要社会责任是服务无产阶级政治,培养工业化为目标的各类专业技术人才。

1950年《高等学校暂行规定》阐述高等学校的宗旨是:"以理论与实际一致的教育方法,培养具有高级文化水平,掌握现代科学与技术成就,全心全意为人民服务的高级建设人才"。1950年6月召开的第一次全国高教会提出,高等教育"无论在内容、制度、方法各方面,都必须密切配合国家的经济、政治、国防和文化的建设,必须很好地适应国家建设的需要,首先适应经济建设的需要"。1957年毛泽东同志在《关于正确处理人民内部矛盾的问题》一文中提出:"我们的教育方针,应该使受教育者在德育、智育、体育几方面都得到发展,成为有社会主义觉悟的有文化的劳动者。"1958年《关于教育工作的指示》提出了:"党的教育工作方针,使教育为无产阶级服务,教育与生产劳动相结合",在这样的方针下,高等教育在使教学科研面向社会、面向实践和培养具有奉献精神的人才方面有了很大的突破。

我国高等教育政策的制定长期以来主要采用工具理性模式。改革开放之后主要是经济本位,改革开放之前是经济本位和政治

---

① 郑佳明:"中国社会转型与价值变迁",《清华大学学报(哲学社科版)》2010年第1期。

本位,主要是政治本位。国内学者叶赋桂认为,新中国初期,"教育的经济功能受到重视,教育规划也因此着眼于经济建设的需要",而很快在1966年毛泽东提出"教育要革命"后,把政治提到教育工作第一位的趋势又变得不可逆转,教育为经济建设服务的功能又日益萎缩乃至丧失①。而国外学者阿瑞德·特捷达夫也认为,"1949年新中国成立后,中国共产党所建立的大学规程仍然是强调服务于国家的需要,教育和知识的产品明显是为国家政治和意识形态的需要服务"②。

此阶段,由于过强的教育社会功能和过多的政治干预,大学的独立性受到了削弱,学术权利受到压制,导致高校缺乏生机与活力,忽视了对教育主体"人"的关注。

(二)实施专业化的人才培养模式

在人才培养模式上,仿苏联的单科性学院教育模式,实施"以专业为中心、实行统一计划"的专门化教育转变,大幅削减综合性大学,发展专门学院,按产业部门需求设立窄口径学科与专业。这种教育模式,培育了一大批工业技术人才,大大促进了工业化进程,但按产业或社会岗位设置专业,将理论学科与应用学科分割开来,综合大学只保留"基础学科",工科大学只有"应用学科",这极大地削弱了大学的育人职能,给人才的素质结构带来了许多问题。

具体说来,其负面影响主要有:

1.以削弱文科为代价过度推崇专门化教育。经过1952年以来的两次院系调整,文科学生已由1949年的33.1%急剧降至1962年

---

①叶赋桂:"20世纪中国教育政治功能的反思",《高等教育研究》2001年第3期。

②阿瑞德·特捷达夫著,罗丹、高晓杰译:"全球化与大学质量改进——全球化对大学服务质量和组织的影响",《复旦教育论坛》2004年第3期。

的6.8%,这比世界高等教育文科生权重最低的国家还低10%,①是教育史上绝无仅有的。

2.高校在实用工具化目标下被逐一分解,被视为现代大学教育之轴心机构的综合性大学在全国高校的比重也由1949年的23.9%降至1952年的10.9%,以至于到1986年只有4.3%。②包括清华大学、浙江大学等在内的大批优秀综合性大学被调整得面目全非,改为工科院校。

3.专业设置的高度细化导致人才知识与人格结构片面偏狭,人文学科遭到无情打压,文理分家后,大学教育完整性受到严重损害。单科的专门学院,一定程度上增强了工科院校的培养能力,改善了国家培养配套工程技术人才的落后状况。但在专业设置上一味追求专而细,使得高等学校毕业生知识面过于狭窄,文理工分家,影响学生发展后劲,学生的社会适应能力较差,影响了人才的全面发展。同时,这种突出技术教育的极端做法加剧了人文教育的衰落。对此,许美德无不深切地感叹,"这使得许多大学失去了由历史积淀而来的体现于课程设置中的精神气质"。③特别是由于新中国建立后,社会的复苏与经济的建设,乃至国防等领域的特殊要求,理工科压倒人文学科,占据了大学教育的重要领域,导致中国人文教育与人文精神的严重缺失。而且由于意识形态问题,各种人文学科一直无法得到合理的发展。当今中国教育界高呼素质教育,其实质就是呼唤人文精神和人文教育的回归。

---

① 杨东平:《走向公共生活的教育理论——教育的文化传统与社会使命》,北京师范大学出版社2009年版,第26页。

② 中国教育年鉴编辑部:《中国教育年鉴(1949—1981)》,中国大百科全书出版社1982年版。

③ 许美德著,许洁英译:《中国大学1895—1995:一个文化冲突的世纪》,教育科学出版社2000年版,第109页。

在大学的教学原则上,除了意识形态的影响政治为本位外,还强调高等教育要与生产劳动相结合。1958年,党中央把"教育同生产劳动相结合"作为教育方针的重要内容和"教育的基本原则"。1958年9月,国务院发布的《关于教育工作指示》中,明确地把"教育与生产劳动相结合"定为教育方针的重要内容。

在教育同生产劳动相结合的实践方面,由于当时的环境和党的指导思想,发生过"左"的偏差和失误,认识上过分强调教劳结合的政治思想教育功能。建国初期,生产劳动被认为是单纯的体力劳动,再加上愈演愈烈的政治运动,教育与生产劳动相结合虽然仍然是作为教学法的一个原则存在,却只强调了对学生进行思想改造的一面,忽视甚至取消了科学知识的教学,以生产劳动取而代之。有学者即认为,这一时期我国把"教育和生产劳动相结合"看成是政治理想问题、意识形态问题和社会主义教育的本质特征问题,定为党和国家的教育方针,通过党和政府的行政权力和行政手段在全国强力推行。[1]特别在"文化大革命"期间,将知识分子当作改造的对象与工人农民对立,将脑力劳动与体力劳动对立,将劳动与学习对立起,从而使教育事业遭到严重的破坏。对此,我们要吸取沉痛教训,但这不是教育方针本身的问题,而是贯彻执行中的问题。[2]"文革"期间,"教育与生产劳动相结合"被当成打倒知识分子的工具,把劳动等同于改造和惩罚。教学内容上片面强调实践性而忽视基础理论,特别强调农业劳动或体力劳动,推行"以劳代教"、"以厂代校",用生产劳动取代知识教育,完全违背了它本来的含义。

---

[1] 成有信:"教育与生产劳动相结合理论的新探索",《北京师范大学学报(社会科学版)》1997年第3期。

[2] 刘世峰:《中国教劳结合研究》,教育科学出版社1996年版。

三、改革开放后人才培养模式

"文革"结束后,开始了对于人才培养的全面改革,大学的教学秩序慢慢恢复。大学开始恢复招生,教学职能也随"大力发展高等教育事业"而得以恢复。政府非常明确地把"加速培养各方面的建设人才"放在了高等教育最突出的地位,并部署了一次大规模的扩大招生行动,招生人数迅速增加。1977年7月29日邓小平就曾指出要抓一批重点大学。

1978年的改革开放后,国家转向以经济建设为中心,大学从"政治挂帅"过渡到"为经济建设服务",致力于高等教育现代化。国家先后提出了"教育优先发展"、"科教兴国"与"人才强国"战略。1985年5月27日,《中共中央关于教育体制改革的决定》把"积极改革教学内容、教学方法、教学制度,提高教学质量",作为一项十分重要而迫切的任务。教学、科研并重的政策,恢复了大学作为高等教育机构的天赋权利,也为大学此后开展的一系列社会服务活动奠定了基础。高校直接参与经济建设,大办高科技产业、科学园等以适应和服务经济。人才培养从单一化到能适应社会需要的多样化,如继续教育、在职攻读等。1999年开始实施的《高等教育法》第三十一条规定,"高等学校应当以培养人才为中心,开展教学、科学研究和社会服务,保证教育教学质量达到国家规定的标准"。《国家中长期教育改革和发展规划纲要(2010—2020)》指出,把提高质量作为教育改革发展的核心任务……把促进人的全面发展、适应社会需要作为衡量教育质量的根本标准……把教育资源配置和学校工作重点集中到强化教学环节、提高教育质量上来。教育要促进人的全面发展,教育质量的提高关键在于适应社会需要。

第七章
中国高校社会责任的实践

1992年,党的十四大确立了我国社会主义市场经济体制。与此相适应,大学的教育理念与体制也需调整,大学如何定位并与市场经济转型相适应,充分发挥自己的社会功能?在教学上,大批实用性、应用性强的课程开始兴起。80年代开始,为推动学生的全面素质教育,一批大学重视人文社会学科,在专业教学基础上加强了人文学科的教学。

同时,对教育与生产劳动相结合的认识与实践有了突破。1978年4月22日全国教育工作会议上,邓小平提出,"教育与生产劳动相结合作为培养理论与实际结合、学用一致、全面发展新人的根本途径,在无产阶级取得政权后,教育与生产劳动相结合是逐步消灭脑力劳动和体力劳动对立的重要措施。"[①]。1994年,江泽民同志在《全国教育工作会议上的讲话》中特别谈到了教育与生产劳动相结合的问题,他说,教育与生产劳动相结合已经明确写入《纲要》,并且成为我们教育方针的重要组成部分,教育与生产劳动相结合是坚持社会主义教育方向的一项基本措施。在实践中,实验教学、生产实习等都逐渐恢复,"产学研"相结合空前发展。[②]

进入21世纪后,教学职能的重要性在教育主管部门再次成为工作的重点。2001—2005年教育部高等学校有关科类教学指导委员会工作会议于2001年6月召开。教育部副部长吕福源做了题为《为建设世界规模最大质量先进的高等教育而努力》的报告,要求为了在我国建设世界上规模最大、质量先进的高等教育,必须重视以下几方面工作:首先,应确立教学工作在高等学校的中心地

[①]中国教育年鉴编辑部编:《中国教育年鉴1949—1981》,中国大百科全书出版社1984年版,第62页。

[②]江泽民:"全国教育工作会议上的讲话",《北京教育》1994年第9期,第2页。

位。一流的大学,首先必须有一流的教学工作。所以,高等学校必须把教学工作作为首要任务,把提高教育质量作为永恒的主题。国家教育行政部门也会制定相应的政策,改进有关评价体系,促进高等学校落实教学工作的中心地位。教育部高教司负责人随后表示,教育部将下发《关于加强高等学校本科教学工作提高教学质量的若干意见》,从政策上保证教学经费逐年增长,保证教学工作的中心地位得到落实。可以说,教学职能在社会服务职能兴起的过程中屡受冲击,同时又屡被重视,其核心地位在21世纪又终于得到政府的认可和保护。

第二节 科研责任的实践

一、新中国成立前大学科研的萌芽

1898年京师大学堂的建立,标志着我国近代大学教育的正式开始。20世纪初,在维新运动推动下,清政府仿照西方流行的三级学制系统模式,制定了新学制。其中涉及到高等学校科学技术研究的法规有《壬寅学制》和《癸卯学制》。[1]《壬寅学制》,这是中国近代教育史上第一个全国性学校系统制度,包括了从小学堂到大学堂的各级学堂章程。第三阶段高等教育分高等学堂或大学预科、大学堂和大学院三级。大学院相当于现在的研究生院,以研究为主。《壬寅学制》并未施行随即被废止。1904年公布了比《壬寅学

---

[1] 熊明安:《中国高等教育史》,重庆出版社1988年版,第388—393页。

制》更为系统详备的《癸卯学制》。其中的高等教育阶段仍然是分为高等学堂或大学预科、大学堂、通儒院三级,规定通儒院为最高学府,招收分科大学毕业生,属研究院性质,负有学术研究的职能,"以能发明新理、著有成书、能制造新器、足资利用为毕业"为宗旨[1]。清政府颁布的这几个新学制规定大学可以设立研究机构进行学术研究,但当时条件的限制,科研工作并未真正实际开展起来。只有个别学科和个别学者进行了一些研究,发表了几篇论文。

1912年至1927年民国北洋政府时期,我国近代高等教育体制初步形成,高校的科学技术研究开始萌芽。大学内的研究机构相继产生,某些学科有了一定发展,特别是生物学、地质学,已进入奠基阶段。农学方面,科技服务活动开始出现。国内外学术交流也逐步开展起来。

民国初年,蔡元培就任教育总长期间,主持起草颁布了几个教育法规。其后,又颁布了《大学令》和《大学规程》[2],初步形成了我国近代高等教育体制,高等学校的科学技术研究也在这一时期开始萌芽。1912年教育部颁布的《大学令》规定大学以"教授高深学术"为宗旨。1922年公布《学校系统改革案》(该学制称《壬戌学制》)。文件规定"大学院为大学毕业及具有同等程度者进行研究之所,年限不定"。这三个法规的颁布,基本上确立了大学学术研究的地位,促进了近代高等教育体制的初步形成。

20世纪20年代初期,大学的研究机构也相继诞生。如北京大学设立了地质研究所、化学研究所等。南洋大学于1926年成立了工业研究所;中山大学1926年设立了农学院稻作实验场、品种改良

---

[1] 郑登云:《中国高等教育史》,华东师范大学出版社1994年版,第73—74页。
[2] 郑登云:《中国高等教育史》,华东师范大学出版社1994年版,第100—109页。

所①。除了建立一批研究机构从事科研外,也相继组建了一批科学技术专业学会,开展学术活动,如中国工程师学会(1912年)、中国科学社(1915年)、中华医学会(1915)、中华农学会(1917年)、中国天文学会(1922年)、中国地质学会(1922年)、中国气象学会(1924年)、中国生理学会(1926年)等。高校的教授学者是这些学会的会员之一。学会举办各种学术年会和学术交流会,编写科学丛书,合作开展课题研究等。此外,高校内也成立了各类专业学会,如1920年成立的北京大学地质研究会、1926年成立的中山大学南方生物学会等。同时,部分高等学校还积极进行国际学术交流活动。如科学家翁文灏先后两次(1922年、1937年)代表中国出席国际地质学大会,均被推举为大会副主席。

1927年国民政府成立后,政府重视科学教育的发展,于1928年先后设立中央研究院和北平研究院,专门研究学术。1929年4月,国民政府公布《中华民国教育宗旨及其实施方针》②,规定大学教育的目标:"大学及专门教育,必须注重实用科学,充实科学内容,养成专门知识技能,并切实陶融为国家社会服务之健全品格。"同年7月,政府公布了《大学组织法》③,此后,在许多高等学校中都建立了研究院及其一系列的研究机构,使得高校的研究工作在组织形式上和学科分布上都有了较大的发展和新的突破,初步形成了高校科学技术研究工作体制的雏形。同年8月,教育部公布了《大学规程》。规定高等教育机构分为大学、独立学院、专科学校和研究院四种。其中关于办学目标,大学是"研究高深学术,

---

① 黄义祥:《中山大学史稿》,中山大学出版社1999年版,第235—236页。
② 孙培青:《中国教育史》,华东师范大学出版社1991年版,第426页。
③ 郑登云:《中国高等教育史》,华东师范大学出版社1994年版,第234—236页。

养成专门人才",强调的是研究和学术性;大专是"教授应用科学,养成技术人才",侧重的是应用性。

1934年,教育部又根据《大学组织法》第8条"大学得设研究院"的规定,公布了《大学研究院暂行组织规程》及《学位授予法》。其中规定,为了便利招收大学本科研究高深学术,为了便利教员进行科学研究,大学设研究院,下分为研究所,这标志着国家层次上高等学校科研工作组织规程的首次出现。[①]此后,许多高等学校陆续建立一系列的研究机构,如清华大学1929年成立了研究院,开始招收研究生,开展科学研究。1935年扩展为理科研究所,所下又按学科分设研究部。1936年成立了清华大学航空研究所。中山大学农学院1928年成立了农林植物研究室,后来发展成为华南植物研究所。南开大学1932年成立了应用化学研究所。武汉大学于1935年成立了工科研究所。上海交通大学(原交通部南洋大学)1929年6月成立工业研究所,把发展科学技术确立为自己的社会职能。

到20世纪30年代初,就发展成为一个章程明确、制度完备、组织结构合理、分工具体、活动记录完整的科研机构。[②]这个时期,高校科学技术研究发展相对稳定,并取得了一大批重要成果,如中山大学医学院的病理学研究所对华南的地方病及该地各族人民的血型等病理、生理特点作了系统研究,其成绩在国内医学界有着良好影响,处于同类学科的前沿;另外,山东大学生物学系海洋生物研究室的有些研究成果达到了国内甚至国际领先水平,如

[①] 郑登云:《中国高等教育史》,华东师范大学出版社1994年版,第234—236页。
[②] 殷朝晖:《论国家科研体制建设与研究型大学发展》,华中科技大学博士论文2005年版,第50页。

曾呈奎先生的《海南岛海产绿藻之研究》,所论及者全数为我国之新记录,并有3种为世界稀有标本,故其在海产植物学论文中占有重要地位。①

1937—1949年期间,连年战争使许多高校的科研工作受到了极大的影响,出于形势的需要,高校的研究工作多侧重于应用科学技术。当时研究领域主要在历史、文学、人类学和社会学等方面,在自然科学方面,除了与战争有关的专业,其研究也涉及农业和工业发展等。②在社会科学方面的研究成果有冯友兰的《中国哲学史》、钱穆的《国史大纲》、朱经农的《近代教育思潮七讲》、王力的《中国现代语法》等;在自然科学方面研究成果有吴大猷关于多元分子振动光谱与结构研究、马士俊的原子核及宇宙射线之同予理论等。③尽管时局动荡,困难重重,但高校在科研机构的建设和科学技术研究与推广应用等方面仍然取得了一定成绩。1938年,清华大学成立了金属研究室,侧重于物理冶金学研究④;1939年,浙江大学成立了史地研究所,下设史学、地形学、气象学和人文地理学等学科组⑤;1942年,湖南大学设立了工科研究所矿冶学部,1943年开始招收研究生。在技术推广方面,四川大学农学院,在科研条件十分困难的情况下,坚持进行水稻、玉米、豌豆和小麦、果

---

①张酉水、陈清龙:《20世纪的中国高等教育(科技卷)》,高等教育出版社2003年版,第22—24页。

②许美德:《中国大学1895—1995:一个文化冲突的世纪》,教育科学出版社2000年版,第85页。

③余晓峰:"抗战时期国统区高等教育发展述论",《攀枝花学院学报》2006年第4期,第23页。

④江崇廓:《清华大学》,湖南教育出版社1995年版,第19—20页。

⑤浙江大学校长办公室:《浙江大学》,浙江大学出版社2000年版,第67—69页。

蔬、经济作物(棉花、甘蔗、烟草、油料等)、植物病虫害防治、蚕桑、农业经济等领域的研究工作；①一些大学还结合战争需要开展研究。如抗日战争时期,日军使用了烟幕弹,因而上海的化学家对活性炭作了一些研究,临时赶制了防毒面具送往前线。军政部应用化学研究所、实业部中央工业实验所、北平研究院化学研究所、清华大学、北京大学等单位,都先后开展了研究,其中军政部应用化学研究所首先用化学活化法获得了成功。②到1949年,全国有各类大学205所,其中有30多所大学有科研工作,但规模甚小。③

二、新中国成立后高校的科学研究

(一)1949—1977年,高校科研曲折的起步期

1949年新中国刚成立时,全国科学技术人员还不足5万人,专门的科研机构只有190余个,其中工业方面的研究机构30余个,农业方面60余个,医药卫生方面12个,地质调查和天文、气象等方面30个。较有基础的科学研究主要是结合中国自然条件和资源特点的地质学和生物学的分类研究,现代科学技术几乎是空白。④高等学校的科学研究规模也很小。新中国成立后,我国高等教育迅速发展,高校的科研工作开展具备了基本条件。20世纪50年代进行了高等教育改革,这场大学改革的内容主要包括以下三个方面:一是被称作院系调整的大学体制改革,一是以专业设

---

①四川大学校史编写组编:《四川大学史稿》,四川大学出版社1985年版,第299—300页。

②吕建荣:"中国高校科技创新能力的历史与现状——基于创新型国家理论的科技创新能力研究",《西北大学博士论文》2007年第28页。

③冯之浚:《国家创新系统研究纲要》,山东教育出版社2000年版,第148页。

④国家科委:《中国科学技术政策指南(第1号)》,科技文献出版社1986年版,第12页。

置为中心的大学教学制度改革,一是设置科学院系统。①前者主要体现在对大学结构与内部组织系统的改革上,即将包罗众多学科的旧大学改造为文理科综合大学和单科大学,并形成以单科大学为主的大学结构;在内部组织系统方面将过去的"大学—学院—系"的三层次系统改为"大学—系"的两层次系统。后者则是在全面学习苏联经验的基础上,设置了专业,并以专业为依据制定了各类专业的教学计划,编写了教学大纲和教科书,以此构成社会主义的、有计划的大学教育制度。

我国基本上是仿照当时苏联的高等教育和科技体制模式,在对高等学校进行一系列重大调整。设立新中国的科学院系统,主要为了大力发展科学技术,加强国防力量,按照苏联模式,单独设置了一套科学院系统,高等学校中的一些骨干力量,被抽调到独立研究机构工作,将主要的科技任务交给科学院的科学家来承担。国家发展科技的主要途径是建立独立的科研院所,高等学校虽有相对较强的科技力量,但除被抽调了一批优秀人才支援中国科学院和国防研究院所外,学校里很少开展科研。科学技术工作是与企业和高等学校的工作分离的。高等学校的科学技术研究工作还没有放到国家科技体系中应有的位置上,国家对大学的基本要求是强调培养专门人才。科学院是中国的主要科研力量,尽管它们也招收研究生,但数量毕竟很少,只是替代了本该由大学去承担的一部分任务。

改革后所建立起来的高等教育和科学技术体制模式,基本是苏联模式的翻版。科学院系统是科学研究工作的主体,高等学校主要承担人才培养任务,教学工作是学校的中心工作,思想政治

---

① 郝维谦:《高等教育史》,海南出版社2000年版,第85—95页。

教育贯穿于整个教学领域和教学过程中。科学技术工作的重心与企业、高等学校分离。高等学校的研究工作没有放到国家科技体系应有的位置,与高等教育自身发展也不相适应。在这样的体制环境下,高等学校科学技术研究的发展必然受到制约。

1956年到1965年,是新中国成立以来历史上十分重要的10年,是探索适合中国情况的社会主义建设道路的10年。1956年,我国制订并实施了科技、教育12年规划,开始探索自己的发展道路[①]。在中央向科学进军的号召鼓舞下,广大科技、教育工作者努力奋斗,提前5年完成了科技规划任务,高等教育获得了快速发展,高等学校的科学技术研究工作也引起了关注,获得了新的机遇,逐渐发展起来,但在体制上仍然没有大的突破。高等学校的根本任务仍是培养专门人才,科学研究虽然在大学教育中仍然存在,但它并没有占主角位置。此后是10年"文化大革命",高等学校又经历了一场灾难,科学技术研究严重受挫,人才培养和科学研究难以为继。刚刚开创的良好局面被破坏,又进入了艰难曲折的奋斗历程。

在1956—1961年,我国高等学校的科学技术研究工作在中央政府的领导下,获得了新的发展机遇,但在体制上仍没有新突破,仅仅是在探索中曲折地前进。1956年3月,国务院成立了科学规划委员会,领导编制1956—1967年科学技术远景规划。7月编制出规划纲要(草案)。纲要中提出:"必要时,高等学校中可以成立独立的研究室","还应鼓励产业部门和科学院把规模较小的研究机构附设在高等学校里面"。上述会议的规划,给高等学校开展科学研究以很大的鞭策和鼓励,使学校的科研工作有希望纳入有计

[①] 张酉水:《高等学校科技发展历史回顾》,《中国高教研究》,2003年版,第12—58页。

划的发展轨道。然而,在十二年规划实施中,高等学校仍没有条件建立专门的研究机构,科学院也没有把规模较小的研究机构设在高等学校;相反,却把原来利用高等学校的条件,与高等学校合作建立的几个研究机构改成了独立的研究机构。其中,规划提出的 57 项研究任务和 582 个中心问题,没有一项是由高等学校作为负责单位的。据国家统计局和中国科学院编印的《全国科学研究机构调查资料》,在 1956 年,全国研究机构和高等学校共有科学技术研究人员 77771 人,其中高等学校 58346 人,占 78%;科学院 4808 人,占 6%;高级科学技术人员共 9879 人,其中高等学校 7895 人,占 80%;科学院 605 人,占 6%。[1]等学校虽有较大的科研队伍,但仍无充足的科研经费,研究工作难以有较大发展,周总理提出的高等学校要在全国科学发展计划指导下,大力发展科学研究的要求也未能实现。这种现象引起了高等学校强烈反响,于是有关部门领导和科技教育界的有识之士,为探求我国科技体制,进行了不少调查研究和呼吁,引起了中央的重视和关注。

1957 年,高等教育部党组对科学研究工作的方针、体制、高等学校科学研究的地位、高等学校同科学院和产业部门的分工合作等四方面,提出了系统的意见,还阐述了高等学校必须而且可能成为基础和应用科学研究中心的理由。1962 年,经中央财经小组和科学小组批准,从 1963 年开始,给高等学校划拨一定额度科技事业费,将高等学校的科学技术研究纳入国家计划。从此,高等学校作为科技事业一个重要方面的地位基本得以确立。在以后的几年里,高等学校科研迅速发展,某些领域的研究工作进入了世界先进行列,为我国工业化和"两弹一星"研制成功做出了应有的贡

---

[1] 张酉水、陈清龙:《20 世纪的中国高等教育(科技卷)》,高等教育出版社 2003 年版,第 55 页。

献,到60年代中期,我国已建立起一批科研基地,如清华大学的无线电研究所、化工研究所,北京大学的数学研究所、物质结构研究所,复旦大学的数学研究所、遗传研究所,南京大学的固体物理研究所、配位化学研究所,南开大学的元素有机化学研究所等,这些基地不仅在当时是教育科研的重要场所,发展至今仍是我国的重点基地。

尽管从1962年到1966年,我国高等学校的科学技术研究获得了迅速的发展,但从总体上看,那时国家科技体系的主体还是独立科研院所,企业的科技力量很薄弱,大学的作用还未充分发挥。具体表现在:在高等教育体系中,虽然已经倡导高等学校应该开展科研,但在实际执行过程中,基本上只局限在少数重点大学的部分优势学科范围内,而且明确必须在教学为主的前提下进行。在这个时期,科研尚未成为大学必须担当的一项重要任务,更没有广泛地开展起来。另外在科研内容上,高等学校主要承担纵向任务:一部分是国家基础研究课题;另一部分是来自国家和部门的高新技术研究课题;而且,高等学校的技术研究也一般做到实验室成果阶段为止,很少进行成果转化和推广应用的工作,因此,高等学校的科研工作总体上对国家经济建设的作用还显得不够突出。而1966—1976年的"文化大革命"更是使高等学校科学技术研究活动严重受挫。①从1949到1978年,我国高等学校的科学研究工作基本是为高校人才培养服务的,并未成为国家科技创新体系的主体。

(二)1978—1985年,高校科研工作的恢复期

"文革"结束后,我国的高等教育事业蓬勃发展。在"科学技术

---

① 殷朝晖:《国家科研体制建设与研究型大学发展》,《华中科技大学博士论文》2005年版,第55页。

是第一生产力"的指导思想下,大学的科学研究得以重视。

1977年7月,邓小平在听取教育部的工作汇报时指示说,"要抓一批重点大学。重点大学既是办教育的中心,又是办科研的中心"①,首次提出了高等学校应该具有教育和科研双中心的思想。1977年8月,邓小平发表"关于科学和教育工作的几点意见"的谈话,②他指出:"高等院校,特别是重点高等院校,应当是科研的一个重要方面军,这一定要定下来。它们有这个能力,有这方面的人才。事实上,高等院校过去也承担了不少科研任务,随着高等院校的整顿,学生质量的提高,学校的科研能力会逐步增强,科研的任务还要加重。朝这个方向走,我们的科学事业的发展就可以快一些。……我们现在还不能让所有的高等院校普遍加重科研的分量,但是重点大学都要逐步加重科研的分量,逐步增加科学的任务。从科研队伍大数量来说,若干年后,学校的科研机构也许同专业研究机构大致相等。"邓小平的讲话使高校发生了历史性转折,从此,高等学校的科学研究工作受到了重视。

1978年,《光明日报》发表社论"大学搞科研大有作为"③等文章,指出高校进行科研是必要的,表现在可以提高教学质量和让学生接触到最新的科研成果等方面。1978年,各有关部门采取了若干重要措施,对高校科学研究中的实际问题起了很大的促进作用:一是教育部、国家科委商财政部同意,从科技三项费用(新产品试制、中间试验、重大科研补助)中给高等学校拨款3000万元,用于重大科研和试验、试制;二是教育部在教育事业费中安排研究经费600万元,用于结合教学的自选项目;三是为加强高等学校

---

① 中共中央文献研究室:《邓小平同志论教育》,人民教育出版社1990年。
② 邓小平:《邓小平文选》第2卷,人民出版社1994年版,第53页。
③ 社论:《大学搞科研大有作为》,光明日报,1978-03-23。

科技工作的组织管理,教育部专门成立了科学技术局(后更名为科学技术司)。① 到1979年,我国高等学校的科研基本得到恢复,经费渠道有所疏通,经费也有了较大的增长。在1982年召开的全国科学技术奖励大会上,国家授予有重要发现的科研成果以自然科学奖,其中高等学校获奖57项,占获奖总数的45%。

(三)1985—1990年,高校科研工作的确立期

为解决科研与教育分离的弊端,建立科研、教育和生产密切结合的新科学技术体制,中央做出了关于科技体制和教育体制改革的决定,高校科研工作的地位得以确立。1985年《中共中央关于科学技术体制改革的决定》(以下简称《决定》)颁布,《决定》对高等学校在整个科技系统中的地位做出了明确的规定:"高等学校和中国科学院在基础研究和应用研究方面担负着重要的任务。基础研究和应用研究应当同人才的培养密切结合起来。有条件的高等学校也可以建立一些确有特色的精干的研究机构。"接着,《中共中央关于教育体制改革的决定》(以下简称《决定》)也出台了,《决定》指出:"要根据中央科学技术体制改革的决定,发挥高等学校学科门类比较齐全,拥有众多教师、研究生和高年级学生的优势,使高等学校在发展科学技术方面做出更大贡献。"《决定》更明确地体现了邓小平关于"两个中心"的思想,阐明了高等教育的基本职责:"高等学校担负着培养高级专门人才和发展科学技术文化的重大任务。"同时指明:"重点学科比较集中的学校,将自然形成既是教育中心,又是科学研究中心。"②

两个《决定》指明了科技和教育事业的发展方向,给科技和教

---

① 张酉水、陈清龙:《20世纪的中国高等教育(科技卷)》,高等教育出版社2003年版,第77页。
② 郝维谦:《高等教育史》,海南出版社2000年版,第399—340页。

育事业发展带来了勃勃生机,确立了高等学校科技工作在国家科技体系和教育体系中的地位,使高等学校的科技潜力得到了发挥,全国高校程度不同地参与了所有 76 项"七五"国家攻关项目,其中有 2 项由国家教委作为第一主持部门,32 项为参与主持部门;高校获得科技攻关经费的比例从"六五"的 6%左右提高到 13%左右,其中国家教委直属高校占 7.3%;国家在高等学校中建立起了上百个国家级科研基地。我国高校在国家基础研究和高技术研究任务方面,分别担负着 1/2 和 1/3 以上的任务,发挥着越来越重要的作用。

(四)1990—1997 年,高校科研全面推进,突出重点

20 世纪 90 年代是我国现代化建设的关键时期,为充分发挥高校担负的培养高级专门人才和发展科学技术的重大职责,1991 年 9 月,国务院批转了国家教委、国家科委的《关于加强高等学校科学技术工作的意见》(以下简称《意见》),明确指出,高等学校"已经成为我国科技事业的一个重要方面军,不仅是基础性研究和高技术研究的一支主力,也是科技攻关、引进项目消化吸收、传统产业技术改造和高技术产业开拓中的重要力量"。"培养人才是高等学校的根本任务,科技工作是培养高级专门人才的一个重要手段,是高等教育不可缺少的有机组成部分。""各级政府部门都要十分重视高等学校的科技力量。""高等学校必须高度重视科技工作,把它作为一项基本任务。"《意见》中还强调:"各高教主管部门和高等学校都要从实际出发,制订好今后五至十年的科技工作规划,明确各自的主要任务和奋斗目标。不同教育层次、不同条件的学校在科技工作安排上应各有侧重,逐步形成特色。重点学科比较集中、研究生培养任务重、教学科研基础好的高等学校,要切实办成既是教育中心、又是科学研究中心,成为承担国家重大科

技任务和培养高层次人才的主力,在提高我国科技水平与高等教育质量中起带头作用。"

1993年2月,中共中央、国务院颁布了《中国教育改革和发展纲要》(以下简称《纲要》),进一步明确了高等教育体制改革的目标、内容、步骤。《纲要》中提道:"要集中中央和地方等各方面的力量,办好100所左右重点大学和一批重点学科、专业,力争在21世纪初,有一批高等学校和学科、专业,在教育质量、科学研究和管理方面,达到世界较高水平。"

在这些政策文件的指导下,我国一些科研基础较好的大学积极开展科学研究工作,取得了较好的效果。尤其是自1992年开始正式实施的"211工程"(即面向21世纪重点建设100所左右的大学和一批重点学科)为我国创建研究型大学的活动提供了有力的支持。"211工程"学校数量占全国高等学校比例虽然很小,但是,在校本科生、研究生、博士生占全国的比例分别为32%、69%、84%,科研经费、仪器设备占全国高校的72%、54%,"211工程"学校中有博士学位的教师占全国高校中博士学位教师的87%,覆盖了全国96%的国家重点学科,在我国高等教育发展中具有举足轻重的地位。[1]

"八五"期间,高校的科研机构和科研经费继续稳步增长。在管理体制改革方面,提出并实践了"共建、合作、合并、划转"的八字方针,促进条块结合,增强办学实力,提高办学效益。1995年5月,政府颁布《中共中央国务院关于加速科学技术进步的决定》中明确提出了"科教兴国"战略,即全面落实科学技术是第一生产力的思想,提高全民族的科技文化素质,增强国家的科技实力及向

---

[1] 申振东:"论邓小平、江泽民对发展中国高等教育的贡献",《贵州工业大学学报(社会科学版)》2004年第4期,第3页。

现实生产力转化的能力。高校的科学研究职能得到进一步发挥,科技成果产业化进程加快。

(四)1998年至现在,改革深化,研究型大学创建

1998年5月4日,在庆祝北京大学建校一百周年大会上,江泽民在谈到大学应起的作用时说,"大学应该成为科教兴国的强大生力军","为现代化建设提供各类人才支持和知识贡献",进而提出了"我国要有若干所具有世界先进水平的一流大学"的目标。①创建并发展一批高水平的研究型大学是增强我国综合国力和国际竞争力的必然需求,为了加速高等教育的发展,1995年,经国务院批准,原国家计委、国家教委和财政部制定了《"211工程"总体建设规划》,大部分学校的办学条件得到明显改善,在人才培养、科学研究上取得较大成绩。"九五"期间,高校科技经费继续保持大幅度增长势头。

之后,教育部决定在实施"面向21世纪教育振兴行动计划"中,重点支持部分高校创建世界一流大学和高水平大学,简称"985工程",这标志着我国正式启动了研究型大学的建设。"985工程"所确立的北京大学和清华大学等重点建设的三十多所大学,均设有研究生院,整体办学水平处于全国前列,基本上是国内比较符合或接近研究型大学内涵的大学。"985工程"事实上已成为我国高水平研究型大学建设的重要载体和推动器。自"985工程"宣告启动以来,经过短短几年的时间,这三十多所重点建设的大学在学科建设、人才培养、科学研究、科技成果转化及产业化等方面取得了长足发展。学校的办学条件明显改善,办学效益显著提高,整体办学实力和办学水平上了一个新台阶,为建成一批高

---

① 江泽民:《江泽民文选(第一卷)》,人民出版社2006年版,第8页。

水平的研究型大学奠定了坚实的基础。1999年,中央做出了《关于加强技术创新发展高科技实现产业化的决定》,"加强国家创新体系的建设"。同年,国务院下发教育部制定的《面向21世纪教育振兴行动计划》,提出高等教育要"瞄准国家创新体系的目标,培养造就一批高水平的具有创新能力的人才",实施"高层次创造性人才工程",从而明确了我国高等教育在21世纪的战略发展方向。

2002年,在《全国教育事业第十个五年计划》中,国家提出"实施二期'211工程'"。以"重点支持若干所大学进入国际先进行列,重点建设一批能够达到国际先进水平的重点学科和人才培养基地"。"大幅度提高高等学校的教学科研水平和创新、服务能力,努力缩小一些高等学校与世界一流高校的水平差距,一批重点学科的教学科研达到或接近国际先进水平。"2002年6月,科技部、教育部联合制定了《关于充分发挥高等学校科技创新作用的若干意见》,充分肯定了高等学校在国家创新体系中的重要地位。

2004年2月10日,教育部公布了《2003—2007教育振兴行动计划》,指出:"建设世界一流大学和高水平大学是党和国家的重大决策,对于增强高等教育综合实力,提高我国国际竞争力具有重要的战略意义。今后五年要充分集成各方面资源,统筹协调学科建设、人才培养、科技创新、队伍建设和国际合作等各方面工作,深化改革,开拓创新,使重点建设高等学校和重点学科的水平显著提高,带动全国高等教育持续、健康、协调、快速发展。""继续实施'985工程',努力建设若干所世界一流大学和一批国际知名的高水平研究型大学。"以此为标志,我国高水平研究型大学的建设已正式进入实质建设阶段。在科学研究上,创新型大学更加突出科技创新平台建设、科技创新团队建设以及自主创新和集成创新,高等学校在我国科技创新中发挥着重要作用。①

第三节 社会服务责任的实践

大学在从社会边缘走向社会中心的过程中,大学的功能在不断扩展,承担着培养人才、发展科学、为社会经济发展需要服务、引导社会前进等历史重任。在知识经济社会市场经济背景下,社会对智力的需求、对大学的需求会更为强烈。我国大学社会服务职能的真正产生是在20世纪80年代之后,但其发轫则是改革开放之前就实行的"教育与生产劳动相结合"的教育方针。

一、高校社会服务职能的产生

1958年,党中央把"教育同生产劳动相结合"作为教育方针的重要内容和教育的基本原则。此后,"教育与生产劳动相结合"一直作为学界理论上探讨的热点,在不同的历史阶段,有着不同的解读和应用。70年代提出,教育要同三大革命实践相结合,"开门办学",教学要与生产劳动、科学研究相结合。一些高等学校陆续举办各种短训班。这些短训班有的是根据部门的干部培养规划,将工农兵请进学校对干部加以培训;由学校派出教师,按工厂、农村、部队的要求去办;成立新技术或科研成果推广学习班等方式。但这一阶段的"教育与生产劳动相结合"在认识上过分强调教劳结合的政治思想教育功能,实践中过多地用生产劳动取代知识教

---

①吕建荣:《中国高校科技创新能力的历史与现状——基于创新型国家理论的科技创新能力研究》,《西北大学博士论文》2007年第35页。

育,给我们的人才培养和经济建设带来很大的损失。

改革开放之后,高等教育体制的各项改革围绕经济建设这个中心而展开。"教育与生产劳动相结合"理论有了突破性的发展。邓小平同志在1978年的全国教育工作会议上重新阐述了教育与生产劳动相结合的问题,认为教育事业必须同国民经济发展的要求相适应。在实践中,教育与生产劳动相结合不断地深入。高校中传统的实验教学、生产实习等得到了逐渐恢复;为适应经济建设的蓬勃发展,在人才培养方面面向社会对劳动力的需求,逐步建立了职业教育和技术教育;科研职能得到重视和加强,为适应市场经济体制,服务于技术市场,高校的"产学研"无论在深度、广度和规模上都达到了空前的高度。所以,"教育为经济社会发展服务"是新时代教育与生产劳动相结合的实质。高校的服务于社区服务于社会,"产学研"相结合等,构成了当代社会服务职能的主要内容。如,上海交通大学为了努力促使科研成果转化为生产力,允许部分专业的少数科技人员与地方企业合办研究开发企业[①]等。

1985年,中共中央《关于教育体制改革的决定》肯定了教育、科研、生产联合体,是促进科技、教育和生产相结合的重要组织形式之一,要继续发展。同年发出《关于科学技术体制改革的决定》,鼓励中国科学院、高等学校等研究机构,根据自愿互利的原则,同设计机构、企业协作联合,使各方面的科学技术力量形成合理的纵深配置。高校可以充分发挥自己的智力优势,从事技术开发与成果应用,与有关部门、地区联合办技术密集型企业。

在保证高质量地完成人才培养和科研任务的同时,充分利用高校的智力和知识资源,服务于社会。1988年11月22日,国家教

[①]北京钢铁学院高等教育研究室编:《高等教育改革参考资料》,1984年版,第29页。

委、财政部、人事部、国家税务局联合发出《关于高等学校开展社会服务有关问题的意见》，把高等学校开展社会服务的范围定位在："可以承包科技项目，参与科研协作，转让科技成果，开展技术、经济和法律等方面的咨询服务；根据国家有关部门的规定，可以接受委托培养学生，在不影响正常办学条件的前提下，可以举办非学历的短期人才培训活动；可以开放学校实验室，利用学校设备和技术条件对外服务；可以充分发挥校办工厂、印刷厂和出版社等内部单位的潜力，在保证为教学科研服务的同时，为社会提供产品和服务；可以和企业、科研机构联合办厂，共同开发新产品或合股经营；可以组织教学、科研、生产联合体，或兴办技工贸结合的经济实体。"而且，还强调了要平衡各类人员的利益关系，"统筹安排、合理分配，妥善处理校内各方面人员的利益关系，切实体现按劳取酬的原则"，"在分配上鼓励承担基础课教学和基础研究任务的教师和某些党政管理人员，对完成教学科研任务成绩显著的教师报酬从优"。

1989年12月14日，国家教委开始试行《关于高等学校兴办公司、企业的若干规定》，把高等学校兴办的各种类型的公司和企业，视为开展社会服务的一种重要方式。这些校科技产业为高校带来了巨大经济利益，支持了学校的建设。中国教育发展和改革纲要（1990—2000）也鼓励各大学要发展各种形式的横向联合，指的也是通过多种途径，发展学校与业务部门、企业事业单位的联合。而到了20世纪90年代，产学合作的提法逐渐流行起来。1991年3月国家科委颁发的《国家高新技术产业开发区若干政策的暂行规定》和国家税务局颁发的《国家高新技术产业开发区税收政策的规定》等文件，更是在信贷、税收和专利等方面给予了高校种种优惠条件，为促进校企结合的发展，创造了宽松的政策环境和社会环境。①

1992年，邓小平南行讲话后，中国进入了新的历史时期，经济建设步伐加快，提倡科学、重视科技和教育又进一步得到提倡。发展科学，转化科技成果是高校责无旁贷的义务。有学者认为必须突出大学具有为社会服务的潜在、巨大的"经济功能"。②于是，国家各部委局联合制定了多项政策来推动大学开办高科技校办产业。为推动高校的产学研合作，1992年3月，国家经贸委（原国务院经贸办）、国家教委、中国科学院共同组织实施了"产学研联合开发工程"，三方抽调人员共同组成"产学研工程协调办公室"来具体负责工作的展开，当年8月的全国大会之后，有近40个省、市、自治区、计划单列市纷纷成立了地方一级的产学研联合协调机构③。到20世纪末，中国大学社会服务活动达到了高潮。

二、社会服务实践的具体内容

（一）社会服务的主要形式——产学研

从20世纪90年代到现在，高校服务社会的主要形式是产学研结合，充分利用高校雄厚的科技和智力优势，服务于社会，积极参与国家的经济建设。

2012年5月16日，河北省召开了省内重点高校与央企合作共建重点实验室工作调度会，河北9所高校主动对接央企，将与央企共建近20个重点实验室。目前，河北大学与中国航天科技集团共建"功能性薄膜材料研究院"、燕山大学与中国航空工业集团共同筹划组建"河北省航空自润滑关节轴承共性技术重点实验

---

① 李方葛、邵森万：《产学合作概论》，四川大学出版社1995年版，第37页。
② 陈祖兴："论大学教学·科研·经济三大功能"，《江苏高教》1992年第5期。
③ 杨东占："'产学研工程'回顾及展望"，《中国教育报》1993-06-24。

室"等初步达成合作意向,涉及农业装备研发、城市轨道交通、风电产业等多个领域。这些实验室在服务企业的同时,将有利于建设高水平大学目标的实现,并提升全省科技创新实力。

湖南省校合作也是快速发展,省内外100多所高校院所与湖南省开展了产学研合作。自2008年以来,为实现高校院所的核心技术与湖南省产业的融合,加速推进新型工业化进程,培育发展战略性新兴产业,湖南省先后与清华大学、中南大学等13所高校院所签订了省校(院)合作协议,就产业关键技术攻关、科技成果转化和人才培养等方面展开全面合作。如湖南省人民政府和中南大学、中国商用飞机有限责任公司等单位签订了大型客机产学研合作框架协议,使得大飞机起落架系统项目落户长沙。国防科技大学利用其在超级计算机系统研究中的世界领先地位,与湖南省共同组建了国家超级计算长沙中心,加速推进了湖南省的信息化进程。浙江大学承担的湖南省第一个公开招标的省科技重大专项——"工程机械液压元件关键技术研发及产业化——高性能负载敏感多路阀关键技术研究与应用",取得丰硕成果,打破了国外在工程机械液压关键元器件上的垄断,为中国工程机械行业走向世界作出了贡献。

随着湖南省产学研结合专项计划项目的推进,省校合作从政府向企业延伸,大企业纷纷与高校牵手,开展科技攻关。比如,三一重工牵手中南大学成立中南大学三一研究院,借助高校智力资源,为企业自主创新提供强大的智力支撑。中联重科牵手清华大学电机系,共同开展工程机械电气系统电磁兼容关键技术研究等等。与此同时,国内知名高校、科研院所也纷纷在长沙建立技术转移中心。清华大学、北京大学、浙江大学、中南大学等20所国内一流高校在长沙结盟,成立首家中国高校技术转移中心长沙联盟。其中仅清华大学自2008年以来,就与湖南省签订技术合作项目

54项,合同金额达2931.7万元。

福建省决定实施省高校优势学科创新平台项目建设,计划到2015年,拟建10个左右面向产业、面向企业、有较强技术研发能力的高校创新平台,推动优势学科与"三维"企业深度对接,与国家级科研院所、国内外高水平大学紧密合作,建立开放、集成、高效的协同创新模式。平台建设将围绕福建省电子信息、新材料、新能源、高端装备制造、资源利用、节能环保、现代农业、生物医药、海洋、工业设计等产业发展的重点和关键领域,在高校现有国家重点学科、国家工程(重点)实验室、国家工程(技术)研究中心、国家地方联合工程研究中心(实验室)基础上,发挥高校多学科、多功能的优势,整合高校、科研机构、行业企业及其他创新资源,集中力量,重点投入。除了平台建设,项目还意在打造由学科领军人才、杰出学术人才和创新骨干人才组成的高水平创新团队。申报"高校创新平台"的主干学科应是国家重点学科、国家重点培育学科或拥有一级学科博士点,有关学科应具有国家工程(重点)实验室、国家重点实验室培育基地、国家工程(技术)研究中心、国家地方联合工程研究中心(实验室)等科技创新平台,具备申请与承接国家及省重大科技项目的基础与条件。项目建设所需经费主要从省重点建设高校项目经费中支出,今年省财政安排专项经费用于项目启动和建设。同时,相关行业主管部门、地方政府、高校也将共同筹措建设经费。

高校正成为国家高新区成长的有力支撑。经过近20年的建设,国家高新区数量从20世纪90年代初的52家增长到如今的88家,主要经济指标达到近40%的年增长率。高校正逐渐成为国家高新区快速成长的有力支撑。"中国芯"组群、千万亿次高性能计算机、人用禽流感疫苗、3G技术、燃料电池等多项达到国际先进水平、具有国家战略意义的自主创新成果在国家高新区的不断涌现,标志着国家高新区自主创新能力的显著提升。国家高新区集聚了各类大学747所,博士后工作站726家,国家重点实验室381个。在国家高新区的从业人员中,拥有高等学历人员的比例超过51%,其中包括46万名硕士、5.4万名博士和近5.3万名归国创业留学人员。"十一五"期间,国家高新区共吸纳应届高校毕业生151.8万人,仅2011年就吸纳了44.1万名高校应届毕业生就业。

三、为社区提供适宜的服务

高校可以向社区适度开放文体资源,可提高资源的利用效率,满足社区居民文化生活的需要,如高校图书馆,是"知识的富矿"。有统计显示,我国1000余所高校拥有藏书6亿多册,而公共图书馆仅4亿册。网络电子期刊和各种专业数据库,每年在高校图书馆的投入中都占较大比例。来自权威部门的资料显示,高校图书馆拥有网络版电子期刊的65%,公共馆为28.6%;高校馆拥有联机数据库30%,而公共馆仅为2.9%。大学图书馆如能向社会开放,可以为社区居民提供方便获取知识的场所,提高他们的文化修养。2012年3、4月间,包括北大、清华在内的北京34所高校宣布,今后将逐步向社会免费开放图书馆。

2012年4月,由北航、清华、北大等18所北京高校发起的北京高校博物馆联盟在中国地质大学(北京)宣布成立。联盟旨在积极发挥北京高校博物馆在社会主义文化大发展、大繁荣中的作用,提升高校社会服务和文化传承能力。据北京市文物局统计,我国2000余所高等学校中,有高校博物馆200余座,其中,北京有25座到26座,保存着许多特色资源。高校博物馆大多从标本室发展而来,汇聚了众多珍贵的教学资源,主要定位于辅助教研需要。

北京高校博物馆的收藏、陈列多与学校、院系的专业相结合。例如中国地质大学博物馆围绕本校的地质等专业教学，主要展陈矿物、岩石、古生物化石等地质标本；北京中医药大学博物馆结合本校的医药学等专业，藏有中药标本和文物标本；中央民族大学博物馆围绕本校的民族学等专业，收藏着56个民族的文物；北京航空航天大学航空馆收藏有实体飞机和导弹以及其他航空、航天设备等文物……

2012年，辽宁省内高校在周末面向中小学生开放部分设施。包括辽宁大学图书馆、鲁迅美术学院美术馆在内的20所高校的40余个场馆将对辽宁省中小学生全面开放。大部分高校设施是免费开放的，部分按照市场化运作的场馆或举办的特别（临时）展览酌情收费。沈阳市有辽宁大学图书馆、自然博物馆，鲁迅美术学院美术馆，沈阳航空航天大学航空科普基地、航空模型基地，沈阳工程学院图书馆、体育馆，渤海大学图书馆、体育馆、体育场、古生物化石馆，辽宁工程技术大学图书馆、地质博物馆。

大学除了图书馆、博物馆、运动场、体育馆等硬件设施可以为社会所利用外，还可以利用学校的智力资源为社区提供各项文化服务。如利用学校的教学设备、师资力量举办各种培训班，承担社区居民的继续教育工作，提高居民的文化知识水平、文化素质；可以结合学校的专业特点开展一些公益活动，如法制教育、法律咨询、心理咨询、在社区进行环保宣传等。

日本高校在上世纪60年代末70年代初，面向社会开放教育和科研设施设备，如图书馆、实验室等。针对社会需求，开放学习机会，如开展成人教育和公益培训。具体包括夜校、函授教育、广播电视大学、招收旁听生和委托研修生、接收委托研究员、举办公开讲座、设置大学教育开放中心等。

第八章　中国高校社会责任之反思与应然

对高校应该如何和怎样履行社会责任,德里克·博克曾提出三条原则:一是大学应该避免承担其他类型组织能够做得同样好的事;二是每新增一个计划都应有利于促进学校现有的教学和研究活动;三是新计划应该得到教师们的热情支持和拥护。这里,包含着几层含义。首先是大学为社会系统中研究高深学问,承担高深知识的储存、传播、研究创造和发展的教育组织,它的内在职责和主要职责是高层次人才的培养和科学研究与知识创新。不论社会如何发展变化,大学的社会角色如何转化,其社会地位和利益相关者对它的期许有多高,大学始终坚守和履行的是它的内在职责,它不应代替其他社会组织或承担其他社会组织所能承担的社会责任。其次,高校社会责任是高校利益相关者的利益表达和期望体现,是大学管理者、教师员工及其他相关社会力量之间价值观念的碰撞融合过程。其社会责任的履行,需要组织成员的广泛认同。这就需要充分发挥教师员工的主体作用,将利益相关者的共同愿景内化为组织成员的自觉行为,推动社会责任的有效实践。

具体来说,根据前面章节的论述和大学社会责任冲突的表现形式,在社会这个大系统中,大学社会责任的实现是受内、外部多种条件制约的。其生存与发展离不开特定的政治与经济环境,也需要政府和社会的经济支持。在实际生活中,根据大学社会责任冲突的表现形式,还应当考虑以下几个方面。

大学要维护学术自由保持较高学术水平,又要兼顾各利益相关者的利益需求,承担相应的社会责任。首先,大学要依仗政府财力和政策支持,接受政府的管理和监督;同时要避免过分依赖政府,在政府管理与大学自治间寻找平衡点。

其次,身在市场经济大环境中,大学和其他组织一样也有经济利益的追求。但大学又是一个特殊的组织,它占有了一定公共资源为社会提供准公共物品。在参与社会经济活动时不能像商业企业般以经济利益最大化作为价值追求,它需要考虑到公共利益。如在向社会输出技术成果时,应将国家技术创新、社会和经济发展的公共利益作为它的最终目标和根本价值追求,在公共利益的基础上,适当寻求自身利益,自身利益应服务于社会公共利益。

再次,大学是社会的"灯塔",它要以社会良知反省、批判和引领社会前进。既要回应社会当前的需求也要满足社会的长期和整体需要。在利益跟前不能迷失方向,随波逐流。要超越现实社会,选择能启示社会引领社会前进的社会责任。这需要大学自身不断提高履行社会责任的效能,又要逐步具备"定制"社会责任的能力。

第一节　大学和政府关系重构

一、政府的职责——服务和引导

高等教育的准公共产品特性决定了政府有必要对高等教育运

行进行宏观调节和控制。一般而言,政府的必要控制,应该主要体现在立法与规划、教育经费划拨与控制和高等教育评估几个方面。

第一,立法规范。要协调高等教育活动和社会经济的发展,需要规范性保障。政府通过规划与立法对高等教育活动实施必要的宏观管理。

第二,行政指导。政府通过政令、政策、条例等行政措施对高等教育活动实行调控和指导,是一种协调性保障,是关于教育立法的补充性工作。

第三,经济引导。政府通过拨款、资助、投资、奖励、招标等手段,对高等教育进行调控,引导高等学校在人才培养、科学研究和社会服务方面满足市场需求及国家和社会的需求。

第四,评估评价。是在系统收集相关信息基础上,为达到提高教育质量的目的,对教育活动达到既定教育目标的程度或绩效所做的价值判断、估量和分析。政府组织对高校的各方面评估,可以引导、激励和监督高校的行为。

政府在高等教育资源配置中将继续保持主导地位。美国经验表明,适度、有效的政府干预是产生世界一流大学的重要动因。美国联邦政府机构和大学之间更多的是合作关系,只有当发生国家危机或者高等教育本身陷入困境的时候,联邦政府才会对大学进行干预和引导。在联邦机构和大学签署的一系列科研合同中,都明确保证不会对研究者施加限制。政府的介入更多地是提供服务和引导,它是一种被动的、有选择的干预。联邦政府的干预都是科学界、工业界、社会团体、联邦政府和某些有影响的人物共同促成的结果,而非联邦政府的单方面行为。从干预对象上看,联邦政府主要对涉及国家利益的重大领域进行干预和引导,具有高度的选择性和针对性。联邦政府的干预主要是财政干预,通过提供土地、科研拨款、学生资助等实质性的资源,为大学的教学科研活动提供雄厚的物质保障。联邦政府的干预受到多方面的有效监督,来自社会舆论、公众、州政府和立法团体的监督,确保了联邦政府干预的合理性和适度性。

美国的大学制度是从欧洲引进的,但在过去的 100 年里,无论是科学研究还是人才培养方面,美国的大学都远胜欧洲的大学。二战前是大量的美国学生去欧洲留学,而今天欧洲到美国留学的人数是美国到欧洲留学人数的 2.5 倍,另外还有大量的欧洲学者移民美国。为什么会出现这样的反差,耶鲁大学法学院教授亨利·汉斯曼的研究表明,最主要的不在于经济发展水平,不在于政府对教育的投入,最主要的原因是欧洲的大学是国家垄断的,政府管的太多,而美国的大学是高度竞争化的。竞争为知识创造者提供了激励,激发了他们的创造力。这就是美国高校能够后来者居上的重要原因。①

政府对高校的职责是服务和导引,但在我国高等教育管理中,长期存在政府"统得过多,管得过死"现象。20 世纪 80 年代,开始了高教领域的改革,1985 年,中共中央国务院颁布了《关于教育体制改革的决定》,要改变政府对高校统得过多的局面,转变政府职能,加强宏观管理。20 世纪 90 年代,打破高校部门所有、条块分割的局面,政府依据法律法规、政策、经济、信息等手段进行宏观决策管理,优化高等教育结构,提高高等教育的质量和效益。但中国大学的"后发外生性"使得中国大学系统长期行政传统深厚而学术传统不足。当下要推进的是高等教育领导与管理体制的"去行政化"改革,重塑科学的政府—大学关系。对高校内部的日常事

---

① 张维迎:《大学的逻辑》,北京大学出版社 2004 年版,第 45 页。

务,政府不应直接管理和干预。在学术领域要构建教授治校制度,切勿滥用长官意志和行政命令。

首先,政府对高校的宏观管理应从管理者和控制者转变为服务者、资助者和引导者,是掌舵而不是划桨。它通过立法、拨款等机制为大学建设提供物质支持和法制保障。弱化政治干预,以法治的路径来明确政府管理大学的边界、方式与手段,明晰大学办学自主权的边界及其自主权的行使方式与制度框架,给予高等教育机构更大的自主权,确保政府对大学的行政干预不至于越界,学术领域完全交由大学,政府不能越位。政府要掌握高等教育的发展方向,引导大学正确处理好其与社会及市场之间的关系,矫正市场机制的失范,有效地预防和克服市场化带来的种种弊端。通过建立完善的法规体系和基本的质量政策,规范高等教育的各项质量活动,保证整个高教体系的质量和公平,塑造一个良性的大学发展的制度环境条件。

《高等教育法》第三十一条规定:"高等学校应当以培养人才为中心,开展教学、科学研究和社会服务,保证教育教学质量达到国家规定的标准。"《高等教育法》第六条规定:"国家根据经济建设和社会发展的需要,制定高等教育发展规划,举办高等学校,并采取多种形式积极发展高等教育事业。"第七条规定:"国家按照社会主义现代化建设和发展社会主义市场经济的需要,根据不同类型、不同层次高等学校的实际,推进高等教育体制改革和高等教育教学改革,优化高等教育结构和资源配置,提高高等教育的质量和效益。"

其次,通过拨款、税收等经济手段,提高高等教育投资的质量和效益,形成高等教育质量的竞争机制。在我国,国家财政拨款是高教经费的主渠道,政府可通过经费拨款的杠杆作用,形成资源效率意识和办学质量意识,以此来影响高等教育的供求总量与结构的平衡。

第三,建立高教评估制度以保证和监控高等教育质量。《中华人民共和国教育法》规定:"国家实行教育督导制和学校及其他教育机构教育评估制度。"政府在高等教育质量评价中,要制定质量标准和办学标准,指导、协调、检查高等教育评估活动,对高校办学思想、教育质量和办学效益等进行评估和监督。有必要将大学社会责任的实现程度列为评估的目标,积极引导和倡导大学应承担的社会责任,也强化社会对高校社会责任的认识。

二、明晰高校办学自主权边界,履行好社会职责

大学组织的学术品性内在地要求由教育家依法独立办学,相应地,为履行其社会职责,顺利开展其教学和科研活动,大学必然推行大学自治和学术自由。高校拥有办学自主权的大小以它能保证高校社会职能的充分实现为限度。所以,拥有办学自主权不是目的,而是手段。

20世纪80年代中期开始,中国高等教育开展了扩大高校自主权的全面体制改革。1985年5月27日,中共中央《关于教育体制改革的决定》,把"改变政府对高等学校统得过多的管理体制,在国家统一的教育方针和计划的指导下,扩大高等学校的办学自主权"作为改革的关键。高校内部管理体制开始改革,逐步推行校长负责制。为使高等学校具有主动适应经济和社会发展需要的积极性和主体性,鼓励加强高等学校同生产、科研和社会其他各方面的联系。

1992年,党十四大确立了我国经济体制改革的目标是建立和发展社会主义市场经济。同年召开了第四次全国高等教育工作会议,确立新的高等教育体制的目标,即"建立国家统筹规划和宏观管理,学校面向社会依法自主办学的体制"。这一目标在1993颁布的纲领性文件《中国教育改革和发展纲要》中得到了强化。在此过程中,大学的地位逐步独立,主体性得到加强。

1998年全国第三次教育工作会议后,国务院相继颁布了关于撤并部门(单位)高等学校管理体制调整的一系列文件,自此,高等教育体制改革迈出了决定性的步伐。高校部门所有、条块分割的局面已经打破,政府依据法律法规、政策、经济、信息等手段进行宏观决策管理,高校面向社会自主办学的新体制已初具形态。1998年8月29日,颁布《中华人民共和国高等教育法》,正式将大学的基本办学自主权以法律条文的形式确立下来。《高等教育法》第十一条规定,"高等学校应当面向社会,依法自主办学,实行民主管理"。大学自治和学术自由是大学探索真理、坚持独立个性的重要方面。

在争取和扩大办学自主权的同时,高校必须严格履行高等教育法规定的社会职能和责任,培养国家和社会需要的各类高级专门人才,发展科学技术文化,促进社会发展。大学是有别于其他社会组织机构的学术共同体。它研究高深学问核心是知识的创造和传播及对人类真理无止境地探求。对教育内部学术事务的决策与管理享有自由,并尽可能小地受到外界干涉的权力是大学发展的基本规律。尽管学术自由从来都不是绝对的,但在学术事务的范围内维护必要的学术权力,处理好自由与自律的关系,保障科学研究的独立自主性,是大学必须坚守的最高原则。

中国的学术自由应是行政干预必须让渡于学术自由,使大学享受相当程度的自我治理、自我发展的权利。中国的学术自由是有边界的自由。自由是一种价值秩序和制度秩序,要受到道德、正义、制度的制约;自由以责任为边界,责任以自由为外延。大学在享有学术自由的同时必须承担相应的责任,在法律、道德、理性边界之内自由活动。

第二节 有层次地履行不同的社会责任

现代大学是分不同类型和层次的,其历史文化传统、学科资源配置等也不尽相同,因而需承担的社会责任也应是有差异有层次的。布鲁贝克曾说,"实际上,在学问的圣殿里有许多厅堂。在有的厅堂里,学者是通过在隔音的实验室里拨控制盘来验证真理的。在另一些厅堂里,他们是通过在喧闹的城市、福利中心、诊所、法院等地方参与工作来积极验证真理的。还有一些厅堂里,一些孤军奋战的思想家是在静寂的图书馆里通过钻研故纸堆来验证他们的思想的"[1]。

我国的潘懋元教授在谈到高校的三项职能时也说道:"不同层次、不同类型的高等学校,对于三个职能以及每个职能的任务可以有所侧重,也应当有所侧重,可以根据自己的特点,选择适当的活动范围。不要人家有,我们马上就跟上,条件不同、特点不同、类型不同、层次不同,不要互相攀比。"[2]这就是刘献君教授说的大学的"类特色"。[3]

---

[1]【美】约翰·布鲁贝克著,王承绪译:《高等教育哲学》,浙江教育出版社1987年版,第23页。
[2] 潘懋元:《潘懋元论高等教育》,福建教育出版社2007年版,第253—254页。
[3] 刘献君:"论大学办学特色的创建",《高等工程教育研究》2012年第1期。

每所大学都有其自己的特色和类别,如以学科专业划分,有综合性大学、工业类大学、农业类大学、师范类大学、财经类大学、艺术类大学等;以层次划分,有研究型大学、教学研究型大学、教学型大学等;以管理权限划分,有国家部属大学、地方大学等。不同大学,在教学、科研和社会服务等社会责任方面都有不同侧重点。

一、研究型大学

作为高等教育系统塔尖的研究型大学,其本质特征是以"研究"为重心,因而,在人才培养和科学研究的职能定位上要体现学术研究的特征。

首先,在人才培养上,研究型大学应主要以培养高层次人才、研究型人才为目标。研究型大学偏重研究生教育,同时,研究型大学拥有从学士、硕士到博士的完整的人才培养序列,研究生比例相对较高。在整个培养环节中,强调"以研究为本"的学习,体现学术性和研究性,在教学中研究,研究中教学,推进教学与科研关系的深度融合。

从大学自身建设来看,强调探究、发现和集成创新,是赶超世界一流大学或缩短差距的必由之路,况且我国研究型大学本就较为薄弱的基础研究现正面临功利主义的侵蚀。同时,研究型大学应该重视"教学的学术"。目前我国研究型大学为了追求"失去灵魂的卓越",本科教学存在被边缘化的危险。为了恢复教学学术的应有地位,研究型大学必须形成这样的共识:"教学是大学工作中的绝对核心;教学不仅不会削弱研究,而且是'真正'的研究工作的重要组成部分;大学应尽力保持教学人员永远不忽视研究与教学之间的密切联系。"①

其次,在科学研究上,研究型大学集聚着国家重点学科与教育资源,具有多学科综合和交叉优势,其整体科研水平和教育水平要高,它需要承担更多的知识创新与科技创新功能。而一个国家从长远意义上来说,基础研究是其强盛之本。因此,研究型大学应以重大领域的基础研究、综合研究为重点,这和其他类型高校的科学研究是有区别的。

第三,研究型大学科研实力强大,是国家高新技术成果的主要产地。为更好地满足国家经济发展和社会的需要,研究型大学要加强与企业的产学研合作,加快自身科研成果转化。

二、教学研究型大学

教学研究型大学介于研究型大学和教学型大学之间,具有较齐全的学科专业和部分较强学科,以本科教育为主,硕士与博士研究生培养具有相当能力。这类大学教学和科学研究责任兼具,但有其特点。

在人才的培养上,重点在专门性、应用型技能人才的培养。要求有一定的理论基础,知识面较宽,有一定研究潜力,偏重技术开发与应用的高级专门人才。

在科学研究方面,和教学型大学相比,要求要高。须承担一定数量的基础研究和应用研究,但以应用研究为主,尤其是要结合地方经济文化发展的需要来开展科学研究。

社会服务方面表现其区域性特征,为本区域本地区培养高层次人才,承担地方重大研究项目,解决区域发展中的难点问题,服

---

① 大卫·沃德:《令人骄傲的传统与充满挑战的未来:威斯康星大学 150 年》,清华大学出版社 2007 年版,第 176 页。

务社会经济发展。

三、教学型高校

教学型高校的定位应是以教学为根基、科研为手段、服务为宗旨。培养生产、服务、管理一线的实用型技能人才是它的最基本职能。所以,教学始终是学校的中心任务,要注重教学质量的提高和学生应用能力的培养。科研是为教学服务的,在不影响教学质量的前提下,在适当范围内积极进行科学研究。教学型大学的服务职能体现在社区服务。在美国,大部分州立大学和赠地学院把与政府的联系和对本州的公共服务作为大学的优先任务和职能。我国的教学型大学的社会服务,应是通过教学活动为企业及其他社会组织培养所需的人才,或为社会提供员工培训和继续教育服务;要融入并服务地方发展,为地方经济发展和社区发展提供技术力量和咨询服务等。应从地方经济与社会发展的需要及自身实际出发,着眼于其专长,更多依赖于其应用技术层面的优势,积极发挥其社会服务职能。

我国教学型高校占高校比重较大,但某些学校在职责定位上出现了偏差,如忽视教学质量,盲目发展科研,社会服务意识不强等。教学型大学主要应培养应用型的人才,但一些院校追逐研究型大学,在科研条件不具备的情况下设立研究机构、热衷申请硕博士点等,这种舍本逐末的行为有损于其教学质量和社会服务水平的提高。有的院校以每年的名校研究生录取率作为一项重要办学指标,鼓励考研深造,学校重点组织考研科目的教学,而学生也从大一时就准备考研。这些院校成为了"考研预备校",被人们戏称为"考研基地"。这不利于学生的全面发展,也会使自己在市场竞争中逐渐失去特色与竞争力,最终影响到整个高等教育的发展。所以,教学型大学一定要以高质量的本科教学为宗旨,突出特色,形成独特个性。例如,河南科技大学地处洛阳,根据洛阳的工业结构,该校学科以机械为主。但一般地发展机械学科,短时期内不可能赶上清华、华中科大、西安交大等实力雄厚的大学。于是,他们选择轴承作为重点、优势,创办轴承设计与制造专业,在这方面成为全国第一,独树一帜,形成特色。不仅机械学科发展了,而且带动了学校其他学科的发展,毕业生在全国各地很受欢迎。

在服务职责的履行上,教学型院校要充分利用其资源服务社会。如为社会各行各业人士提供继续教育,参与社区的各项经济与文化建设等。如,湖南吉首大学立足"为地方经济社会发展提供人才支持"、"为地方资源开发提供科技支持"、"为当地社会发展提供先进思想文化"三个不可替性,探索"大学＋公司＋政府＋农户"的模式,将"强校"目标与"富民"使命相结合,形成了自己的办学特色;内蒙古农业大学以"突出草原畜牧业为重点",形成办学特色;陕西榆林学院根据榆林地区的特点,立足能源、化工,实现学科结构转型,创建办学特色;贵州凯里学院根据民族地区的特点,在"保护传承和弘扬原生态民族文化"方面形成了自己的办学特色等等,这些都有力地推动了学校的发展。

第三节 以人为本,培养创新人才

目前我国人才培养方面还存在许多问题,既有教育培养体制和体系问题,又有教学内容和方法的问题;既有学科归属和专业定位的问题,又有课程设置和教材建设的问题;既有师资力量不足的问题,又有师资水平不高的问题,人才培养模式陈旧单一,培养出的人才创新意识淡漠,创新能力不足。

学校教育与市场需求不适应。人才的培养教育必须与人才市场的需求紧密结合,与具体的产业相结合。但目前我国人才教育,由于对人才需求状况了解不充分,培养体系不健全,培养目标不清晰,学科界线不分明,专业设置不合理等原因,导致培养的人才和市场脱节。从国家层面来看,没有及时跟上国家产业政策的调整和产业迅猛发展的步伐,没有及时建立与产业市场发展相适应的人才培养体系。从学校层面来看,由于受教育管理体制的影响和经济利益的驱动,学校在确定专业的设置和招生数量时,不顾自身的办学条件,盲目开办热门专业,盲目扩大招生规模,由于专业方向特色不鲜明,人才培养质量不高,最终导致一些学生毕业时学非所用,甚至就业困难。

理论教学与专业实践不适应,强调理论学习。以学科体系为线索,重点传授学科前沿的理论知识。但这种人才培养模式存在着重理论、轻实践,重知识积累、轻动手操作的弊病,基本上都是从理论到理论,缺乏实践中的创新能力,很难和市场对接。学生所学专业理论未能有针对性地指导专业实践,实践教学环节存在形式少、比重小、内容窄、实验设施陈旧等问题,即使开展专业实习活动,也大多是"走马观花式",缺乏"现场参与式"的专业技能训练,总体上形式大于内容。

一个国家的核心竞争力的提高主要依赖于创新型人才的培养,而《国家中长期人才发展规划纲要(2010~2020年)》指出,当前我国人才发展的总体水平同世界先进国家相比仍存在较大差距,与我国经济社会发展需要相比还有许多不适应的地方,主要为高层次创新型人才匮乏,人才创新创业能力不强,人才结构和布局不尽合理等。如果以国内生产总值(GDP)总量代表一个国家的经济发展水平,以专利总量代表一个国家的技术创新能力,以国际论文的被引用次数代表科学研究的水平,那么2011年我国国内生产总值达到471564亿元,处于世界第2位,仅次于美国。2007年中国发明人拥有的三方专利数为591(经济发展与合作组织提出的"三方专利",指向美国、日本和欧洲专利局都提出了申请,并至少已在美国专利商标局获得发明专利权的同一项发明专利,其是研究世界范围内最具市场价值和高技术含量专利状况的重要指标),占世界的1.1%,排在第12位;1999~2009年,论文共被引用340万次,平均每篇论文被引用5.2次,排在世界第9位。

由此可见,我国科技创新的水平和质量明显落后于经济发展水平,这对于国家可持续发展极为不利。科技创新水平和质量低下的原因除了经济、社会的发展差距之外,关键在于人才培养体制的差距,并因此导致的创新人才缺乏。因此,要加强我国的核心竞争力,就必须重视创新人才的培养。

我国创新人才队伍中至今没有出现诺贝尔奖自然科学领域获得者,在各学科领域具有重大影响的高引用科学家人数非常少,在世界6400余位高被引科学家中,包括香港在内高引用科学家仅为23人,其中大陆只有4人,占全世界高被引科学家总数的0.06%(基础科学指标"ISI"数据库,2009年)。大陆的高被引用科学家数量不仅远低于主要发达国家,也低于印度、俄罗斯和巴西。《2010年教科文组织科学报告》发现,中国研究人员的绝对数量较多,但研究人员密度远远低于美国,每千名劳动力中仅有1.83名研究人员,而美国则高达9.40名,韩国也已达9.17名。每千人劳动力中研究人员数量方面,主要创新型国家的研究人员占劳动力比例较高,其中日本和美国分别排名第3和第7,而我国在所比较的国家中排名为倒数第5。

《国家中长期教育改革和发展规划纲要(2010~2020)》在指导思想上,提出要坚持以人为本,遵循教育规律,面向社会需求,优化结构布局。在工作方针上,要树立科学的质量观,把促进人的全面发展和适应社会需要作为衡量教育质量的根本标准。强调高等教育改革的核心是通过提高人才培养质量,提升科学研究水平,增强社会服务能力,优化结构办出特色,以全面提高教育质量。依据各类大学的不同特点,而各类大学都需要创新人才,但对创新人才的要求不一样,每所大学都要力争在不同层面培养高质量创新人才。

一、以通识教育为基础

亚里士多德认为人最本质特征在于具有理性,能够进行正确的思维、理解、判断。人只有充分运用和发展理性,才能自由发展。通识教育的目的,是培养有社会责任感、身心全面发展的国家公民。

通识教育在欧美倡导了百余年,19世纪初,美国博德学院的帕卡德教授第一次将通识教育与大学教育联系起来。创立于1865年的美国康奈尔大学的创办者康奈尔的大学理想即是传授普遍知识。美国20世纪高等教育改革的重要内容是在大学本科生教育中加强普通教育。1945年,哈佛大学发表《自由社会的通识教育》红皮书,明确提出通识教育是将学生培养成民主社会中责任者和公民的教育。通识教育的目标是培养情感和智力全面发展的人,着眼于培养学生的思考判断能力,使个人与社会的需要协调起来,并帮助学生"有效地思考、交流思想,做出适当的判断并区别不同的价值观"。因为哈佛大学的《自由社会的通识教育》白皮书,1947年总统高等教育委员会发表《为美国民主社会服务的高等教育》的报告,掀起了美国通识教育运动的高潮,使普通教育在美国高等院校中得到普遍加强。

20世纪70年代,哈佛又一次进行通识教育改革,提出要将学生培养成"有能力有理性的人",并制定了"核心课程计划",设立了核心课程的管理和师资实体。1973年,哈佛大学率先提出明确文理学院的教育目标,并于1978年4月提出《哈佛大学文理学院关于共同基础课的报告》,明确规定:共同基础课(即核心课程)由文学艺术、历史研究、社会分析与伦理道德问题研究、科学和外国文化等五个学科领域组成。学生必须掌握这些最低标准广度的知识,在选择学习相当于两学年主修课的同时,还需选修相当于一学年的选修课程。这种课程体系对美国20世纪50年代以来的人才培养模式和教学内容产生了巨大影响,为世界其他国家所仿效。在大学教育中实施普通教育,其目的就是扩大学生的视野,提高其文化素养,发展和完善其品性和人格。1982年,它把核心课程调整为外国文化、历史研究、文学艺术、道德评判、科学、社会分析、定量推理等7大领域。2004年又发表了《关于哈佛学院课程调研的报告》,重申本科教育的自由教育性质。不妨可以说,美国高等教育今天之强大,与其长期重视通识教育有直接关系。

早在20世纪,蔡元培就反对文理分科。梅贻琦则主张,大学教育应"通识为本"、"专识为末",特别是要求学生具有自然、社会与人类三方面结合的知识、技能与素养。竺可桢特别强调通才教育,认为基础学科比专业知识更重要。该校培养出了众多的创造性人才。当代我国大学很少出现大师级人物,其根本原因就是缺少中西结合、文理兼通的教育背景。随着科技的飞速发展,社会行业不断发生变化,大学的课程体系应由学科课程过渡为通识课程,培养目标应由高质量的专门人才转变为有创造精神的复合型人才。

只有在通识课程背景下成长起来的大学生才具有良好的学术创新精神的基础。

如果大学过分强调专业教育,就难以出高水平的科研成果,不利于学术创新。具有重大影响的原创性成果都是学科相互渗透的结果。正是由于不同学科知识的撞击,不同文化的融合,才成就了一个又一个诺贝尔奖获得者。长期以来,我国的高校课程体系不利于大师的成长,加快建设中国特色的课程体系,重构学术创新的基础,已成为当务之急。

从1952年院系调整以后,我国高等教育中占主导地位的是专才教育。不可否认,这种专才教育培养了大批国家需要的各种专门人才,但缺陷也很明显。毕业生知识面不宽、技能单一,社会适应力较差。这种情况尤其是在改革开放之后更引起了学者们的关注,呼吁加强通才教育。一些重点大学开始实施通识教育的计划并成立贯彻通识教育理念的书院,如北京大学的元培学院、复旦大学的复旦学院、中山大学的博雅学院、北京航空航天大学的知行书院等。

复旦大学早在1994年就提出"宽口径、厚基础、重能力、求创新"的人才培养计划,将全校划分为13个学科大类,实施"通才教育、按类教学";进入21世纪,面对社会上人文精神缺失、高等教育专业划分过细等情况,又明确提出,"以通识教育理念引领本科教育改革和建设"。2005年,复旦大学开始尝试推行通识教育,借鉴耶鲁大学等西方大学和岳麓书院等中国传统书院的模式,成立4个书院,着力建设以综合教育和文理基础课程为核心的通识教育课程体系,摸索并推广通识教育教学法。开发了第一批59门通识教育核心课程,大一学生必须选修一门,课程分布在六大模块里,即"文史经典与文化传承、哲学智慧与批判性思维、文明对话与世界视野、科技进步与科学精神、生态环境与生命关怀、艺术创作与审美体验"。深入开展"大学导航"主题教育培养活动,通过实施"知识补习计划",帮助部分学生弥补因国籍、地区、学校差异导致的英语水平、计算机能力、数学基础和汉语水平等方面的不足,树立自信心;通过实施"大学导航计划",帮助学生了解市情和国情、理解大学概念、熟悉校园生活、认识各院系专业内涵,由此明晰社会责任、树立人生理想,更好规划大学生活和未来人生旅程;通过实施"学养拓展计划",引导学生在自我认知和定位基础上,充分享受复旦深厚文化底蕴,自主选择校园丰富教育资源,积极投身校园多彩文化生活,对于公民素养、身心和谐健康、人文博雅素养、学习能力和科学精神、领袖气质等形成较深刻的认识并接受较充分的锻炼培养。2012年7月,复旦大学正式组建了新的复旦学院,把与本科生教育相关的一切机构,包括教务处、本科招生办公室、现代教育技术中心以及教材服务中心都并入其中,既是管理机构,也是办学机构。设立本科生院的初衷是什么?希德书院院长周鲁卫教授说,"我们希望进来的学生不单单是要在专业上解决问题,毕业后不单单是进一个好公司,能赚到钱,更是对这个社会和自己的未来要有抱负,有想法"。

北京航空航天大学以培养国家优秀建设者和领导、领军人才为己任,坚持育人为本,明确提出要努力把"一流学生培养成一流人才",创新优秀拔尖人才培养的新模式,实施有温度的教育。为了实现这样的育人目标,一方面以学生的全面发展为宗旨,探索文化育人模式,不断丰富载体和手段,加强对育人环境与实践氛围的培育,打造了一批"人文滋养"、"文化景观"和"典型引路"等特色育人品牌,不断拓展提升学生素质和能力。另一方面,努力培养学生具备:实践能力,就是学生不仅要知其然,更要知其所以然,并能做到学以致用、知行合一;科学基础,包括数学、物理以及与专业相关度不大的生命科学、化学等知识基础,这些基础知识虽然不会立即得到应用,但将会为学生未来的发展提供良好的前提;人文素养,在全球化和国际化的背景下,特别是在经济高速发展的过程中,要注重培养学生雄厚的人文素养和跨文化交流能力,这是凝聚力量、推动向前和引领发展不可或缺的基本素质。打下这三方面的基础,他们就具有了终身学习的能力,具有了不断调整和优化、面向未来的基本素养。一直致力于探索不同类型拔尖创新人才培养规律,进一步整合优化校内外优质资源,着力构建"科学基础、人文素养、实践能力"协调发展的拔尖创新人才培养体系,培养学生独立思考、敢于质疑和勇于创新的品质,基本形成了理、工、文和国际化四类教育改革实验区。

  2002年,学校成立高等工程学院,探索拔尖创新型工科人才培养模式,实施"通识式基础教育、渐进式专业教育、开放式实践教育、自主式发展教育",在加强学生数理知识基础的同时,提升学生的科学与工程实践创新能力;2005年,学校又在国际化办学方面进行了新的尝试,与法国中央理工大学联合创办了中法工程师学院,借鉴法国工程师学历教育的成熟经验,培养具有系统思维、国际视野、领军素质的国际化通用工程师;2009年,学校和中国科学院数学与系统科学研究院联合成立了华罗庚班,探索理科和交叉学科拔尖人才培养的规律;2010年,学校成立了知行文科实验班和高等人文与社会科学研究院,旨在培养具有扎实文科功底以及较强的关注社会问题、解决社会问题能力的经世致用人才。学校还积极探索校企协同创新和联合培养的新机制,与中国商飞合作创办"大飞机班",与中航工业共同推进发动机和动力学院综合改革。

学校整体优化七类公共课程体系,建设了六大基础实验平台,建立了跨学科的科学实验室,倾力推进通识教育改革,打造精品本科学院。同时学校统筹特色资源优势,成立了文化与艺术传播研究院,建设了航空航天博物馆、科技创新馆、校史馆、艺术馆和音乐厅等"四馆一厅"文化基地,在大学文化传承创新中探索文化育人新模式。学校的这些教育教学改革举措已经结出丰硕成果,在2010年"质量工程"一期建设的收官之年,学校新获批国家级教学团队1个、国家级精品课2门;北京市级教学团队2个、北京市教学名师奖2项、北京市级精品课1门、北京市级实验教学示范中心1个、北京市级校外人才培养基地1个。同时,2010年成功申报并获批教育部"卓越工程师教育培养计划"首批试点学校;2010年和2011年成功申报并获批"探索面向基础科学和重大工程技术应用的人才培养"、"推进大学内部治理结构改革,完善大学章程建设"、"基础学科拔尖学生培养试验计划"、"试点学院"等4项国家教育体制改革试点项目。

二、以培养人文精神为关键

人文精神是一种人类自我关怀,对人的尊严、价值及生存意义的关注。它以追求人格完善的态度来谋求人与自然的和谐共进,人与人之间的平等与尊重,社会价值与个人价值的统一,个人理想与社会责任的统一。它是以对人生价值的终极关怀和现实关切相结合为原则,以实现人的完整人性为基础,以全面而自由发展为目标的一种文化精神和生活范式。在人与社会的关系上,不再是个人至上,无政府主义,而是强调个人对社会的责任,注重社会的长远利益;在人与人的关系上,不再主张竞争,适者生存,而是强调相互合作,发扬团队精神。①人文精神的生成是培植大学学术创新精神的基础。人文关怀人文精神不仅能使大学认识自己的社会责任,更注重于使大学形成一种有利于个性与人格完善的氛围,有利于在最广泛的意义上塑造全面发展的人。所以大学的教育立足点和归宿点是人,不仅授受知识,更开启智慧,使学生成为个性独具,有着深厚人文情怀、高尚道德操守、身心健康、全面发展的人才。

我国高校由于长期重视科学技术教育,相对轻视人文教育,在科学教育中只注重知识传授和技能训练,缺少人文精神的培养,所以导致人文精神缺失。20世纪90年代中期以来,许多学校重视起人文素质教育,开展了许多活动。国内的清华大学、北京大学等,重视人文教育,把人文教育与科学教育相互融合。以理工见长的清华大学重视人文社会科学学科的建设,曾先后设国文、外文、历史、哲学、政治学、经济学和社会学等系,并逐渐形成了以人文社会科学学院、美术学院等五大学院为主体的文科学科布局,初步建立了一支有学术造诣、有责任感的文理兼备的师资队伍,对养成学生的人文素质和科学素质创造了良好条件。美国的哈佛大学、麻省理工学院、加州理工学院等一流大学,都很重视人文教育且很有特色,为其培养国际一流的高层次人才起到了不可低估的作用。

国内的人文素质教育虽然取得了一定成绩,但受就业环境等的影响,高校总体上还没有完全摆脱功利主义的影响。教学上偏重于专业与技术教育,人文知识和人文精神没有同知识教育很好地结合起来,毕业生在知识技能增长的同时,其社会责任感、集体

---

①杜时忠:"人文教育的理念",《教育理论与实践》1999年第9期,第2—7页。

意识等并没有同步提高。

近些年来,我国大学普遍采用丰富多样的形式,加强文化素质教育,目的在于提高学生的人文素养,强化倍受轻视的文史哲和艺术教育,尤其加强对本国文化的热衷与体悟。这是非常必要的,但人文知识绝不等于人文精神。人文精神是在获得人文知识的过程中,逐渐生成的对自然与社会的不懈追求与生命体验,以及在此基础上形成的学者的高尚人格。

自由理性的目的,在不同历史时期与不同类别、层次的大学中,会有不同的表现形式。现代大学中自由理性的培养目标,应该是专业能力(包括职业能力)与一般能力的高度融合,是人文精神与科学精神的完美结合,是受教育者德智体等方面全面发展的提升,是理想与功利、传统与现代之间的平衡与综合。当然,现代大学的培养目标中,不同类型与不同层次的大学,会在以上各种因素的综合中,各自的侧重点会有所不同。比如,在构成自由理性的能力方面,研究型大学会更注重研究能力;综合型大学会更注重一般能力;理工类大学会更加注重科学能力;文科类大学会更加注重人文能力;职业技术类大学会更注重实际应用能力。但促成各方面的综合平衡,如专业教育与通识教育的结合,应成为现代大学培养目标的主要追求。

1996年,联合国教科文组织在《教育——财富蕴藏其中》的报告中重申了一个基本原则:"教育应当促进每个人的全面发展,即身心、智力、敏感性、审美意识、个人责任感、精神价值等方面的发展。"[①]根据以人为本原则,全面推进文化素质教育,健全人才全面自由发展所需的人格素质、心理素质和专业素质,形成各类人才

[①]联合国教科文组织总部:《教育——财富酝酿其中》,教育科学出版社2001年版,第85页。

辈出、拔尖创新人才不断涌现的局面。坚持产学研结合。支持学生参与科学研究,培养自主思维与批判精神,创新教育模式与方法,强化实践教育与创业教育,在研究与实践中育人。同时要着力提高学生服务国家和人民的社会责任感、勇于探索的创新精神和善于解决问题的实践能力,引导学生关注民生,培养学生的使命意识。实施潜能教育与个性化教育,关注个体学习能力、个性潜能与知识完善,在发展理性与人文启迪中实现综合素质与教育质量的整体提升。

博雅教育的三大目标是:了解自然、社会和人生;掌握一定的清晰表达、科学方法的训练等基本技能;形成对学问的忠告、宽容的价值观以及做出明智判断的能力。

当前,高等院校的知识教学远远高于对知识的内在精神的开发。我国素质教育课程改革受科学与人文二分及其功能定位的观念影响,其实施偏向于调整课程结构,侧重于人文学科课程。然而,具体的课堂教学仍然侧重于知识说教,把知识体系静态式地传授给学生,忽视学生的体验与参与,人文知识所体现的人生意义无法在学生心目中生根,致使人文知识教学同科技知识教学在形式上一致,在目的上趋同。

实际上,在20世纪70年代,美国在对其60年代课程反思的基础上,提出仅仅追求学问性课程是远远不够的,依据知情统一、完整人格发展的要求,还需注重学生情意、社会和身体等方面的发展,从而设置了包括人际关系、自我觉醒和自我发展课程在内的综合性课程。因而,不能仅仅人为圈出一定数量的素质教育课程,应该克服学科分工式教学的观念,在教学过程中,通过选择个性化的教育方法,唤醒学生的自觉意识,塑造其人文精神。人文精神体现在教学内容上理应是全方位的,而不是个别的。

在专业化教育的同时更加关注人的综合素质和全面发展,并将前者建立在后者的基础之上。专业化是现行教育的一大特点。综观整个学校教育的全过程,从某种意义上可以说,就是不断为专业化做准备和不断专业化的过程。教育方法论还应有另一个不可忽视的更为重要的维度,那就是关注人的综合素质和全面发展。因此,专业化本身并没有错,但是,当这个维度过于膨胀,变成过早专业化和过度专业化的时候,问题就变得非常严重了。

大学和研究生期间的过度专业化则将人们引入越来越狭窄的"牛角尖"。这种教育方式的危险在于,正如爱因斯坦所言,或许只能成"一种有用的机器",而不是"一个和谐发展的人"。[1]过度专业化不利于人的全面发展,而且最终也不利于专业上的发展。专业与其他专业、知识和文化有着不可分割的联系。同样,一个人的专业素质也不是孤立的,而是整个人的综合素质的有机组成部分,它与人的其他能力、知识、文化和素养等有着深刻的关联。因此,健全的专业教育不仅不应当排斥对人的综合素质和全面发展的关注,反而应当大大加强这种关注,并将专业化建立在对人的综合素质和全面发展深切关注的基础之上,从而在提高人的综合素质、促进其全面发展的同时,也为专业化教育奠定牢固的基础。

高等教育的目的不仅仅要为社会提供具有专业知识、技能,满足社会建设需要的工具性人才,更要培养具有主体精神、能够承担社会责任的文化人才。文化传承最终是需要人来完成的。文化的传承一部分通过社会习俗、规则、传统而潜移默化在社会成员的日常行为、语言之中,另一部分则通过体系化的知识为人们所学习和认知。高等教育对象是社会高层次知识技术人才,是系统

---

[1] 爱因斯坦:《爱因斯坦文集(第三卷)》,商务印书馆1979年版,第310页。

文化认知的主要群体。高等教育必须重视文化知识和价值理念的传授与研究,丰富大学生的文化知识,将优秀的文化价值观念融入人才思想道德培养之中。更为重要的是,高等教育的根本目的不仅仅是要培养学术精英,更要培养具有优秀道德品质和无私奉献精神,能够以正确的价值观指导自己生活,勇于承担社会责任,为社会发展作出贡献的人。高等教育的最终目的,是通过人才的培养,为人类整体带来高质量和高品质的道德生活。

我国处于社会转型期,各种文化观念错综交汇。在这一背景下,社会建设更需要具有正确价值观念、深厚人文情怀、高尚道德操守的专业技术人才。培养高素质文化人才成为高等教育的必然选择。所谓高素质文化人才,一是,必须具有基本的文化知识,特别是对民族传统文化有基本的认知和了解;二是,具有正确的价值观和优良的道德品质;三是,具有优秀的专业知识和素养;四是,具有一定的综合知识,并且具备文化甄别和欣赏能力。

三、强化学生的社会责任意识

理性的思维和判断是人的最本质特征,人只有充分发展理性,才能获得身心的自由发展。我们说的加强通识教育的目的,也是要培养有责任心、社会使命感、全面发展的国家公民。《国家中长期教育改革和发展规划纲要(2010~2020年)》将"着力提高学生服务国家服务人民的社会责任感"作为未来高水平创新人才的核心素质。强烈的社会责任感既是高尚品德和健康人格的重要标志,也是创新行为和实践能力的动力之源。建设创新型国家,关键靠创新型人才。创新主体的动力既来自其好奇心、求知欲,也来自其对社会、民族和人类的强烈责任感。未来高素质人才创新精神与实践能力的有效提升,不仅需要良好的专业知识与实践技能,更需要勇担重任的勇气和气魄。培育和增强当代大学生社会责任感是促进其健康成长和创新发展的内在需求。

大学生的责任感相应分为社会责任感和自我责任感。从狭义而言,大学生的社会责任感是指大学生在时代背景下所形成的对国家、对民族、对集体、对他人所承担的责任,履行各种义务的自觉意识和情感体验,是人的内在精神价值和外部行为规范的有机结合。大学生自我责任感指的是大学生对自己在承担自身发展的责任中作出的行为选择、行为过程及后果是否符合内心需要而产生的情感体验。从广义而言,大学生的社会责任感也包括了自我责任感,因为大学生本身就是社会的一分子,大学生首先要对自己负责,并学有所成,使自己成为和谐社会中健全、独立的一部分。这样对自己负责也就是对社会负责的一种体现,自我责任感也变成了社会责任感的一部分。自我责任感的养成是社会责任感养成的前提和基础。①

大学生是社会的一分子,他们在社会中的责任首先是要遵纪守法。作为社会中文化素质较高的群体,他们是国家兴盛的栋梁之材,担负的社会责任更大。因此,大学生应该志向远大,心怀祖国和民族,有着强烈的使命感和责任感。对他人则应尊重和理解,信守承诺并乐于助人,善于处理人际关系。

社会责任感是从小培养起来的,社会责任感的教育离不开家庭、学校和社会,学校更是社会责任感教育的主阵地。各国都赋予了教育责任感培养这一重要内容。联合国教科文组织在 1998 年召开的首次世界高等教育大会上明确指出,高等教育首先要"培养高素质的毕业生和负责的公民"。美国提倡"品格教育",将学生责

---

① 赵非非:"当代大学生社会责任感培育研究",《重庆工商大学硕士论文》2012 年 12 页。

任感的培养作为人文教育和道德教育的核心内容之一,重心从注重能力向注重责任转移,从而培养"责任公民"。德国在《联邦德国教育总法》中规定:培养学生在一个自由、民主和福利的法律社会中……对自己的行为有责任感。日本在《教育基本法》中规定,教育的中心目标是大力培养有强烈责任感和充满独立精神的国民。

实践中,西方国家在教育内容上,注重"责任公民"的教育。20世纪70年代,美国提出了"责任公民"的概念,主要是要承认公民享有法律上规定的各种权利的责任,遵守各种规则、信守诺言的责任。到了80年代后期,美国社会又推出500多个教育法案,21条德育准则,目的是鼓励学校制定系统的德育评估标准。其中有12条主要的准则,即"自立、值得信赖、勇敢、自信、成为真正的自己、尊重别人的权利、正直、勇于承认错误、信守体育类行业道德、谦恭有礼、己所不欲勿施于人、有创造性等"[①]。美国学校德育目标和内容规定之一是培养学生的责任心,主要从两个方面来进行教育:一是加强自我责任感的教育,主要是通过提高学生的自尊心,加强学生的自律和自我的修养。二是加强社会责任感教育,主要通过对国家各种制度和法律规定的学习,明确享有的权利和义务,使学生具有社会责任心。

新加坡学校德育目标是:"培养学生成为有国家意识,有社会责任感和有正确价值观念,即能及时对自己、家庭、邻居和国家尽自己义务的,能明辨是非的良好而有用的公民。"日本的德育突出民族精神的培养,使日本人充满忧患意识、责任品格和拼搏精神。这些国家以责任教育为中心,通过对国家忠诚、对社会负责的德育内容的教育,同时使其政治教育、思想教育不知不觉地渗透其中。

---

① 张宗海:"西方主要国家的高校学生责任教育与启示",《高教探索》2002年第3期,第37页。

其次,在实施方法上,创造了一系列适合责任感教育的具体方法。如美国建立起了由宗教组织、社会团体、慈善机构、社区中心等组成的制度化、立体化的德育网络。日本借鉴了法国和美国的道德教育方法,并借鉴了中国儒家的思想,形成了学校、家庭、社区三位一体的大德育体制,并通过组织学生参与一些社会活动,让学生体会到人与人、人与社会、人与自然之间的各种责任关系,来达到责任教育的目的。总的来说,世界各国都把责任感的培育作为人才的基本标准和必备条件,都把责任教育作为培养人才的基本策略。英国高校德育注重培养学生如何与别人相处,能够经常考虑别人的需要,要有高雅自由的生活和丰富的情感及高雅的情趣。"主要的教育内容是莱斯特中心负责筛选的'四个核心',即:强调对别人的尊重、公正与合理、诚实和有信用。处理好'六个关系',即与最亲近的人的关系、与社区和社会的关系、与人类的关系、与自己的关系、与非人类的关系和与上帝的关系。"[①]要处理好这些关系,关键是行为主体要勇于承担自己的责任。

大学在责任教育的载体和方法上要不断创新,不能只是相关知识的简单灌输,要使受教育者有意识地将社会责任内化为精神层面上的自觉信念。美国的价值观宣传就渗透到了教育的各个环节。美国学校除了极少数正式、通用的显性课程之外,还通过很多非正式、形式多样的隐性课程,也叫潜在课程,包括班风校风、校园建设、学生课外活动、教师榜样等教育软环境来营造育人的氛围,使受教育者耳濡目染,达到潜移默化的功能。隐性课程,是美国教育学家杰克逊1968年在《班级生活》中首次提出的,是学生本位(中心)课程的变体之一。这些隐性课程使学生获得道德情感

---

① 张宗海:"西方主要国家的高校学生责任教育与启示",《高教探索》2002年第3期,第37页。

方面的经验,作用重大,效果明显。从 20 世纪 90 年代开始美国兴起品格教育,并特别注重教授价值观。同时还提出了多种品格教育的方法,其中包括合作学习、鼓励道德反思、关心课外世界等,这些都是培养责任感的有效途径,这些都体现了责任教育的倾向性。美国的学校德育,特别注重培养青年参与社会生活的能力、道德推理能力,在塑造国家精神的同时,更注重青年承担社会责任和义务的发展,创造有品质的新生活。

在教学中,教师也要把责任感纳入其中。当代美国教育哲学家 R.S.彼得斯在《伦理学与教育》中提出现代教育的两大标准:一是要有传授知识的网络;二是以合乎道德手段进行。[1]教师在享有教学自由时应承担教学行为结果的道德责任。教师的道德责任主要是通过教师的德行展现出来。教师也是一个有着很深厚的道德范导意义的社会角色。[2]

四、建立利益相关者参与的教学评估制度

高校是重要的社会组织,其社会职责的履行包括人才培养及科学研究等,不仅要向政府负责,也要向社会的其他利益相关者负责。由于高校和利益相关者之间信息的不对称,社会难以了解高校的比较深层次的评价性信息,为防止"逆向选择",即买者由于缺乏信息而对劣质产品的选择及投资,社会需要建立一种激励机制,鼓励高校通过评估向自己教育产品的消费者及其他利益相关者发布其教育研究的真实信息。因此,建立社会评估体系和社

---

[1] 陈坤华:"试论大学教学自由中的教师责任",《交通高教研究》2002 年第 2 期。

[2] 田海平:"教育权·教育责任·教育角色",《南京化工大学学报(哲学社会科学版》2000 年第 4 期。

会问责制度,对规范高校办学制度和改进办学质量、提高运作效率、提升知名度等很有必要。

由于历史文化等原因,我国高校受政府的监管力度相对较大,高校评估也是一种典型的自上而下的行政问责,"是在政府和高等教育主管部门的组织下进行的,因而,评估主体还受政府和主管部门的领导,不具有完全的独立性。换言之,我国的高等教育评估具有行政主导的性质"[①]。社会重大利益相关者缺位,公众参与途径有限,对高校不能产生实质的影响作用,评估体系的有效性会打折扣。

我国目前的高校评估制度是定量化的,这种评估方式与学术自由存在着冲突。我国有学者指出,"一个不合理的评估制度也会限制大学自主权,使大学丧失多样性和个性,更主要的是压制学术自治、学术自由,最终阻碍大学自身积极性的发挥,在已有评估制度中,往往注重硬指标的评价,目前的评估制度中很少涉及对人才成长的生态环境的评价,学术研究的政治氛围、学术环境很少有指标测量"[②]。

根据我国教育部 2004 年 8 月颁布的《普通高等学校本科教学工作水平评估方案(试行)》,本科教学工作水平评估指标和等级标准包含了 7 项一级指标,即办学指导思想,师资队伍,教学条件与利用,专业建设与教学改革,教学管理,学风,教学效果。从评估方式来看,我国的评估标准基本上是以量化为主,将指标尽可能地进行细分并对之进行评分;从评估内容看,我国教学工作水平

[①] 黄爱华:"高等教育评估主体及其行为研究",《现代教育科学》2004 年第 3 期。

[②] 张慧洁:"监督、问责:评估与现代大学制度",《清华大学教育研究》2005 年第 5 期。

评估侧重于从外在角度进行测量,如效果、基础建设、师资和管理制度等方面来进行评价,而对于学术精神——学术自由、大学自治等方面基本没有涉及。可以看出,我国现行高校评估模式主要方法是通过量化、细化各种指标体系来考核高校的各方面水平,而学术自由等无法用简单的量化指标来衡量。而高校为了完成这些考核指标,注重的是学校的基础设施、图书资料等,而学术自由等就逐渐弱化了,这不利于高校的长远发展。

所以,我国本科教学评估缺乏对学术发展的考虑,应当在评估内容上添加学术环境情况,包括学术自由和学术自治的学术精神的评估。当前高校耗费大量的人力物力资源应对评估,必然造成对学术自由的干预,对学者研究学问造成一定的影响。[①]另外,中国大学学术评价这种量化的管理方式对教师及科研人员造成了心理压力乃至生存压力,形成了急功近利的学术价值观,某种程度上抑制了有真正创造性的研究成果的产生。

社会问责制核心是由高校内外部利益相关者共同组成的问责主体对高校进行问责,其运行机制是由政府指导、协调、认证,并由政府和其他社会评估机构分类组织,高校利益相关者全过程有效参与的整合型高校问责制度安排。公众参与高等教育质量评估。一是公众作为被调查者发表意见,如学生经验与感受调查、毕业生调查等;二是公众作为评估者参与专家队伍,直接对高校进行评判;三是公众作为监督员参与到评估的各阶段,加强高校及评估组的诚信行为。当然,将评估结果及时对社会公布。高层次人才评估体系的建立一定程度上引导人才的培养方向和目标,要建立人才信息的双反馈机制,即:社会对毕业生的评价反馈与毕业

[①] 曹淼孙、李汉邦、梁志星:"学术自由与我国高校评估制度的冲突及协调研究",《中国高教研究》2011年第7期,第35—37页。

生对大学教育的反馈,完善毕业生跟踪调查制度,努力提高人才评价的科学水平。从民主参与的渠道上看,应该创造条件让学生参与学校管理。国际上多数国家都开始吸纳学生加入到高校治理结构中。例如,法国大学教育法就规定了大学章程中要设置学生事务委员会,由20~40人组成,教学研究人员和学生一般占75%~80%(两者代表比例相同)。

在我国大学本科的教学改革中,社会重大利益相关者缺位。主要"消费者"——企事业单位、政府部门和其他用人单位从来没有在本科教学改革中发挥过重要作用。学校内的重大利益相关者——教师和学生也几乎处于缺位状态。公立高校治理结构中的学术委员会和教代会并不是纯粹的教师群体性组织,深受行政力量的渗透和支配,其利益表达功能有限。而学生和家长更缺少利益表达途径。总体上,我国高校行政力量的泛化比较明显。所以,高校有必要建立由政府、社会主要用人单位、学校相关部门、教师、学生、学生家长等多方共同参与的评估制度,真正履行好培养人才的社会职责。

五、多渠道全面培养创新型人才

世界一流大学都把尖端人才、创新人才作为培养目标,如耶鲁大学的目的是要培养具有创新能力的领导人才,哈佛大学强调培养具有独立思考能力、分析能力、批评能力和解决问题能力的高度发展人才,法国巴黎高等师范学校的目标是"培养能够改变世界的人"等。我国高校经过"211工程"和"985工程"的重点建设,已经具备了培养高层次人才的基本条件,重点高校要明确高层次人才培养目标,建立健全高层次人才培养的体制与机制。

创新人才培养的根本途径是高质量的科研和教育,以及产学研融合。国内很多高校这些年都在摸索各种培养渠道。如构建多学科平台,鼓励学生参与科学研究,为本科生开放实验室,建立本科生导师制;引导学生参加"挑战杯"、"创业大赛"等学术活动,培养高层次人才的核心专业能力;寻求社会资源,与企事业建立长期合作关系,为学生提供实践的平台。

北京航空航天大学为培养创新人才,不断加大教育教学改革力度,把建设一流学科作为攻坚点、把推动重大科技进步和创新作为突破点、把引育卓越师资队伍作为支撑点、把加快国际化发展作为增长点,为教学质量的全面提高、创新拔尖人才的培育打下坚实的基础。依托学校的科技创新优势,并坚持把科技创新优势转化为人才培养优势。7年来学校获得7项国家级科技奖励一等奖,学校把优势科研资源集中用于教育教学,积极引导和支持高水平的科技成果尽快转化为教育教学改革成果,深度激发和唤起学生的创新思维与创造激情。坚持国家实验室、国家重点实验室等科研基地对本科生全面开放,每个实验室每年至少接收30名本科生参加科研训练,形成在人才培养中创造知识、在创造知识中培养人才的双螺旋发展情形。

为探索不同类型拔尖创新人才培养规律,培养学生独立思考、敢于质疑和勇于创新的品质,学校创办了华罗庚数学实验班、高等工程研究院、高等人文社科研究院、文科知行班、中法工程师学院,基本形成了理、工、文和国际化四类教育改革实验区,其改革经验在全校起到了引领和辐射作用。在全校大力倡导新开办各类人才培养实验班,从2012年秋季学期开始将开办实验班的学院共有12个,这些学院已经研究制定了完整的实施方案,这些方案目标明确、各具特色、可操作性强,主要特点包括契合各学院特点和人才培养目标,优化创新选拔机制,实行大学中学联动,开展"通识"加"专业"及博雅和书院制教育,改革或优化培养方案,全面实施"一制三化"(本科生导师制,推进学生个性化、小班化、国际化培养),与国际一流大学接轨推行全英语授课,引进和聘请高水平国际化师资队伍,致力于开展研究型教学、提升学生自主学习能力,推行本研一体化培养,本科和研究生课程互选、学分互认,部分研究生培养环节提前到本科阶段。

紧密围绕国家战略需求积极探索校企协同创新和联合培养的新机制,与中国商飞合作创办"大飞机班",与中航工业共同推进发动机和动力学院综合改革,力争把优质办学资源转化为人才培养能力。培养的人才必须具有广阔的国际视野,具有崇尚真理、勇于创新的品质,具有高度人文精神和科学精神的统一。近年来,北航非常重视国际化办学的思路,坚持在高端国际化大平台上推进人才培养改革。坚持全球视野扩大交流,定位高端前沿深化合作,启动实施了国际化战略的"UPS计划",通过校际、学院及教授、学生三个层面的实质性合作交流与联合培养,提升学校国际化竞争能力,努力造就具有全球视野、能够参与国际竞争的国际化人才。

迄今为止,北航已先后与国外近300所著名高等院校、一流研究机构和知名跨国公司建立了长期稳定的合作关系;建立了"航空科学与技术创新引进基地"和"航空推进理论与工程创新引智基地",共聘请1400余人次外国专家来校工作;创设了"中德软件联合研究所"、"中英空间科学与技术联合实验室"、"中法材料联合实验室"和"法国研究中心"等一批高端国际合作平台。北航与法国中央理工大学集团于2004年合作创办的以培养国际通用工程师为目标的北航中法工程师学院,获得了"中法两国高等教育合作的典范"的殊荣和美誉。中法工程师学院借鉴法国工程师教育经验,与包括11家世界500强企业在内的中法著名企业集团进行实质性合作,建立了由国内外教育界和知名企业家组成的董事会和管委会,着力培养具有系统思维、国际视野、领军素质的国际化通用工程师。2010年中法工程师学院以优异成绩通过法国和欧盟的CTI工通用工程师资质认证,使学生登上了国际化发展的"直通车"。2011年已经培养出我国第一批拥有通用工程师国际资质证书的毕业生,平均每名毕业生获得国内外10多个岗位的就业机会。在中法工程师学院建设过程中,注重法国工程师培养经验与北航自身优势的融合,相关院系深度参与,共同承担教学改革,为探索中国高等工程教育的改革奠定了基础。

学校与香港科大、美国加州大学等著名高校共建国际航空科学技术联合学院,融合四方优势,统一教学大纲和教材,打造航空航天高级创新人才培养共同体。北航的10名国家"千人计划"专家,均成为国际化人才培养团队的领头人,以俄罗斯科学院院士沙德洛夫教授为首的5人海外创新团队直接参与本科教学,日本的谷畑勇夫教授和美国的福尔摩斯教授分别牵头建立了国际一流的教学实验平台,直接服务于本科人才培养。

近几年来,北航学生中共有307人次获得98项省部级以上科技成果奖,41人获得国家级成果奖,8人成为国家技术发明一等奖的署名获奖人;学生独立研制的"北航一号"、"北航二号"、"北航三号"探空火箭,先后在酒泉卫星发射中心发射成功;持续开展了22年的"冯如杯"科技竞赛活动已成为学生科技创新品牌活动,每年都吸引4000多人次参加,平均有600多人次获得国际和省部级以上科技竞赛奖励……学生的成就深刻地呼应了北航的育人目标及育人实践。

第四节　重视基础研究,强化学术创新

一、正确处理教学和科研关系,重建学术观

学术是大学的灵魂,学术创新是大学的核心价值观。学术创新精神是以科研地位的强化为起点,高水平大学都以突出和重视科学研究作为目标,因而出现教师们重科研、轻教学的较普遍现象。大学必须面对的教学与科研关系这个基本问题,博耶提出要重建学术观。他提出的新学术范式,不仅包括传统意义上"探究的学术",还应包含"应用的学术"、"整合的学术"和"教学的学术"。① 探究的学术类似于基础研究,以发现和发明为主要任务。应用的学术即把科研成果应用于实践。整合的学术是指融合多学科知识,发展交叉学科。教学的学术是知识传授和传播方法。

卡内基促进教学基金会的报告《学术水平反思——教授工作的重点领域》,将学术水平分为发现的学术水平、综合的学术水平、运用的学术水平、教学的学术水平。教学与科研教育家雅斯贝尔斯将大学的教学任务依次排列为:研究、教学和专业知识课程——教育与培养——生命的精神交往——学术。在他看来,大学工作是以课程为载体,以教育和培养人为手段,以生命的精神交往为最高追求境界的特殊组织。他特别强调:大学的逻辑起点是研究,终点是学术;大学教师首先是研究者,大学生则是未来的学

---

① 许彬奇:"论博耶的学术观及其对中国的启示",《理工高教研究》2008年第6期,第86—88页。

者和研究者。因为"研究者才能带领人们接触真正的求知过程,乃至于科学的精神。只有他才是活学问的本身,跟他交往之后,科学的本来面目才得以呈现。通过他的循循善诱,在学生心中引发出同样的动机。只有自己从事研究的人才有东西教给别人,而一般教书匠只能传授僵硬的东西"。因此,教师的教学不是现有知识的简单传授,它要按照学术活动的高标准,营造良好的学术氛围,不断把创造性的研究成果引入教学过程,激发学生的研究兴趣,培养学生的创新思维。

很多人把学术等同于科研,认为科研就是做课题发论文,这是不对的,教学也能促进科研。在教学过程中,教师也会产生灵感,进而引起重大科技进步。物理学家普朗克在讲授黑体辐射能量平衡问题时,发现已有公式不能解释实验事实,于是放弃原有的概念,引入普朗克常数和能量分离的概念,为量子力学奠定了基础。有人把教学与科研的关系形象地比喻为:"科研是源,教学是流;科研储能,教学做功。"大学这个教育机构不同于中小学,大学教学是以创造性、学术性与研究性为前提的,大学教师的知识传授是一种学术活动,它以一定的科研能力和较高学术水平为前提。北京航空航天大学房建成教授,在承担繁重的科研工作同时,还坚持给本科生、研究生上专业基础课。他认为科研会受惠于教学。他说他们团队的科研项目中,许多有深度的创新想法都是来自学生。

我国高校重科研轻教学的现象非常明显。由于学校的考评机制等原因,科研如论文、课题费等的权重偏重,大多数教师把主要精力放在课题的申请、研究及论文写作上,对教学投入的精力和时间不够,尤其是一些著名教授很少上本科生基础课或专业课。这对人才的培养极为不利。对高校尤其是研究型高校而言,如何在强化科研基础上,把科技创新优势转化为人才培养优势,成为眼下要解决的问题。这方面,北京航空航天大学的做法值得借鉴。

北京航空航天大学是一所具有航空航天特色和工程技术优势的研究型大学,集中了航空、航天和信息科学技术三大优势研究领域。北航一直注重科技与教育融合,把优势科研资源转化为优质教育资源,以高水平科学研究支撑高质量的人才培养。学校坚持国家实验室、国家重点实验室等科研基地对本科生全面开放,每个实验室每年至少接收30名本科生参加科研训练,探索"梯队式"培养模式。通过参与导师负责的重大科研项目,学生能够接触到国内外研究的最前沿。近七年来学校获得7项国家级科技奖励一等奖,形成了基于导师的梯队与团队培养模式,实现了在创造知识中培养人才、在人才培养中创造知识。"十一五"以来,北航有367名学生获得省部级以上科技成果奖,其中51人获得国家级成果奖,8人成为国家技术发明一等奖的署名获奖人。

学校积极引导和支持高水平的科技成果尽快转化为优质教育资源,不断丰富与完善教学体系和内容。以国家科技奖励一等奖为代表的一大批自主创新成果被建设成精品课程和精品教材,依托最新科研进展开发自主创新教学实验已成为教师的自觉行为。目前,全校83%的科研成果都已转化为教学创新实践平台,再现重大科研成果的探究过程,深度激发和唤起了学生的创新思维与创造激情。学校建立了先进工业技术研究院,履行高校服务社会的职能,创新产学研合作发展模式。与北京市共建"北京北航先进工业技术研究院"、"北京北航国际航空航天创新园";与深圳市共建"深圳北航新兴产业技术研究院"等;与中航工业、中国商飞、航天科技、航天科工等企业集团积极共建研究院、研发中心,形成支撑传统产业升级、培育战略新兴产业的核心技术创新体系。以研究院为平台,教师团队参与到企业技术创新、员工发展培训中,指导本科生、研究生在产品研发中发现问题、提出问题和解决问题,在实践中感悟工程环境,把产品构思、设计、实现、营销与服务等商业案例带进到课堂教学中。许多学院积极邀请企业管理和工程经验丰富的高层经理、人力资源部经理参与专业人才培养方案的制定,相关课程内容的讲授,担任冯如杯科技竞赛、生产实习、毕业设计的指导教师以及答辩委员会成员等,通过各种形式共建工程实践教育基地,支撑卓越工程师教育培养计划有效推进。

北航充分发挥科学研究优势,鼓励教师参与大学生科研实践活动,包括国家大学生创新实验计划、北航大学生科技训练计划(SRTP)等,重视对学生科研能力和创新能力的培养,以兴趣为先导,加强科研过程的训练。2010年SRTP面上项目共申报立项305项,参与学生941人。学校新组建了节能减排实践基地、北航-广本FSAE创新实践基地等大学生实践活动基地,新增大学生节能减排创新大赛和大学生F1汽车大赛等参赛项目,在拓展竞赛参与范围和规模的同时,出台激励机制鼓励优秀教师参与组织与培训,加强指导队伍建设,提高了竞赛的组织与培训水平。2011年,北航本科生获国际赛事杰出奖提名奖3人次、一等奖6人次,获国家级特等奖8人次、一等奖36人次。其中,经管学院2011级本科生团队获美国"高通杯"大学生创想大赛冠军;生物与医学工程学院孙睿晨同学先后3次前往瑞士洛桑大学和美国斯科普里斯研究所进行科研活动,展示了中国大学生的优秀素质与能力;"北航系列"探空火箭、无人机、微小卫星、机器鱼等本科生参与的项目,不仅是学生科技创新成果,而且已经转化为国家重点/重大项目。2012年美国大学生数学建模竞赛(MCM/ICM)中,北航学生共获得7项一等奖、13项二等奖。

二、提升研究型大学基础研究水平

基础研究是科学技术发展的源泉,是一个国家持续发展的动力。现代大学主要是高水平的研究型大学,早已成为各国基础研究、知识创新及推动科技成果向现实生产力转化的重要基地。

我国的研究型大学高校和科研院所是我国原创性基础研究活动的主阵地。20世纪80年代以来,国家逐渐完善基础研究资助体系。1982年,中国科学院设立科学研究基金,支持全国高校和科研院所开展基础研究。1986年,中国科学院科学基金改为国家自然科学基金,基础研究成为国家科技政策和体制机制的重要组成部分。几乎同一时期,1981年教育部从国家科研经费中获得一部分经费专项支持重点学科发展,科技体制改革后改为高校博士点基金,对于高校重点学科的发展起到了重要支撑作用。1984年,国家开始组织实施国家重点实验室计划,为基础研究提供了稳定的研究平台和条件。1994年设立了国家杰出青年科学基金,成为培养世界科技前沿优秀学术人才的重要渠道;1997年,国家采纳科学家的建议,决定实施国家重点基础研究发展规划("973计划"),开展面向国家重大需求的重点基础研究;2001年,国家自然科学基金委员会设立创新群体科学基金,培养和造就具有创新能力的人才和群体;2006年,为落实《国家中长期科学和技术发展规划纲要(2006—2020年)》的部署,国家又启动了蛋白质研究等重大科学研究计划,在加强国家重点实验室等科研基地建设方面,启动了重大科技基础设施建设,推动科技基础性工作。至此,我国的基础研究资助体系日趋完善,形成了人才、基地和专项基础研究计划有机结合的多元化资助模式,为高校在基础研究领域吸引、稳定和培养优秀学术带头人,形成优秀团队,做出创新性研究成果奠定了良好基础。国家基础研究投入的增长为学校开展基础研究提供了相对比较稳定的经费保障。

自2001年以来,在人才团队方面,高校获得的国家杰出青年的资助数便已大大超过科研院所,基金委创新群体则有55%的来自高校,这些人才团队又绝大部分集中在高水平研究型大学中。

在科研平台建设方面,高校取得了显著进展,在国家正式批准试点的国家实验室中,依托高校建设的有8个,另有2个与中科院联合建设;国家重点实验室依托高校的有125个,占总数的63%;开放运行的教育部重点实验室143个,正在建设的208个(含省部共建)。自"十五"以来,高校创新平台组织结构日趋合理,有力地推动了高校基础研究的开展。根据历年"973计划"资助项目统计显示,高校承担的项目数所占比例逐年上升,由最初的小于30%到现在的高于50%,近几年高校承担的重大科学研究计划项目数也一直稳定在50%左右。国家自然科学基金高校的承担数更是超过半壁江山,近几年获得资助排名前20位的基本都是研究型大学。

在成果方面,据中国科学技术信息研究所发布的《中国科技论文统计结果》显示,2008年我国发表国际论文按作者单位的机构类型分布,其中高校发表204999篇,占总论文数的85.35%;在表现不俗的论文数中,80%由高校贡献,近19%产自科研院所;1999—2008年累计被引400次的国际论文中有2/3产自高校。国家自然科学奖代表了我国基础研究的最高水平,自2001年以来,高校获得的国家自然科学奖除2008年外,均达到或超过总数的50%。

从以上人才团队、基地、项目、成果的数据分析可以看出,高校特别是研究型大学已经成为我国基础研究的主力军。但是我们也应当清醒地认识到,基础研究在我国高校中的发展水平与世界一流研究型大学相比仍然非常滞后,主要表现在高水平原创性科研成果数量少和具有国际影响力的学术大师匮乏等方面。

近年来,我国高校基础研究水平和实力得到了很大提升,但仍然存在诸多制约因素,主要在于基础研究投入低、结构不合理、经费来源单一、考核机制不合理、高水平人才匮乏等。

充裕的经费是科研活动能顺利开展的支撑和保障。R&D 经费是科研经费的主要部分,长期以来,发达国家对基础研究高度重视,并保证基础研究在 R&D 投入结构中的合理比例。据统计,美国的基础研究投入比例从 20 世纪 60 年代的 9% 持续增长至近年来的 18%。目前,美国、日本等发达国家的基础研究在 R&D 投入中的比例超过 15%,法国、意大利等达到了 20% 以上。我国基础研究投入占 R&D 的比例长期徘徊在 5% 左右,2007、2008 两年,这个比例为 4.7% 和 4.78%,① 试验发展经费所占比重远远高于基础研究,应用研究经费比重也是基础研究的 3 倍左右;各执行部门之间 R&D 经费分配比例的不合理,高校与企业和科研院所相比较,在 R&D 经费的比例中是最低的,这种比例近年来还在呈现不断下降的趋势,已从 2002 年的 10.1% 降到 2008 年的 8.5%,与之形成鲜明对比的是,美国对基础研究尤其是研究型大学的基础研究投入力度却在不断加大,一直以来美国大学所占的 R&D 投入保持在 50% 左右。综上,投入不足与分配结构的缺陷,严重制约着我国高校基础研究的发展。

我国基础研究经费投入不仅低,而且来源也很单一,主要来自政府财政拨款。国家层面支持基础研究主要有两个途径:一是国

---

① 周家伦:"加大基础研究投入要设定指标",《文汇报》2010-03-12。

家重点基础研究发展计划,即"973计划",鼓励优秀科学家围绕国家战略目标,开展目标导向的基础研究工作;二是国家自然科学基金,其定位是"支持基础研究、坚持自由探索、发挥导向作用"。近些年来,省市地方政府以及各部委也开始对基础研究给予支持,但总体来说,不仅资助种类少,而且投入强度也低,无法满足基础研究的实际发展需求。

对比世界主要国家,加大科学研究投入。高等学校学科交叉,人才富集,创新成果丰硕。1901—2011年,诺贝尔奖和诺贝尔经济学奖共颁布549次;其中在物理、化学、生理、医学、经济领域共有482次颁发给了大学的科研人员,高校学者获奖次数约占总次数的88%。2010年,我国高校共发表100772篇SCI索引论文,约占我国发表SCI索引论文总数的82.92%;共发表1922篇SSCI索引论文,约占我国发表SSCI索引论文总数的82.1%。1995—2007年,经济发展与合作组织(OECD)成员国中由高校执行的国家研发投入比例基本维持在17.2%。从美国的历史经验看,1970—2006年,高校研发支出的70%用于基础研究,高校是承担基础研究的主要部门。我国高校执行的国家研发投入比例1995—2007年呈现逐年下降趋势,平均值约为10.1%,与经济发展与合作组织成员国平均值相比约低7%;2007年为8.5%,与经济发展与合作组织成员国平均值相比约低8.3%。

发达国家基础研究经费占研发经费的比例大多在20%左右,相对较低的日本也在10%以上。2008年,美国爆发金融危机后,大力加强联邦政府科技投入,安排研发经费215亿美元,其中绝大部分投入到基础研究,只有少量的应用研究和极少量的开发研究,基础研究预算将在2016年之前翻一番。1995—2007年,八国集团几乎所有的成员国基础研究经费支出都占到了GDP的0.1%

以上。2007年,我国基础研究经费仅为美国的3.6%,日本的1/8,法国的1/5,意大利的2/5及韩国的1/2。2005年,美国、加拿大、法国、德国、英国等国政府对高等教育的投入约占到本国国内生产总值的1%,中国仅为0.62%。

考核机制不合理。基础研究具有研究周期长、风险大、厚积薄发、探索性强、进展往往难以预测等特点。高校作为基础研究的主体,其考核机制还不完善。目前国内高校对科研业绩过多地进行量化考核,在基础研究评价上出现重形式、重噱头、轻结果、轻实用的"形而上学"的不良现象,[①]只以成败论英雄,对科研人员来说是一种无形的科研压力,无益于全身心地投入到基础研究中。

高水平人才团队缺乏。建设一流研究型大学,人才和团队是重点,而重中之重的关键就是缺少起带头作用的学科领军人物。对从事前沿探索的基础研究的团队支持不够。

针对以上的几个方面原因,我们需要强化以下几个方面的工作。

首先,转变观念,正确认识基础研究在研究型大学建设中的重要性。基础研究和应用研究尽管有各自不同的研究内容与研究重点,但两者并不是彼此割裂、互不相关的。它们往往是相互影响、相互促进、相互渗透的。基础研究要服务于社会,推动社会生产力的发展,必须要对其成果加以转化,通过应用研究变理论为技术,把知识转化为现实生产力。同样,应用研究要不断创新、发展,则必须以基础研究为理论基础,成为其创新的源泉,这样才能保持应用研究的活力,提升应用研究的水平。然而目前我国高校普遍存在一种急功近利的思想,扬应用抑基础,认为应用研究面向市场,有经济效益,能直接解决关键技术瓶颈问题,满足国家重大需

[①] 高文燕:"高校基础研究项目绩效评价体系研究",《求索》2008年第4期,第154—158页。

求,但并没有正确认识到应用研究的发展需要以基础研究为依托,没有基础研究的发展就不会有应用研究水平的提升,两者是相辅相成的。因而,我们要建设高水平研究型大学,必须正确处理好基础研究与应用研究的关系,它们都是社会发展的需要,应该享受相同的重视程度,促进两者的协调发展。

其次,广开渠道,加大对高校基础研究的投入力度。根据基础研究的特点,势必要求政府必须对高校的基础研究提供大量的、长期稳定的支持,才有可能不断形成科研积累,厚积薄发,为重大原创性突破营造条件,因此,国家一方面要加大对高校科研经费的投入,特别是加大对高校尤其是研究型大学基础研究的资助力度;另一方面,还可通过制定有关优惠政策为高校原创性基础研究提供保障,建立一套符合我国基础研究国情的长期稳定资助计划,将目前基础研究经费占研发支出比重的5%提升到8%,努力实现2020年15%的目标。

近几年,国家已经开始有所部署,如:中央财政于2009年设立了中央高校基本科研业务费专项资金,用于高校培养优秀科研人才和团队,支持前瞻性的基础研究,以提高高校的自主创新能力,形成有益于持续发展、不断创新的科研经费长效支持机制。同时,国家各资源部门也在不断地开拓渠道,设立新的资助种类支持基础研究,如:科技部于2006年重点部署"蛋白质研究"、"量子调控研究"、"纳米研究"、"发育与生殖研究"四项重大科学研究计划,2008年开始实施国际热核聚变实验堆(ITER)计划,为应对以全球变暖为主要特征的全球气候环境变化问题,又于2010年应急启动了"全球变化研究"重大科学研究计划。"十二五"期间,科技部还将在干细胞研究和技术科学等基础研究领域有所部署;国家自然科学基金委与有关部门、地方政府和企业共同投入经费设立联合基金等。这些计划的实施,无疑为我国高校的基础研究注入了新鲜血液。同时,还应鼓励和引导企业与高校合作,对基础研究投资,并在政策上给予倾斜,使其认识到基础研究对企业的重要性,广泛吸收社会资金,真正实现基础研究投入的多元化发展,并使高校在基础研究的优势得以发挥和利用,对我国现阶段技术创新起到推动作用。

第三,改进高校绩效考核机制。基础研究具有周期长、不确定性高、直接应用性低等特征。目前,我国的科研项目往往规定了明确的研究期限(3~5年)和定量的考核标准,使得基础研究面临着短期内研究成果不显著、长期研究经费缺乏的现实问题,难以深入、持续、系统地展开探索活动。以短期评估为主的评价体系,不利于基础研究,研究成果也不容易达到预计的突破性目标。为此,高校应该针对基础研究的特点,建立一套既有利于自由探索研究,又有利于鼓励"十年磨一剑"式的考核激励制度,改变以往急功近利、过分强调成果数量,单一按科研成果数量分配资源的考核政策,从而激励更多的研究人员投身于基础科学研究。[①]推动原创性研究成果的涌现,营造基础研究健康发展的宽松环境。

第四,注重人才团队建设。国内研究型大学应充分认识人才团队建设的重要性,在深入分析人才团队建设的现状与前景的基础上,探索机制体制创新,加强高水平人才的引进、培养和使用,打造、培育富有凝聚力和竞争力的创新型科研团队,才能为提高高校原创性基础研究水平提供强大的人力保证,在科学发展的前沿取得一批具有重大影响的创新成果。

[①] 王峰:"浅析如何提升我国研究型大学基础研究水平",《科技管理研究》2011年。

三、重视学科建设,突出重点,形成特色

　　学科建设既是高质量学生(大学生和研究生)培养的前提,也是承载高水平科学研究的平台。世界著名大学,除了学科门类齐全、综合性强之外,更主要的是这些学校有一些独具特色的世界公认的一流学科。要建世界一流大学一定要有一流的学科,没有一流的学科就不可能培养出一流的人才,不可能出一流的成果。哈佛大学学科设置几乎涵盖了除工学以外的所有大学科门类。其中的生物学、化学、地质学、行政管理、商业管理、药物学等学科都是世界一流的学科。牛津大学维持传统人文学研究高水平同时,也重视自然科学,并且取得了很大的成绩。如今已在化学、生命科学(包括医学)和数学领域,培养出了多位诺贝尔奖奖金得主。不仅神学、哲学、法律、语言文学等人文学科一流,它的数学、物理、化学、生物学、地质学等自然科学的基础也很雄厚,而且还有强大的应用和工程学科,如经济学、管理学、冶金学、材料学以及医学等。

　　世界一流大学虽然各门学科发展水平都很高,但在学科建设的发展战略上,仍然强调以突出重点、形成特色为指导思想。通过建立优势学科,保持自身特色。如特曼(Terman)教授在担任美国斯坦福大学校长后,首先抓住学科建设不放,并且选择了化学、物理和电子工程作为冲刺世界一流大学的突破口。后来该校物理学科产生了1952年的诺贝尔物理学奖得主,电子工程促成了举世闻名的硅谷,从而标志着斯坦福大学步入世界一流大学行列。如伯克利加州大学利用美国发展生物原子工程的时机,集中力量,重点发展生物原子工程,各系都尽量去配合生物原子的研究。几年的努力后终于促成劳伦斯发明了加速器。正是由于发明了加速器,伯克利加州大学一下子拿了17个诺贝尔奖,伯克利的生物原子

工程学科成了世界第一,伯克利加州大学才世界著名。世界一流大学都坚持了突出重点、形成特色的学科。如斯坦福大学以心理学、电子工程著称。哈佛大学的商业管理、政治学、心理学、电子工程、植物学、教育学;麻省理工学院 MIT 逐渐变成了一所文、理、工、管多科并存的综合性大学,它的航空学、天文学、应用物理、经济学、语言学等。

这些大学之所以能办成世界一流的学科,主要是通过大量的科学研究,尤其是基础研究。因为学科的发展在于不断增加新的内容和方法,对此,除了通过科学研究,不断开拓新的研究领域,提出新的理论和思想之外,是无法完成这一任务的。世界各国的一流大学的杰出学者,特别是诺贝尔奖获得者,由于他们卓越的科学研究,特别是在基础理论研究方面的杰出贡献,从而成为学科建设的源泉。因此,离开科研,学科建设无从谈起。

学科的研究基地是开展高新技术研究,进行科研攻关,使科研成果转化为生产力,提高教学质量的物质基地,是学科建设的依托。国内外高校的实践证明,凡是基地建设好的学科其学科综合实力就强。学科队伍是促进高校科研发展的动力与源泉,学科队伍的建设要与学科的建设相结合。学术大师的形成和作用的发挥,离不开一支高水平的学术梯队的支撑。如果没有科学合理的学科群体,就不可能源源不断地造就一代又一代高水平的学科带头人,因此,在注重培养和造就学术大师的同时,更要注重学科队伍的建设。建立学科队伍是高校师资队伍建设中的一个带有战略性的任务,影响高校的发展和水平。建立学科队伍是提高学科建设与发展水平的核心。一流的大学主要是由拥有一批独具优势、独具特色的学科而逐渐奠定其地位的,而最根本的保证在于拥有一批优秀的学科带头人和他们所带领的学科队伍。学科队伍是高质量人才培养的根本保证。学生知识的获得和能力的培养要靠各类教师的协同配合,由不同能级教师根据学科组成和发展建设的学科队伍,将更有利于学科研究中最新最前沿的知识迅速反馈到教学中去,并提高教师的教学质量和科研水平。

四、承担起科学研究的责任

科学研究的任务是发现真理,促进人类社会的发展和进步。科学研究的责任是高校学者承担的学术责任中最核心的部分。具体表现为:

第一,遵循科学研究规范。大学的科学研究,应该遵守科学本身的规范和科学家的职业行为规范。科学家的科学研究是和社会结合起来的,他承担着社会责任。美国科学社会学家默顿提出把科学家的共同精神气质和行为规范归纳为普遍主义(universalism)、公有主义(communism)、无私利性(disinterestedness)、有条理的怀疑主义(organized skepticism),[①]这些规范保证了科学的自主发展和科学知识生产的正常运行。科学研究应该遵循科学研究规范,遵循规范是自由探索的条件。学术是超功利,社会出现的学术不端行为和学术腐败行为,都是追求眼前功利所致。研究者基于社会的责任心,应有正确的价值观与学术道德观。

第二,关注科学研究后果。20世纪以来,随着科技革命的新发展,科学研究的后果变得常常难以预测。现代科学学的创始人J.D.贝尔纳,早在1938年就觉察到了现代科学研究与科学应用的"双刃性"。他指出:"人们过去总是认为,科学研究的成果会导致生活条件的不断改善。但是,先是世界大战,接着是经济危机,都说明

[①]叶继红:"'科学家'职业的演变过程及其社会责任",《自然辩证法研究》2000年第12期。

了把科学用于破坏和浪费的目的也同样是很容易的。"①事实也是如此,计算机信息技术、互联网、基因工程、核能、新材料等技术在给人类带来利益的同时还带来危害甚至灾难。随着科学在军事和工业中的应用日益增加,科学技术的负面社会影响越来越明显。核战争、臭氧层破坏、环境污染等严重的生态危机等将危及人类生存,科研工作者不能漠视了。

1945年原子弹科学家致美国战争委员会的报告就反映对科学研究这种责任的思考:"过去,科学家可以不对人们如何利用他们的无私的发现负直接责任。现在,我们感到不得不去采取更主动的态度,因为我们在发展核能的研究中所取得的成功充满了危险,它远比以往所有发明带来的危险都要大得多。"②他们感到有责任"就因原子能释放而导致的科学的、技术的和社会的问题对公众进行科学教育",并且相信,"致力于民众教育,让他们广泛地了解科学空前发展所带来的潜在可能性,是所有国家科学家的责任"。③

1945年8月6日原子弹在日本广岛爆炸,这给了科学家们很大震撼和道义上的思索。1952年,爱因斯坦在一家日本杂志上谈道:"我参加原子弹的制造表现在唯一的一次行动中。我签署了给罗斯福的一封信,在信中强调指出必须对制造原子弹的可能性展开广泛的实验研究。当然,我知道,这项措施的成功给人类带来了可怕的危险。但是,德国人也在研究这个问题,并且工作进行顺

---

① 【英】J.D.贝尔纳著,陈体芳译:《科学的社会功能》,商务印书馆1995年版,第25页。

② 【美】卡尔·米切姆著,殷登祥等译:《技术哲学概论》,天津科学技术出版社1999年版,第79页。

③ 【美】卡尔·米切姆著,殷登祥等译:《技术哲学概论》,天津科学技术出版社1999年版,第89页。

利,这迫使我走了这一步。我看不到别的出路,尽管我始终是一位坚定不移的和平主义者。我认为在战斗中的屠杀一点也不比普通的屠杀好。"他还指出:"在我们这个时代,科学家和工程师担负着特别沉重的道义责任。因为发展大规模破坏性的战争手段有赖于他们的工作和活动。虽然我们赢得了战争,但是没有赢得和平。"①

科学研究的成果在造福人类的同时也给人类带来了损害和灾难,任何一个科学研究者都不可能在应用方面保持价值中立,对真理的追求和探究不能损害人类的根本利益,科学家的好奇心必须服从于对社会、对人类的责任心。马克思曾经说过:"科学绝不是自私自利的享乐,有幸能够致力于科学研究的人,首先应该拿自己的学识为人类服务。"②科学研究者在社会中的地位越高,他们承担的社会责任就越大。爱因斯坦说:"科学是一种强有力的工具。怎样用它,究竟是给人类带来幸福还是带来灾难,全取决于人自己,而不取决于工具。刀子在人类生活中是有用的,但它也能用来杀人。"③对科学研究者来说,他对自己研究成果的运用后果比谁都清楚,因此,在评定研究计划时,对那些可能会导致有害结果的研究要进行干涉,对他们的技术的潜在危险具有警惕性。凭着其道德和社会责任心,大学和科研工作者应当保证他所进行的科学研究不会危及到人类的利益。

第三,学术诚实的责任。正如唐纳德·肯尼迪在《学术责任》一书中所说:"一旦在学术研究中掺杂有个人利益、贪婪或者虚伪,就会严重威胁到人们对学术价值的信任。"④

---

① 爱因斯坦:《爱因斯坦文集(第三卷)》,商务印书馆1979年版。
② 马克思,恩格斯:《马克思恩格斯全集》,人民出版社1979年版。
③ 爱因斯坦:《爱因斯坦文集》,商务印书馆1983年版。
④【美】唐纳德·肯尼迪著,阎凤桥译:《学术责任》,新华出版社2002年版。

20世纪50年代之后,由于企业界的介入,使得学术研究的社会与经济价值得以凸显,学术研究的经济社会利益也随之成为高校等研究机构和研发人员追求的目标,因而出现了种种学术失范行为。典型的有一稿多投、剽窃等,如2002年披露的北大教授抄袭事件、2004年复旦大学通报学术剽窃抄袭事件处罚3名教授事件、2008年浙江大学某教师一稿多投、剽窃、擅署他人名字、擅自标注基金资助等严重学术不端事件……还有一些更具隐蔽性的学术陋习,学术成果商业化,低水平的论文重复,一年发表论文几十篇、出书数种等泡沫学术;还有一些学者教授为了私利,不顾自己的时间与精力多处兼职等。

究其原因,其一是学术评价制度的欠缺。高校科研成果评审和奖励制度、职称评聘制度以及人事分配制度等一味量化。论文发表篇数、核心刊物篇数、专著数量、课题等级及经费等,一年统计一次,直接与教师收入、职称、住房分配等切身利益挂钩。这些制度过于直接地依赖"学术成就"的数量,而至高无上的学术工作的"质量"或真正的学术贡献尚无法用数字来衡量。正如唐诗的美妙是无法用数字来衡量一样。如何完善科研成果评价制度,确保学术成果质量,是值得高校认真研究思考的重大课题。

其二是部分学者们"学术精神"懈怠。学术失范反映了部分学者商业化"学术成果"为换取金钱、荣誉、职位等,而学术精神、学术道德被抛之脑外。

学术责任失范的危害严重,它会败坏高校学者群体形象,败坏社会风气,会造成整个社会的诚信危机。高校学者是科学思想和人文精神的传播者,他的言传身教会影响到一代一代学子。而学术责任的丧失,严重阻碍了学术的健康发展,妨碍新一代学人的健康成长和高素质人才的培养和科技水平的提高。所以,"学术精神"、"学术道德"是学者应遵循的基本伦理和规范,是学术水平提高和创新的根本保障。

第五节 强化文化创新和引领职责

作为社会最高的教育机构,大学的本质是一种功能独特的文化组织,文化传承、创新与引领是它的永恒使命。

大学教育对于社会具有很强的外溢作用,它通过其主要产品——人才和文化成果等辐射、影响、引领着社会文化的发展。大学培养的人才走向社会,他们给服务的社会组织带去不仅是专业知识,还有其道德品质和文化素养。他们会影响到社会文化整体。

文化传承、创新和文化引领,就是继承和传播优秀的传统文化,借鉴融合先进的外来文化,创造并培育引领时代的先进文化,关键在于充分发挥"价值批判"的独特功能。如果说继承传播优秀传统文化是一般大学的职能,那么,融合先进外来文化尤其是在创造、培育引领新文化等方面,则主要是高水平研究型大学的特有职责。大学文化应是追求真理、严谨求实、具有强烈批判精神的文化。哈佛大学的校训就一个单词:truth(真理),"与柏拉图为友,与亚里士多德为友,更要与真理为友";耶鲁大学的校训"光明与真理",无不反映他们追求真理而不迷信权威的办学原则。

我国著名学府浙江大学的前身就叫"求是书院",也是曾任校长竺可桢为浙大制定的校训。竺可桢在《科学之方法与精神》一文中,明确地阐述了"求是"的方法和路径,他说:"近代科学的目标是什么?就是探求真理。"他明确地提出大学教育的目标:"决不仅仅是造就多少专家如工程师、医生之类,而尤在乎养成公忠坚毅,能担当大任,主持风尚,转移国运的领导人才。"而"唯有求真理心切,才能成为大仁大勇,肯为真理而牺牲身家性命"。"凡是有真知灼见的人,无论社会如何腐化,政治如何不良,他必独行其是。"关于"求是"精神,竺可桢诠释为:(1)"求是"就是探索真理的奋斗精神,为科学献身的牺牲精神。如哥白尼、布鲁诺等勇于发现和坚持真理、不畏强权。(2)"求是"就是不迷信盲从,不主观武断,保持清醒的科学头脑。学生不要把老师的话当成金科玉律,不要盲从。他认为,学校要求学生轻信老师的话是很危险的。"一个民族内忧外患、贫穷落后并不可怕。可怕的是人民,特别是大学里培养出来的知识分子没有科学头脑,轻信、盲从,这样的民族是很危险的。"(3)"求是"就是掌握正确的研究方法。他说:"求是"的路径如中庸之说"博学之、审问之、慎思之、明辨之、笃行之"。

大学作为教育的顶层组织,要实现大学的引领职能,就必须充分发挥大学的批判功能。美国学者哈诺德认为,大学的思想性规定了政府对大学公共信任的性质:需要质疑社会未曾关注的问题,有关未来的基本问题等,甚至推动社会来思考这类问题。[①]大学独特的思想性决定了它对社会的超越性。它既要担当起新的公共使命,更要发展思想、批判思想、创新理念。因此,大学就应该培养学生对社会的批判精神,发挥大学教育的批判与预警作用。正如美国学者博克在哈佛大学350周年校庆讲话中指出:"我们需要说服公众并时时提醒我们自己,大学不是营业性公司,不是国家安全的工具……许多组织可以提供咨询服务或帮助解决社会问题,或开发新的产品,或推行军事目的,但只有大学或类似的学

---

① Harold T. Shapiro. A larger sense of purpose: Higher education and society [M]. New-Jersey: Princeton university press, 2005: 4。

术机构,才能够发现作为创造性解决问题所需要知识,只有大学能够教育出永远作出批判性决定的人。"①批判性是现代大学责任和使命的最高境界,大学要勇于承担批评社会和引导社会的责任。

  一段时间以来,我国高校呈现的和为社会提供的服务还存在着问题。如前所述的抄袭、剽窃等学术失范和泡沫学术现象;因官本位、功利化,追求学术 GDP 等而出现的精神品格迷失;校风、学风和教育质量等出现滑坡;社会服务方面更多提供的是知识、技术,很少有道德、价值、精神上的指导;校园文化更多追求物表化,忽视精神文化层面的建设;等等。这些现象引起了学者们的重视,他们呼吁大学要重视高深学问的传承和创新,充分发挥文化引领和价值批判的功能。"世界一流大学不仅体现在它拥有资源(无论是财力、物力,还是人力资源)的多少,也不仅体现在它的学科现代性、综合化程度,以及它的科学研究和知识创新的能力和水平,更重要的还在于它对人类文明和社会进步的影响力(特别是"导引作用"),在于它追求真理、激浊扬清的批判精神和文化底蕴。"②钱旭红、潘艺林认为,大学进入社会的中心,必须本着超脱的姿态和高度的社会责任感,引领未来社会的发展。高等教育的批判功能,表现在受过教育的人身上,以独立人格为基础的批判精神、批判意识、批判能力等要素构成的综合素质。如果说"批判功能是高等教育的亲本功能",那么,引领未来就是大学的独立品格,引领未来就是大学的灵魂。③

---

  ①【美】德里克·博克:"哈佛 350 周年(1636—1986)校庆讲话",姜文闳编《哈佛大学》,湖南教育出版社,1988 年第 5 期。
  ②龚放:"对教育本质的反思与追问,高教研究的重要前沿",《中国高教研究》2003 年第 6 期,第 10 页。
  ③钱旭红、潘艺林:"'引领未来'是大学的灵魂",《大学·研究与评价》2007 年第 2 期。

大学是社会的文化中心,它在人才、文化聚集、思想独立等方面拥有独特优势。如果大学不具有长远的适应并能超越现实的目标,不具有理性的反思和对社会现实的批判性,不能以高尚、理性的精神价值培育人,那么,大学就浪费了它的资源,丧失了它的本位职能。

中国正处于社会转型时期,国家面临种种经济、政治和社会矛盾和问题,中国的大学责无旁贷要致力于精神的培育,为社会培养创新型人才。也要用新的思维和方法,去反省、批判和引导社会,为政府出谋划策,帮助其解决所面临的种种难题。

现代大学的文化引领职能,是一种行为文化上的示范与强化,它凝结在大学的教学、科研、社会服务等活动中。从教学上看,大学行为文化应该坚持"育人"的核心理念,摒除人才培养上"制器"观念,做到"器"的雕琢与"魂"的塑造并重;从科研上看,大学行为文化应该坚持"致理"的核心理念,摒除科学研究上"谁出资、谁定调"的观念,做到"学术理性"与"致理求真"的有机统一,以纯粹社会良心的标准来检讨并修正自己在行为文化方面的不足和偏差;从服务上看,大学行为文化应坚持"回馈"的核心理念,摒除社会服务上"被动适应社会需求"的观念,既从社会获取所需的资源,又要适度超前并引领经济社会的发展。①

北京航空航天大学在校园文化建设和文化建设与人才培养相结合的实践方面有值得借鉴的地方。这些年努力形成文化育人氛围,一是本着"以艺术滋养空间、以文化培育人才"的目标,精心打造了北航艺术馆、沙河校区艺文空间、北航音乐厅等多个文化艺术设施,成立了文化与艺术传播研究院,统筹规划、营建校园文化

---

①段从宇、沈毅、李增华:"文化引领:大学职能的时代溢出与应然回归",《现代教育管理》,2012年第3期,第24页。

育人的氛围,产生了良好的人文艺术传播和广泛的社会影响。不断将高雅艺术引入校园,举办了中国航空绘画作品展、国际青少年美术作品展、北航艺术馆双年展。6年来,北航艺术馆坚持"公益性、专业化、高品位"的定位,已连续举办了130余场展览,累计观众已超过百万人次,被媒体誉为"中国高校最有影响力的公益性公共艺术传播空间"。通过高品位的艺术展览发挥人文滋养作用,对莘莘学子和社会观众进行潜移默化的熏陶及艺术素养教育,增进大学生的艺术欣赏能力并激发其创意潜能。北航音乐厅自2012年5月落成以来,半年多已引进和推介了15台30余场公益性、高水平的音乐舞台艺术精品以及师生文艺演出,并将坚持"文化性、艺术性、经典性"的定位,持续策划具有较高国际水准、国家水平或民族风格的文艺演出和交流。二是拓展了大学文化传承创新境界。学校坚持在创新文化建设机制、统筹文化场馆建设、开展人文艺术素养教育等方面不断探索,取得初步成效。这些多样性的文化场馆,赋予了校园文化新内涵,拓展了人文素质新空间,丰富了教书育人新内容,提升了文化育人新境界。以人才培养为根本、以提高质量为核心、以艺术育人为宗旨的文化传播,正在提升师生人文素养、发挥辐射带动、推进文化传承创新。

第六节　高校资源分配要体现公平性和公益性原则

一、高校资源分配要体现公平性原则

实现公平与正义是社会发展的重要目标,促进和保证社会公

平是政府的主要职责,对公共部门而言也是如此。

作为教育和学术研究机构的大学也具有高度的公共性。大学的公共性主要来自三个方面。(1)大学自身所固有的培养人才与学术研究的功能,具有高度的公益性与共享性。(2)鉴于大学对人力资源开发的重要意义,接受高等教育成为人权的一部分,要求政府保障每个公民享有同等入学机会,要求大学不得以种族、肤色、社会与经济地位、性别等原因采取歧视性政策,拒绝公民的入学请求等。(3)从外部来看,政府的干预,如提供公共财政、保障均等的入学机会等,赋予了大学较高程度的公共性。[①]

法国著名思想家卢梭曾经说过:"教育是实现社会公平的伟大工具。"教育公平是社会公平的重要内容,是社会公平在教育领域的延伸,也是达到社会公平的重要手段和途径。教育不公平是社会的最大不公平,它危及到一个社会最基本的公平底线。在高等教育公共管理领域,高等教育的机会均等、公平对待已经成为国际所普遍认可的价值目标。联合国教科文组织在《21世纪的高等教育:展望和行动世界宣言》中指出:应当让人们"平等接受高等教育","根据《世界人权宣言》第26.1条,能否被高等院校录取应根据那些想接受高等教育的人的成绩、能力、努力程度、锲而不舍和献身的精神,而且一个人一生中的任何时候均可被录取,其以前所获得的实际能力应得到应有的承认。因此,任何人不得因其种族、性别、语言、宗教,也不得因其经济、文化或社会差别或身体残疾而被拒绝接受高等教育"。

从经济学的角度来看,教育是一种稀缺资源。教育资源的供需双方在各自供给与需求函数的约束下,资源的配置会达到均

[①] 朱新梅:《政府干预与大学公共性的实现:中国大学的公共性研究》,教育科学出版社2007年版,第22页。

衡。市场经济是一种交换经济,市场交换会带来不同主体之间获取资源量的差异,同时由于不同区域之间资源配置效率的差异也会带来经济资源向资源配置效率高的区域流动。这种资源在不同主体以及区域之间分布的不均匀,也会带来教育资源在不同主体和区域之间分布不均等现象,从而造成不同主体、不同区域之间公民接受教育的机会的不均等,影响了教育的公平性。随着人们对优秀教育资源的需求越来越大,教育中的供需矛盾越来越明显,教育公平已经成为了人们关注的焦点,公平有效地分配优秀教育资源与受教育的权利已经成为了教育发展中的当务之急,这不仅仅是破除教育中功利主义影响,也是通过教育达到扶持社会正义,提升人们道德,实现社会和谐的根本途径。

公共部门的主要职能在于以均等化为导向向公民提供公共产品,矫正市场失灵,调节由于市场竞争带来的不合理的收入分配差距,实现社会资源在不同群体和不同区域之间的公平分配。教育资源本身是一种带有一定程度的公共产品性质的特殊资源,一方面公共部门在提供这种公共产品的时候需要以均等化为原则,以保障不同阶层、不同区域的公民接受教育机会的公平性;另一方面,公共部门也需要注重调控市场在配置这种公共产品过程中的不公平现象,通过公共支出来矫正现实中教育资源分配的不公平。美国的《退伍军人法》就是基于扩大高等教育入学机会和实现教育公平而出台的联邦政府对大学人才培养及社会责任的干预法。它以资助大学的基础设施建设、提供学生资助和贷款等方式,干预大学的招生政策和教育教学,在实现普遍入学的同时不断提高人才能力培养。

大学教育具有不可替代的社会分层功能与优化社会结构的功能。当前中国社会中产阶级数量不发达,社会阶层的严重分化导致一系列结构性问题。大学教育是推动代际流动的重要手段。作为人力资源生产中心的大学,应成为提升社会活动力、促进社会代际传递、整合社会结构的驱动者。

在高等教育公共管理领域,高等教育的机会均等、公平对待已经成为国际所普遍认可的价值目标。在当代社会,高等教育作为社会资源仍然具有稀缺性,实现高等教育的机会均等、权利公平绝非易事。即使在发达国家如美国,高等教育入学率已经超过82%,但高等教育机会不均等现象也客观存在。由于学业准备不足、缺乏信息及经济阻碍,大学对低收入家庭和少数民族学生的入学机会存在限制。美国的高等教育公共政策仍然要致力于解决此类问题。美国联邦政府自20世纪60年代中期以来推行"肯定性行动计划",主要措施包括:在招生上实行特别招生计划,增加少数民族学生的入学机会;加大对少数民族学生的财政资助,提高少数民族学生完成学业的经济能力;加强补习教育和聘用少数民族教师等。[①]"肯定性行动计划"要求高校在录取新生时对少数民族(主要是黑人)给予优待,为少数民族学生设立特别招生计划并保证少数民族学生的比例。英国在高等教育入学方面引入"积极差别待遇"的理念,并通过政府对大学的财政资助以及大学实行的"特殊入学方案"和"高升计划"等,来改善不利阶层和贫困地区学生的入学机会。

我国内地高等教育在经过了多年的持续扩张之后进入了大众化阶段。2009年,全国各类高等教育总规模达到2979万人。如今,高等教育毛入学率超过24%,也就是说,在18岁到22岁的青年人中,4个人即有1人读大学。但是,与日益增长的高等教育需求

[①] 刘宝存:"肯定性行动计划与美国少数民族高等教育的发展",《黑龙江民族丛刊》2002年第3期,第68—72页。

相比,资源的缺口依旧很大。而区域之间、农村与城镇之间、社会阶层之间高等教育机会的不均等、权利的不公平现象依旧十分突出,不同办学主体之间、不同类型和不同层次高校之间资源配置不均衡现象也依旧客观存在。

以教育机会公平来说,社会多年来热议的是"倾斜的高考录取分数线"。我国20世纪90年代中期实施高校合并与共建的改革,以"互利"的原则为地方培养人才,在招生指标分配上向当地倾斜,倾斜的高考录取分数线问题凸显出来。各省招生名额的多寡与高校的地理分布与层次结构有很大的关系。中央部委属院校多的地方,其高等教育入学机会也会更多,而高等教育欠发达的地区入学机会也就相应较少。原来345所中央部委属的高校中,三分之二的学校集中在三分之一(12个)的省份,以京沪最为集中。① 以"211工程"院校为例,京津沪三市就占了总数的近1/3。倾斜的高考录取分数线造成了各地区之间入学机会的严重不均。经济落后、教育资源相对稀缺地区,考生尤其是农村考生能够考上重点大学的机会相对更少。从全国范围来看,农村生源大学生减少很明显,与20世纪80年代相比下降了近一半。国家教育科学"十五"规划课题"我国高等教育公平问题的研究"课题组2006年1月发布的一项调研结果表明,20世纪90年代以来,重点大学农村学生的比例呈下降趋势。即使近年来的高校自主招生改革,农村考生由于知识面窄、视野不宽、教育培训机会少也处于劣势。

那么,在区域经济、文化和教育存在巨大落差的情况下,如何达成地区间高等教育入学机会公正呢?对大学来说,维护和促进社会公正是其本身应尽职责,在目前社会现实下对不尽公平的高

---

① 陈中原:《中国教育平等初探》,广东教育出版社2004年版,第159页。

招录取可适当纠偏。关注贫困地区和弱势族群的入学权利,促进底层社会精英的向上流动。国家这些年对西部地区、少数民族地区、贫困地区等实施多种政策性招生,比如民族预科、新疆内地班、西藏内地班、贫困定向计划等单列计划来调控教育资源的分配。据《人民日报》(2012年4月24日)报道,"十二五"期间,从2012年开始的5年内,21个省(区、市)的680个贫困县每年有约1万名学生将成为"国家扶贫定向招生专项计划"的受益者,以单报志愿、单设批次、单独划线的方式进入大学。该计划以本科一批招生计划为主,以农林、水利、师范、医学以及其他适农涉农等贫困地区急需的专业为主,实行定向招生。这种扶贫定向招生方式对贫困县意义重大,有利于增加贫困地区学生上重点大学的机会,同时,以这种"人才输血"方式更长远地帮助贫困地区脱贫。

  一些重点高校贯彻国家政策,招生向经济较落后的中西部地区倾斜。清华大学公布,2013年将在全国计划招收本科生3372人,其中面向22个省份的贫困地区定向招生60人,将单报志愿、单设批次、单独划线。对升学压力较大的四川、河南、甘肃等地增投计划。同时,面向贫困地区定向招生,实行单报志愿、单设批次、单独划线,将在全国22个省份的832个集中连片贫困地区定向招生60人,规模比去年扩大1倍,在各省提前批之后、本科一批开始前录取。按照专项计划录取的学生入学报到时不迁转户口,与其他学生同等享受奖助学金政策,毕业后到贫困地区就业、创业和服务的专项生,将享受学费补偿和国家助学贷款代偿等优惠政策。(2013年06月18日09:12来源:北京日报)

  北京师范大学积极落实国家的政策,承担着教育公平方面的责任义务,在北师大全日制的中国学生中,西部地区的学生占40%,农村地区的学生占三分之一,家庭贫困的学生占四分之一,少数民族的学生占11%(在北京仅次于中央民族大学),女性学生超过50%。这些指标在"985"大学里位居前列。所以,这些倾斜政策可以说是符合罗尔斯的正义补偿原则,是为"最少受惠者的最大利益"。当然,我国的高等教育机会的不均等现象不是一时能解决的,实现教育公平与正义是政府及高校长期努力的目标。

二、高校职责履行要加强公益性

高校教学、科学研究与社会服务三大职责方面都蕴含着公益性。人才培养相关的招生、教育过程;科学研究方面的学术价值取向;社会服务的慈善性等,都体现出公益性。

我国大学的社会服务由于历史原因,经济性为主要考量因素,而相对公益性较缺乏。而为人类社会培养人才和发展学术为崇高职责的大学,向社会提供公益性服务是责无旁贷的。大学得到过社会大量的支持,大学在满足政府、企业、消费者等利益相关者的利益同时,也要积极回应社会对大学公益性的要求。大学的教师和专业人员能在为社会提供专业的公益性服务活动中,使自己的专业技能、组织的声望双双受益。具体来说有:

1. 充分利用高校资源,满足社会合理要求

在保证学校正常教学研究秩序情况下,将高校的图书馆、体育场馆、教室等适度向周边居民开放,满足他们文化生活的需要。利用高校的智力资源开展继续教育工作,提高居民的劳动生活技能和文化素养。同时,可利用学校的专业人才开展公益活动,如免费法律咨询、心理咨询、免费诊疗、环保宣传、政策宣讲等。

我国高校图书馆资源包括藏书、网络电子期刊、各种专业数据库等,都很丰富,大大高于公共图书馆的藏量,但社会利用效率还不高。很多大学图书馆碍于知识产权方面的原因,目前尚未向校

外读者开放。我国高校的博物馆也保存着许多特色资源,但主要定位于辅助教研需要。社会开放社会服务方面还存在一定的不足,对外宣传少,公众知晓率低。如北京航空航天大学的航空航天馆、中央民族大学博物馆在外有一定的知名度,但每年外来的参观人数并不多。北航的航空航天馆参观人数是比较多的,约5万人次,少的则在6000人次左右。这显然与高校博物馆科普知识、实现社会教育功能的要求相差甚远。

2.利用高校的人才科技优势,帮助贫困落后地区脱贫致富

我国经济与社会发展存在着明显的二元结构,贫困人口数巨大。扶贫是政府长期的公共政策之一。高校是高层次人才的培养者和科学技术的创造者、拥有者,有义务帮助贫困地区改变其落后面貌。从1999年开始,团中央、教育部连续组建了八届扶贫接力计划研究生支教团,先后从全国72所重点高校中公开招募派遣了2305名志愿者参加研究生支教团,赴中西部19个省69个(地)县(含西藏四个地区)开展支教服务。教育部自1999年起开始实施的青年志愿者扶贫接力计划研究生支教团项目,从2011年8月起并入西部计划基础教育专项统筹实施。服务地重点安排在西部民族地区。2011年,全国项目计划选派17600名左右西部计划志愿者(其中延期志愿者106800名左右,已招募研究生支教团志愿者760名左右,新招募10040名左右)。继续鼓励各地参照中央项目要求扩大实施西部计划地方项目。2011年西部计划全国项目共实施基础教育、农业科技、医疗卫生、基层青年工作、服务新疆、服务西藏、基层社会管理等7个专项。以上7个专项中,基础教育、农业科技、医疗卫生分别为原支教、支农、支医专项更名,并将团中央、教育部组织实施的"青年志愿者扶贫接力计划研究生支教团"项目纳入基础教育专项实施;保留基层青年工作专项。新

设基层社会管理专项,围绕西部基层社会公益、社会保障、社会福利、法律援助、扶贫开发、金融开发等公共服务需求及党政、司法、综治等工作需要开展服务;支教团志愿者在完成教学本职工作的同时,还做了大量扶贫助学工作。如募集扶贫助学现金、物品等。大学生志愿者为促进我国偏远山区和贫困地区早日脱贫发挥了积极的作用。

对高校而言,教育是其扶贫的核心优势,以人才培养、知识和技能输出为手段,帮助贫困地区培养各类技术人才,推广适用技术,推动当地经济的发展。如河北农业大学建立了以院校为龙头,校、县、乡、村、户一条龙的科技兴农服务体系,取得了明显的社会效益和经济效益。他们先后与94个县建立了联合体,承担8个县的扶贫任务。河北农大每年派10余名教师、科研人员到农业生产第一线,推广科技成果,传授农业科技知识,帮助地方调整种植结构,发展支柱产业和高效、高产、优质农业。几年努力已使当地农村初步脱贫。此外,高校教师、学生也可采取其他形式如科普宣传、生产指导、师资或科技人员培训等扶贫活动。2012年,沈阳市组建百余支科技团队赴工矿、乡镇进行科技文化服务。由辽宁大学、东北大学等院校优秀学生组成的10支科技文化服务小分队进驻康平县10个对口乡镇,开展师资培训、生产指导、文化扶贫等服务活动。

3.支持高校学生公益社团

近年来,大学生社会服务意识和社会责任感日趋增强,高校公益社团蓬勃发展,培养了一大批青年志愿者。他们的主要活动内容包括社区服务、支教、环保、扶老助残、法律援助、心理咨询等。

社区志愿服务从社区需求出发提供各种志愿服务项目。如复旦大学的"兴家"助残志愿者、"自强"禁毒志愿者、"阳光小屋"关爱白血病儿志愿者、"秋烨"科普志愿者、"阳光之家"关注智障儿童志愿者、法律援助志愿者、"众人社"管理交通志愿者、民工小学支教志愿服务活动以及科技馆、儿童探索馆等。[①]北京大学爱心社、北京交通大学资源与环保协会、"思源"青年志愿者服务团,中国人民大学青年志愿者协会、手语社,北京师范大学白鸽青年志愿者协会、NGO之窗协会,北京城市学院爱心国际、绿色家园志愿者协会,首都经贸大学红色志愿者协会,首都师范大学义工社团、晨曦社,北京农学院青年志愿者协会、爱心社,北京印刷学院义务支教协会、阳光公益社团。北京航空航天大学蓝天志愿者协会,长年主要负责中国科学技术馆志愿服务项目和北京海洋馆志愿服务项目。支教部主要负责协会中的支教活动以及与北京市一些农民工子弟学校的交流活动,长期支教项目有以关注京郊打工子弟教育的小天鹅支教服务队与活力社区支教服务队,以关注智力障碍儿童发展教育的智光志愿服务队。蓝天志愿者协会于2012年9月开始在燕京小天鹅公益小学正式开展长期固定支教活动。活力社区是2011年3月由INCLUDED(前称为:打工子弟爱心会)发起,在中国社会福利基金会成立的,通过在城乡接合部进城务工人员及其子女居住的社区以开放社区中心的方式,为打工子弟及其家庭提供多方位的服务而设立的公益项目。怀着"给每一个打工子弟一个未来、一片希望"的美好愿景,活力社区项目以社区中心模式为平台,通过提供社会类及教育使得打工子弟及其家庭受益。

大型赛会志愿服务。2008年北京奥运会、残奥会、上海世博会、西安世园会,都有数以万计的大学生志愿者参与。据统计,2008年有30多万青年志愿者踊跃投身于抗震救灾的战斗中,有

[①]梅鲜:"中国大学生志愿者组织运作研究——以复旦大学志愿者组织为例",《复旦大学硕士论文》2008年。

超过110万人报名参加奥运会志愿者。2011年超过200万人次的志愿者在上海的各个角落为世博会提供志愿服务。2011年西安世园会期间,约1.3万名世园会园区志愿者和1240名城市志愿工作站点志愿者参与服务。其中青年志愿者占了绝大部分比例。截至2010年,全国青年志愿者组织中规范注册的青年志愿者超过3124万人。①其中,大概有46.16%的学生志愿者,学生志愿者中高校志愿者又是主力军。

其他还有环境保护志愿服务、海外志愿服务等。目前,中国青年志愿者海外服务计划已先后启动了老挝项目、缅甸项目、埃塞俄比亚项目、津巴布韦项目、圭亚那项目等,有近200名中国青年志愿者已经或正在这些国家开展为期6个月到2年的中英文教学、传统中医理疗、沼气开发、计算机培训等方面的志愿服务。②

高校青年志愿者是以"友爱、互助、进步"的志愿来服务社会。其扶贫、环保、临终关怀、陪伴白血病儿、服务智障人群等,对传播文明理念,帮扶弱势群体,缓解决社会矛盾等方面起着重要的作用。在某种意义上说,青年志愿者活动起着社会润滑剂的作用,成为政府服务之外的另一种重要社会服务。③相关数据还显示:自实施"大学生志愿服务西部计划"8年以来,累计奔赴西部基层的大学生有10万余人;近500名大学志愿者通过"中国青年志愿者海外服务计划"先后前往老挝、埃塞俄比亚、圭亚那等19个亚非拉发展中国家,开展教育、医疗、农业、管理、文体等方面服务;"研究

---

① 杨团主编:《中国慈善发展报告(2011)》,社会科学文献出版社,2011年第4期。

② 梅鲜:"中国大学生志愿者组织运作研究——以复旦大学志愿者组织为例",《复旦大学硕士论文》2008年。

③ 唐华:"谈高校青年志愿者活动的社会化",《当代教育论坛》2007年第5期,第76—77页。

生支教团"开展支教活动 12 年来,近 5000 名重点高校大学生志愿者被选派至中西部贫困地区支教。①

大学生的志愿公益活动者强化了大学生的公民意识,在参与社会公益的过程中有利于培养正义感和社会责任感。

但高校目前由于学校资源供给不足限制了中小公益社团的发展。为此,高校应该适当增加对公益社团的经费投入。在力所能及的范围内,提供一定的办公用品和活动设施,以确保公益社团活动的正常开展。同时简化公益活动申请的手续,适当给予公益社团优先条件,以此支持公益活动的开展。

高校职责履行除了加强资源分配的公平性和公益心之外,作为育人的教育机构,且集中了众多优秀人才,有着重要的社会影响力。高校还有责任传播社会公正观念,培养学生的社会公正意识。

---

① 杨团主编:《中国慈善发展报告(2011)》,社会科学文献出版社 2011 年版。

参考文献

[1]周辅成.西方伦理学名著选辑上卷[M].北京:商务印书馆,1996

[2]康德著,苗力田译.道德形而上学原理[M].上海:上海人民出版社,2002

[3]白臣,陈曦.康德责任论诠释及其当代价值研究[J].河北师范大学学报(哲学社会科学版),2008(2)

[4]张文显主编.法理学[M].北京:法律出版社,1997

[5]【俄】科恩.自我论[M].上海:三联书店,1986

[6]马克思恩克斯全集(第3卷)[M].北京:人民出版社,2003

[7]特里·L.库帕.行政伦理学:实现行政责任的途径[M].北京:中国人民大学出版社,2001

[8]沈晓阳.责任的伦理学分析[J].湖州师范学院学报,2005(3)

[9]谢军.责任论[M].上海:上海人民出版社,2007

[10]刘俊海.公司的社会责任[M].北京:法律出版社,1999

[11]吴伯凡、阳光等著.企业公民——从责任到能力[M].北京:中信出版社,2010

[12]【法】爱弥尔·涂尔干著,李康译.教育思想的演进[M].上

海:上海人民出版社,2003

[13]E.阿什比著,滕大春、滕大生译.科技发达时代的大学教育[M].北京:人民教育出版社,1983

[14]张澜,温松岩."高等教育"和"大学"概念的界定与分析[J].辽宁高等教育研究,1995(4)

[15]张焕庭主编.教育词典[C].南京:江苏教育出版社,1989

[16]北京大学陈佳洱语.高等教育研究,1998(4)

[17]杜作润主编.世界著名大学概览[C].成都:四川人民出版社,1994

[18]曹赛先.高等学校分类的理论与实践[D].武汉:华中科技大学,2004

[19]【美】约翰·S.布鲁贝克著,王承绪等译.高等教育哲学[M].杭州:浙江教育出版社,1998

[20]【美】伯顿·克拉克著,王承绪、徐辉等译.高等教育系统[M].杭州:杭州大学出版社,1994

[21]【德】雅斯贝尔斯著,邹进译.什么是教育[M].上海:三联书店,1991

[22]王冀生.超越象牙塔:现代大学的社会责任[J].高等教育研究,2003(1)

[23]【美】德里克·博克著,徐小洲,陈军等译.走出象牙塔——现代大学的社会责任[M].杭州:浙江教育出版社,2001

[24]彼得·德鲁克著,王伯言、沈国华译.组织的管理[M].上海:上海财经大学出版社,2003

[25]王守军.关于大学社会责任的一种结构化分析思路初探[J].第26卷增1期,清华大学教育研究,2005年11月

[26]刘少雪.试论大学的社会责任[J].上海交通大学学报(哲

学社会科学版),1999(1)

[27]郭丽君.大学的社会责任[J].扬州大学学报(高教研究版),2003(9)

[28]戚业国.民间高等教育投资的跨学科研究[M].上海:复旦大学出版社,2001

[29]西奥多·W.舒尔茨.教育的经济价值[M].长春:吉林人民出版社,1982

[30]B.L.伍尔夫著,闵维方等译.教育的外部收益[M].教育经济学国际百科全书.北京:高等教育出版社,2000

[31]赵海利.高等教育公共政策[M].上海:上海财经大学出版社,2003

[32]乐志强.论高等教育外部性的含义、特征与表现[J].煤炭高等教育,2006(6)

[33]李卫东.高等教育的外部性与高等教育财政政策的选择[J].中国高教研究,2009(8)

[34]托马斯·雅诺斯基著,柯雄译.公民与文明社会[M].辽宁教育出版社,2000

[35]Keith Faulks.Citizenship Routledge [M].London and New York Routledge,2000

[36]不列颠百科全书:第四卷.中国大百科全书出版社,1999

[37]威尔·凯姆利卡.论公民教育[A].马德普.中西政治文化论丛:第3辑[C].天津:天津人民出版社,2003

[38]威尔·吉姆利卡,威尼·诺曼.公民的回归——公民理论近作综述[A].许纪霖.共和、社群与公民[C].南京:江苏人民出版社,2004

[39]郭艳芬.公司社会责任发展轨迹的法哲学检索及评析[J].

河北学刊,2008(3)

[40]E.博登海默著,邓正来译.法理学:法律哲学与法律方法[M].北京:中国政法大学出版社,1999

[41]罗斯科·庞德著,沈宗灵、董世忠译.通过法律的社会控制——法律的任务[M].北京:商务印书馆,1984

[42]毛广.论公司社会责任的理论基础[J].长春理工大学学报(社会科学版),2001(1)

[43]邓汉慧.企业核心利益相关者利益要求与利益取向研究[D].华中科技大学,2005

[44]Freeman,R.E.strategic management:stakeholderapproach.MA:Pitman,Boston.1984.Codedfrom:EliseT.Sautter,BirgitLeisen.（1999）,Managingstakeholders:A Tourism Planning Model.Annals ofTourism Research,Vol.26(2):312—328.

[45]陈宏辉.企业利益相关者的利益要求:理论与实证研究[M].北京:经济管理出版社,2004

[46]张维迎.大学的逻辑[M].北京:北京大学出版社,2004

[47]罗素夫斯基.美国校园文化——学生、教授、管理[M].济南:山东人民出版社,1996

[48]李福华.利益相关者视野中大学的责任[J].高等教育研究,2007(1)

[49]柏拉图著,郭斌和、张竹明译.理想国[M].北京:商务印书馆,1986

[50]杨东平.中国教育公平的理想与现实[M].北京:北京大学出版社,2006

[51]伦理学大辞典.上海:上海辞书出版社,1994

[52]【美】罗尔斯著,何怀宏等译.正义论[M].北京:中国社会

科学出版社,1988

[53]【美】罗尔斯著,万俊人译.政治自由主义[M].南京:译林出版社,2000

[54]【英】戴维·米勒,应奇译.社会正义原则[M].南京:江苏人民出版社,2001

[55]丁胡森主编.国际教育百科全书.中文版.第四卷.贵阳:贵州教育出版社,1991

[56]（OECD.Redefining Tertiary Education[M].Paris:Organization for Economic Co-operation and Development,1998.121.

[57]李盛兵.高等教育市场化：欧洲观点[J].高等教育研究,2000(4)

[58]袁连生.论教育的产品属性、学校的市场化运作及教育市场化[J].教育与经济,2003(1)

[59]朱新涛.新自由主义经济学的高等教育市场化观点评析[J].江苏高教,2004(3)

[60]范秀双.论政府在教育中的作用思想述评[J].外国教育研究 2004(4)

[61]埃兹科维茨.国家创新模式——大学、产业、政府"三螺旋"创新战略[M].北京:东方出版社,2006

[62]马永斌,王孙禺.大学、政府和企业三重螺旋模型探析[J].高等工程教育研究,2008(5)

[63]埃兹科维茨.创业型大学与创新的三螺旋模型[J].科学学研究,2009(4)

[64]邬大光,赵婷婷.也谈高等教育的功能和高等学校的职能兼与徐辉、邓耀彩商榷[J].高等教育研究,1995(3)

[65]蓝劲松.略论高等教育的功能[J].电力高等教育,1995(2)

[66]颜一.流变、理念与实体——希腊本体论的三个方向[M].北京:中国人民大学出版社,1997

[67]北京大学哲学系外国哲学史教研室编译.西方哲学原著选读(下卷)[M].北京:商务印书馆,1982

[68]潘懋元.多学科观点的高等教育研究[M].上海:上海教育出版社,2001

[69]韩延明.大学理念论纲[M].北京:人民教育出版社,2003

[70]眭依凡.大学校长的教育理念与治校[M].北京:人民教育出版社,2001

[71]刘宝存.大学理念的传统与变革[M].北京:教育科学出版社,2004

[72]王冀生.大学之道[M].北京:高等教育出版社,2008

[73]欧阳谦.20世纪西方人学思想导论[M].北京:中国人民大学出版社,2002

[74]博伊德、金合著,任宝祥、吴元训译.西方教育史[M].北京:人民出版社,1985

[75]贺国庆.欧洲中世纪大学起源探微[J].河北大学学报(哲学社会科学版),2007(6)

[76]【美】威尔·杜兰.世界文明史——信仰的时代[M].幼狮文化公司译.北京:东方出版社,1998

[77]【美】汤普逊.中世纪经济社会史(上册)[M].耿淡如译.北京:商务印书馆,1997

[78]黄福涛.外国高等教育史[M].上海:上海教育出版社,2008

[79]Charles Homer Haskins.The Rise of Universities[M].New York:Henry Holtand Company,1923

[80]佛罗斯特.西方教育的历史和哲学基础[M].华夏出版社,1987

[81]陈列,俞天红.西方学术自由评析[J].高等教育研究,1994(2)

[82]P.Kruger and T.Mommensen(eds.).Corpus iuris civilis vol.II[M]Kaufman:Deutsche University.1877:511,165.

[83]贺国庆.欧洲中世纪大学[M].北京:人民教育出版社,2009

[84]Brian Tierney.The Idea of Natural Rights:Study on natural Rights.Natural law and Church law[M].Emoryuniversity,1997

[85]候建新.社会转型时期的西欧与中国[M].北京:高等教育出版社,2005

[86]Rederick Ebyond and Charles Flinn Arrowood.The history and Phylosophy of University Education in Europe.Cambridge University Press,1997

[87]贺国庆.外国高等教育史[M].北京:人民教育出版社,2003

[88]拉什达尔.中世纪欧洲的大学.见[美]E.P.克伯雷选编,华中师范大学教育系等译:《外国教育史料》,华中师范大学出版社,1991

[89][法]雅克.勒戈夫著.中世纪的知识分子[M].张宏译,商务印书馆出版,1996

[90]希尔德·德·里德-西蒙斯.近代早期的欧洲大学(1500—1800)[M].保定:河北大学出版社,2008

[91]刘宝存.洪堡大学理念评述[J].清华大学教育研究,2002(1)

[92]李工真.德意志大学与德意志现代化[A].中国大学人文启示录(第一卷)[C].武汉:华中理工大学出版社,1996

[93]【德】威廉·冯·洪堡.陈洪捷译;论柏林高等学术机构的内部和外部组织[J].高等教育论坛,1987(1)

[94]【德】威廉·冯·洪堡著,林荣远译.论国家的作用[M].北京:中国社会科学出版社,1998

[95]【德】威廉·冯·洪堡著,瞿保奎译.立陶宛学校计划[A].联邦德国的教育改革[C].北京:人民教育出版社,1993

[96]彼得·贝格拉著,袁杰译.威廉·冯·洪堡传[M].商务印书馆,1994

[97]【德】赫尔曼·勒尔斯.洪堡思想对美国大学的影响[J].外国高等教育资料,1990(4)

[98]布鲁贝克.高等教育哲学[M].杭州:浙江教育出版社,1987

[99]康健."威斯康星思想"与当今高等教育改革[J].外国教育,1988(4)

[100]克拉克·科尔著,陈学飞、刘新芝译.大学的功用[M].江西教育出版社,1993

[101]【美】克拉克·科尔.高等教育不能回避历史[M].杭州:浙江教育出版社,2001

[102]查尔斯·霍默·哈斯金斯著,王建妮译.大学的兴起[M].上海:上海三联书店,2007

[103]【美】欧内斯特·博耶著,涂艳国、方彤译.关于美国教育改革的演讲[M].北京:教育科学出版社,2002

[104]王玉衡.卡内基教学促进基金会:美国大学教学学术运动的推动者[J].大学研究与评价,2008(5)

[105]刘金玉.高深学问的生态特征对大学教学的启迪[J].中国大学教学,2004(7)

[106]俞信,于倩.着力提高大学教师的教学学术水平[J].中国高等教育,2000(5)

[107]时伟.大学教学的学术性及其强化策略[J].高等教育研究,2007(5)

[108]王家贵.高校人才培养的全面质量管理[J].有色金属高教研究,1988(13)

[109]沈爱琴.对高等教育人才质量中"质"的多元培养途径的探析[J].黑龙江高教研究,2008(7)

[110]刘礼明.高校人才培养质量管理与发展战略:基于产品理念[J].国家教育行政学院学报,2009(9)

[111]王绽蕊.大学的理性——美国约翰·霍普金斯大学的文化品性解读[J].清华大学教育研究,2004(3).

[112]孟丽菊.从中西大学功能演变看知识经济时代大学的使命[J].辽宁师范大学学报(社会科学版),2001,24(1)

[113]潘懋元.高等教育学讲座[M].北京:人民教育出版社,1993

[114]王作权.大学组织的社会服务职能新探[J].复旦教育论坛,2007(1)

[115]徐辉.变革时代的大学使命[M].杭州:浙江大学出版社,1999

[116]王作权.大学组织的社会服务职能新探[J].复旦教育论坛,2007(1)

[117]【德】马克斯·霍克海默.批判理论.重庆:重庆出版社,1989

[118]【美】德里克·博克.哈佛350周年(1636-1986)校庆讲话,(姜文闵编《哈佛大学》,长沙:湖南教育出版社,1988

[119]赵婷婷.大学何为——理想与现实间的冲突及协调[M].北京:高等教育出版社,2005

[120]贺麟.学术与政治[A].杨东平.大学精神[C].沈阳:辽海出版社,1999

[121]【英】罗素.真与爱——罗素散文集.上海:三联书店,1988

[122]世界高等教育大会讨论.21世纪大学教育发展趋势,参考消息,1998.10.22.

[123]谢军.责任论[M].上海:上海人民出版社,2007

[124]【美】詹姆斯·杜德斯.21世纪的大学[M].北京:北京大学出版社,2005

[125]陈列,俞天红.西方学术自由评析[J].高等教育研究,1994(2)

[126]林玉体.教育价值论[M].台北:台湾文景出版社,1980

[127]【德】雅斯贝尔斯.什么是教育[M].北京:三联书店,1991

[128]高晓清.自由,大学理念的回归与重构[D].华东师范大学,2003

[129]别敦荣.中美大学学术管理[M].武汉:华中理工大学出版社,2000

[130]陈学飞.美国、德国、法国、日本当代高等教育思想研究[M].上海:上海教育出版社,1998

[131]孔垂谦.论大学学术自由的制度根基[J].江苏高教,2003(2)

[132]谢俊.大学的学术自由及其限度[D].西南大学博士论文,2010

[133]杨克瑞,王凤娥.政治权力与大学的发展——国际比较的视角[M].北京:中国言实出版社,2007

[134]苗素莲.中国大学组织特性历史演变研究[D].华东师范大学,2004

[135]宋恩荣等.中华民国教育法规选编[M].南京:江苏教育出版社,1990

[136]北京大学、清华大学、南开大学、云南师范大学编.国立西南联合大学史料:第1卷[M].昆明:云南教育出版,1998

[137]国家教委编.外国教育法选编.人民教育出版社,1997

[138]国家教育发展与政策研究中心.发达国家教育改革的动向与趋势.

[139]陈列.市场经济与高等教育[M].北京:人民教育出版社,1999

[140]谢俊.大学的学术自由及其限度[D].西南大学博士论文,2010

[141]韩水法.大学与学术[M].北京:北京大学出版社,2008

[142]张忠栋等主编.教育独立与学术自由[M].台北市:唐山出版社,1999

[143]郭为藩.转变中的大学:传统、议题与前景[M].北京:北京大学出版社,2006

[144]伯顿·克拉克著,王承绪译.探究的场所:现代大学的科研和研究生教育[M].杭州:浙江教育出版社,2001

[145]吴洪富.大学场域变迁中的教学与科研关系[D].华中科技大学博士论文,2011

[146]Clark B.(1997). The modern integration of research activities with teaching and learning.Journal of High Education,68(3)

[147]scott,P(1995).The meanling of Mass Higher education, p154,Buekingharn:The society for Researeh into Higher Edueation&Open University Press

[148]刘念才,周玲主编.面向创新型国家的研究型大学建设研究[M].北京:中国人民大学出版社,2007

[149]欧内斯特·博耶.关于美国教育改革的演讲[M].北京:教育科学出版社,2002

[150]Harry J,Goldner N S. The NullRelationship Between Teaching and Research[J]. Sociology of Education,1972

[151]Clark B R. the Modern Integration of Research activities with Teaching and Learning[J]. The Jou rnal ofH igh er Educat ion,1997,68(3)

[152]Michalak S J,Friedrich R J. Research Product ivity and Teaching Effectiveness at a Small Liberal Arts College[J]. The Journal of Higher Education,1981,52(6)

[153]Fox M F. Research,Teaching, and Publication Productivity: Mutuality versus Competition in Academia[J]. Sociology of Education, 1992,65

[154]Gottlieb E E,Keith B. The academic research -teaching nexus ineight advanced - industrialized countries[J],Higher Education,1997,34

[155]Hattie J,M arshH W.The Relationsh ip Between Research and Teaching:A Meta - Analysis[J]. Review of Educational Research,1996,66(4)

[156]MarshH W,Hattie J. The Relation between Research Productivity and Teaching Effectiveness: Complementary, An tagonistic,

orIndependent Constructs? [J].the Journal of Higher Education, 2002,73(5)

[157]Colbeck C L. M erging in a Seamless B lend:How Faculty In tegrateTeach ing and Research [J].The Journal of Higher Education,1998,69(6)

[158]刘献君,吴洪富.非线性视域下的大学教学与科研关系[J].高等工程教育研究,2010(5)

[159]Tayor.J.(2008).the teaching-Research Nexus and theimportance of context:Acomparative study of England andSweden.Comparative Education,38(1)

[160]Leisyte, L., Enders.J.andBoerH.D (2009).The balanee between teaching and research in Duteh and English universities in the eontext of university governance reforms,High education,58(5)

[161]张俊超,吴洪富.变革人学组织制度,改善教学与科研关系[J].中国地质人学学报(社会科学版),2009(5)

[162]clark,s.(1986).The academic profession and career:Perspectives and problems,Teaching sociology,]4(1)

[163]Ladd,E.C.(1979).The work expedence of American College professors,Current Issuesin Higher Education,22

[164]Harry,J.,and Goldner,N.S.(1972).The null1relation ship between teaching and researeh,Sociology of Eduearion,45(1)

[165]引自 Neumann,R.(1996).Researching the teaching-research nexus:acritical review,Australia.Journal of Education,40(1)

[166]turns,S.R. (1991).Faculty research and teacningesaview from the trenches.Engineering Education,81(1)

[167]【美】詹姆斯·费尔韦瑟.论全球化背景下的大学知名度、

学术研究及大学教学的相互关系[J].北京大学教育评论,2009(1)

[168]【美】詹姆斯·费尔韦瑟.论全球化背景下的人学知名度、学术研究及大学教学的相互关系[J].北京大学教育评论,2009(1)

[169]Clark B R. the Modern Integration of Research activities with Teaching and Learning[J].The Journal of Higher Education,1997,68(3)

[170]Hattie J,Marsh H W.The Relationship Between Research and Teaching: A Meta-Analysis[J].Review of Educational Research,1996,66(4)

[171]Prince M J,Felder R M,Brent R.Does Faculty Research Improve Undergraduate Teaching? An Analysis of Existing and Potential Synergies[J].Journal of Engineering Education,2007,96(4)

[172]大卫·沃德.令人骄傲的传统与充满挑战的未来[M].北京:清华大学出版社,2007

[173]詹姆斯·杜德斯达.21世纪的大学[M].北京:北京大学出版社,2005

[174]欧内斯特·博耶.关于美国教育改革的演讲[M].北京:教育科学出版社,2002

[175]弗兰克·罗德斯.创造未来:美国大学的作用[M].北京:清华大学出版社,2007

[176]教育部教育管理信息中心.美国伯克利加大校长田长霖访问记[J].世界教育信息,1991(3)

[177]The Boyer Commission on Educating Undergraduates in the Research University. Reinventing Undergraduate Education: Three-Years After the Boyer Report.http://dspace.sunyconnect.suny.edu/handle/1951/26013.24

[178]潘金林,龚放.本科教学:研究型大学的核心使命——"大学之道"在美国研究型大学的回归[J].中国大学教学,2010(2)

[179]国家中长期科学和技术发展规划纲要(2006~2020)[Z].2006

[180]ExploratoryBasicResearch)(方世杰.基础研究白皮书,科技发展政策报导,1997(11)

[181]别敦荣,郭冬生."象牙之塔"与"无形之手":大学市场化矛盾解析"[J].江苏高教,2001(5)

[185]张鑫,赵名芳.加强高校基础研究,提高自主创新能力[J].广东科技,2009(5)

[183]【英】巴里·巴恩斯著,鲁旭东译.局外人看科学[M].北京:东方出版社,2001

[184]【美】亚伯拉罕·弗莱克斯纳著,徐辉等译.现代大学论——美英德大学研究[M].杭州:浙江大学出版社,2001

[185]赫钦斯.民主社会中教育的冲突,任钟印主编"世界教育名著通览",武汉:湖北教育出版社,1994

[186]李曼丽.通识教育——一种大学教育观[M].北京:清华大学出版社,1999

[187]Derek Curtis Bok. Universities in the Marketplace:The Commercialization of Higher Education[M].Princeton:PrincetonUniversityPress,2003

[188]金明浩.知识产权、科研自由与现代大学的社会责任[J].大学,2010(3)

[189]【美】菲利普·G.阿特巴赫.比较高等教育:知识、大学与发展[M].北京:人民教育出版社,2001

[190]陈青之.中国教育史[M].北京:东方出版社,2008

[191]舒新城.中国近代教育史资料(上册)[M].北京:人民教育出版社,1981

[192]肖超然等.北京大学校史(1898—1949)[M].上海:上海教育出版社.1981

[193]金以林.近代中国大学研究[M].北京:中央文献出版社,2000

[194]蔡元培.自写年谱[A].高平叔.蔡元培全集:第七卷[C].北京:中华书局,1989

[195]曲士培.中国大学教育发展史[M].太原:山西教育出版社,1993

[196]郑佳明.中国社会转型与价值变迁[J].清华大学学报(哲学社科版),2010(1)

[197]叶赋桂.20世纪中国教育政治功能的反思[J].高等教育研究,2001(3)

[198]阿瑞德·特捷达夫著,罗丹、高晓杰译.全球化与大学质量改进——全球化对大学服务质量和组织的影响[J].复旦教育论坛,2004(3)

[199]中国教育年鉴编辑部.中国教育年鉴(1949—1981)[M].北京:中国大百科全书出版社,1982

[200]许美德著,许洁英译.中国大学1895—1995:一个文化冲突的世纪[M].北京:教育科学出版社,2000

[201]成有信.教育与生产劳动相结合理论的新探索[J].北京师范大学学报(社会科学版),1997(3)

[202]刘世峰.中国教劳结合研究[M].北京:教育科学出版社,1996

[203]江泽民.全国教育工作会议上的讲话[J].北京教育,1994

(9)

[204]熊明安.中国高等教育史[M].重庆:重庆出版社,1988

[205]郑登云.中国高等教育史[M].上海:华东师范大学出版社,1994

[206]黄义祥.中山大学史稿[M].广州:中山大学出版社,1999

[207]殷朝晖.论国家科研体制建设与研究型大学发展[D].华中科技大学博士论文,2005

[208]张酉水,陈清龙.20世纪的中国高等教育(科技卷)[M].北京:高等教育出版社,2003

[209]许美德.中国大学1895—1995:一个文化冲突的世纪[M].北京:教育科学出版社,2000

[210]江崇廓.清华大学[M],长沙:湖南教育出版社,1995

[211]四川大学校史编写组编.四川大学史稿[M].成都:四川大学出版社,1985

[212]吕建荣.中国高校科技创新能力的历史与现状——基于创新型国家理论的科技创新能力研究[D].西北大学博士论文,2007

[213]冯之浚.国家创新系统研究纲要[M].济南:山东教育出版社,2000

[214]国家科委.中国科学技术政策指南(第1号)[Z].北京:科技文献出版社,1986

[215]郝维谦.高等教育史[M].海口:海南出版社,2000

[216]张酉水,陈清龙.20世纪的中国高等教育(科技卷)[M].北京:高等教育出版社,2003

[217]殷朝晖.国家科研体制建设与研究型大学发展[D].华中科技大学博士论文,2005

[218]中共中央文献研究室.邓小平同志论教育[M].北京:人民教育出版社,1990

[219]邓小平.邓小平文选:第2卷[C].北京:人民出版社,1994

[220]社论.大学搞科研大有作为[N].光明日报,1978-03-23.

[221]郝维谦.高等教育史[M].海南:海南出版社,2000

[222]申振东.论邓小平、江泽民对发展中国高等教育的贡献[J].贵州工业大学学报(社会科学版),2004(4)

[223]江泽民.江泽民文选:第一卷[M].北京:人民出版社,2006

[224]吕建荣.中国高校科技创新能力的历史与现状——基于创新型国家理论的科技创新能力研究[D].西北大学博士论文,2007

[225]北京钢铁学院高等教育研究室编.高等教育改革参考资料[M].1984

[226]李方葛、邵森万.产学合作概论[M].成都:四川大学出版社,1995

[227]陈祖兴.论大学教学·科研·经济三大功能[J].江苏高教,1992(5)

[228]杨东占."产学研工程"回顾及展望[N].中国教育报,1993-06-24

[229]刘献君.论大学办学特色的创建[J].高等工程教育研究,2012(1)

[230]大卫·沃德.令人骄傲的传统与充满挑战的未来:威斯康星大学150年[M].北京:清华大学出版社,2007

[231]杜时忠.人文教育的理念[J].教育理论与实践,1999(9)

[232]联合国教科文组织总部.教育——财富蕴酿其中[M].北

京:教育科学出版社,2001

[233]爱因斯坦.爱因斯坦文集:第三卷[M].北京:商务印书馆,1979

[234]赵非非.当代大学生社会责任感培育研究[D].重庆工商大学硕士论文,2012

[235]张宗海.西方主要国家的高校学生责任教育与启示[J].高教探索,2002(3)

[236]【英】J.D.贝尔纳著,陈体芳译.科学的社会功能[M].北京:商务印书馆,1995

[237]【美】卡尔·米切姆著,殷登样等译.技术哲学概论[M].天津:天津科学技术出版社,1999

[238]【美】唐纳德·肯尼迪著,阎凤桥译.学术责任[M].北京:新华出版社,2002

[239]朱新梅.政府干预与大学公共性的实现:中国大学的公共性研究[M].北京:教育科学出版社,2007

[240]刘宝存.肯定性行动计划与美国少数民族高等教育的发展[J].黑龙江民族丛刊,2002(3)

[241]陈中原.中国教育平等初探[M].广州:广东教育出版社,2004

[242]梅鲜.中国大学生志愿者组织运作研究——以复旦大学志愿者组织为例[D].复旦大学硕士论文,2008

[243]杨团主编.中国慈善发展报告(2011)[M].北京:社会科学文献出版社,2011(4)

[244]唐华.谈高校青年志愿者活动的社会化[J].当代教育论坛,2007(5)